標準と知財の両輪経営戦略

ヒト・モノ・カネを支配する!

Harada Setsuo
原田節雄

日本規格協会

本書の構成について

本書『**標準と知財**の両輪経営戦略』は、（一財）日本規格協会から本書と同時に出版された『**本質と現象**の両輪経営戦略』の兄弟本です。本書が弟に相当します。本書では、企業実務の応用と実践を中心に解説しています。もう一冊の『本質と現象の両輪経営戦略』では、企業経営の理論と応用を中心に解説しています。理論と応用と実践、そのどれが欠けてもビジネスは成功しません。

社会が富裕化し高度化すると、ルールが増えてきます。ルールによって、企業ビジネスの結果が大きく左右される時代になりました。ビジネスのツールとして、ヒト・モノ・カネの重要性は従来から認識されています。しかし、近代経営戦略に欠かせないビジネスのツールにルールが加わりました。ルール制定は本来、行政の役目です。ただし、民間企業の意思が公的ルール制定に強く影響する、という例外が二つあります。それが国際標準化と知的財産権です。それは両者が主として本質（技術）をベースにした現象（ルール）だからです。

本書では、『本質と現象の両輪経営戦略』で解説した、「理系脳ビジネスのモノづくり——技術論」、「文系脳ビジネスのカネづくり——事業論」、「経営脳ビジネスのヒトづくり——人間論」で欠けていた、「支配脳ビジネスのルールづくり——戦略論」を解説します。兄から弟へと読破してほしいのですが、どちらか一冊を読むだけでも「理論と応用」または「応用と実践」で話が完結するように構成しました。

なぜ、日本人は事例が好きなのでしょうか。

なぜ、日本人は数字を簡単に信じるのでしょうか。

本書は真実不明の事例を語る本ではありません。

根拠不明の数字を基礎にして理論を積み重ねる本でもありません。

人と組織の生命維持の原理原則を伝える経営学の本です。

経営とは人生そのものです。

なぜ、日本は米国に負け続けるのでしょうか。

なぜ、組織は衰退していくのでしょうか。

それらの疑問に本書が答えます。

終わらない、輝き続ける、家族や組織、国家の構築は可能です。

人を動かし、組織を動かし、国を動かし、世界を動かし、

ビジネスを成功させて豊かな自分になりませんか?

まえがき

近年、消費者ニーズに沿った製品開発を重要視する声が大きくなりました。ＰＯＳシステムを利用したコンビニのビジネスと同じことで、売れた商品をもとに消費者ニーズを推察するという、わかりやすい話です。しかし、それでは画期的な商品など、開発のしようがありません。画期的な商品とは、消費者が必要性に気づいていない商品のことです。技術開発と技術改良は互いに違います。過去の日本企業は、技術開発を基礎にして商品を開発し、それで新しい市場を構築していました。すなわち、技術開発が先で消費者ニーズが後だったのです。ところが消費者ニーズを先に求めて、そこから技術的な対応をする時代になり、多数の企業が技術開発を軽視するようになりました。

さて、「技術開発」が先か、「消費者ニーズ」が先か、という話ですが、技術開発を優先させれば、消費者ニーズが疎《おろそ》かになり、事業資金が不足してしまいます。その一方で、消費者ニーズを優先させれば、技術開発が疎かになり、コモディティー商品の価格競争に巻き込まれてしまいます。つまり、企業経営にとっては、どちらも同時に重要なのです。技術開発を優先させて新しい市場を創造していた企業が過去のソニーであり、消費者ニーズに応えて現在の市場を拡大していた企業が過去のパナソニックです。どちらも、ビジネスに成功していました。

技術開発を追えば、過去の利益を食いつぶします。消費者ニーズを追えば、当面の利益が確保できます。したがって、多くの人が後者に固執します。その両者のバランスをとることが経営者の仕事です。ビジネスとは、本質（見えない技術）を現象（見える商品）に変えて稼ぐこと、それに現象（現在の利益）を本質（将来の能力）へ投資して生き延びること――その二つの繰り返しです。その両方ができない企業は滅びます。

海外市場ではブランドの構築が大切になります。国際ブランドとは、国家、人種、言語の障壁を越えた排他性のことです。真に強力なブランドは、これら三つの障壁を打ち砕きます。しかし、容易にブランドを構築できるのは、いつも強者なのです。国家なら欧米、人種なら白人、言語なら英仏語になります。残念なことに、日本企業は基本的にブランド弱者なのです。それでも過去のソニーのように、国際ブランドの構築は可能です。日本語を話す極東の黄色人種のブランド構築――その源泉は優れた技術にしかありません。

一昔前のことです。携帯電話市場においてノキアが開発した通信規格標準やクアルコムが所有する知的財産権による莫大な企業利益が話題になり、標準や特許への関心が国内で非常に高まったことがありました。海外の大学にならって、国内の大学に標準を学問として根づかせるという動きも、経済産業省や総務省、各大学の間にありました。しかし、熱しやすく冷めやすい日本人の特徴でしょうか、そのような話もいつの間にか立消えになろうとしています。

欧米諸国では国際標準化や知的財産権の重要性が、民間企業だけでなく国家レベルでも昔から継続して認識されています。必要なルール（標準や知財）制定作業であれば、それに十分なヒトとテマとカネを投入して市場と権利を獲得する、それが欧米諸国です。日本でも近年、経済産業省や総務省はもちろんのこと、産学官レベルで国際標準と知的財産の実務教育に注力しようとしています。しかし、現実には学官レベルで標準や知財の事例研究を細々と続けている状態なのでしょう。

実際のところ、日本企業の経営者や管理職は、国際標準や知的財産という国際ルールについてどれだけ理解しているのでしょうか。また、それらを自社ビジネスにどう活用しようとしているのでしょうか。国際標準化業務にどっぷりと浸たってきた筆者にとって、標準化は十年という単位で現場を経験しない限り、わかりにくい活動だというのが結論です。ふつうの企業経営者の立場でも、なんとなくわかりにくい世界だ、それなら専門家に任せておけばよい、という話になるように思います。

国家のルールは政府が決めます。だから、国際ルールも一方的に公的な国際機関が決めるものだと思ってはいませんか。公的なルール作成にも民間企業が参加できる例外があります。それが国際標準化と知的財産権です。これら二つが、民間企業のルールビジネスのツールです。国家間のビジネスなら、その競争にＴＰＰやＷＴＯなどの国際経済戦争のルールが政府主導で持ち込まれます。知的財産権と国際標準化は、そのような国際経済戦争のルールを民間主導で持ち込むべき現場なのです。

日本発の優れた技術をベースにして、標準と知財に関する国際ルールをうまく活用すれば、日本の中小企業であっても、欧米諸国を相手にした厳しい国際ビジネス戦に必ず大勝できます。ビジネスを考えるにあたって大切なことは、他社の事例を研究することではなくて、自社がこれから創造する事例に適用するべき原理原則を知ることです。その原理原則を本書で紹介します。本書では、ビジネスの基本から説き起こし、近代経営戦略に必要なルールビジネスの理論と応用と実践を解説します。標準や知財の専門家だけでなく、広く政産学官において働く人の実務に役立つようにまとめました。

２０１４年８月　著者

目　次

第3章　標準と知財の企業ビジネス戦略——開閉論　101

第1章　支配脳ビジネスのルールづくり――戦略論

主義主張が何であれ、世の中は支配する人と支配される人に二分されます。また、社会が発達すると、社会の規律を維持するためにルールづくりが盛んになってきます。ルールは人の活動や物の動きを束縛しますが、まずカネづくりを束縛し、次にモノづくりを束縛します。行き過ぎたルールは、さらにヒトづくりまでも束縛してしまいます。すなわち、ルールづくりには節度が必要なのです。しかし、政治家や官僚など、ルールづくりが仕事になると、つくらなくてもよいルールをつくる人になり、変えなくてもよいルールを変える人になってしまいます。その大義名分は、時代に即した変更になります。

第1章では、技術と戦略の関係について考察します。ルールにも不変の原理原則があります。ルールとは、戦いを略すための戦略ツールのことです。経済戦争における戦略とは、人と組織を動かす政治のことです。本書と同時出版の『本質と現象の両輪経営戦略』で説明しましたが、すべての事象には二つの側面があります。人の心と立場は、その中間で揺れ動きます。極端に走ることなく、環境の変化に合わせて、その中間の立ち位置を意識して決めることが必要です。どちらか極端に偏ると、必ず人が滅びて、その人で構成される組織も滅びてしまうからです。それでは質（技術）を量（収益）に変えるビジネスと、少量（資力）を多量（収益）に変えるビジネスの二つの違いから「戦略の本質」を見極める考え方について説明していきます。

1・1　ビジネスの一般的な意味

ビジネスの基本はモノづくりと排他性です。なぜなら人間は、モノによって今日の空腹を満たすこと（食欲）、排他性によって子孫を残すこと（性欲）、その二つを両立させて生きているからです。ところが貨幣制度が機能するようになると、モノに直接関係しない、カネだけを動かすビジネスが発生してきます。それが証券や銀行、保険などの仕事です。それらのビジネスは金銭を動かす仕事ですから、技術に立脚したモノづくりのビジネスが成立している、という必要条件の下に存続できます。

モノづくりは実業です。その結果で人は食べることができます。たとえば、農業、漁業、林業などと、それらに関係する工業や商業は、すべて人の生活に欠かせない仕事です。カネづくりは虚業です。貨幣が流通していない社会では、まったく必要とされることのない仕事だからです。野生動物の世界に貨幣は流通していません。人間社会の活動を確実に理解したいのなら、いったん野性動物の世界に戻って、現在の人間社会と比較してみることです。そこには貨幣経済とは違う社会があります。

では、モノづくりとは、具体的にいえばどのような活動のことをいうのでしょうか。モノづくりのビジネスを図1に示します。

モノづくりとは、人間が能力を金銭（ほんとうは食糧）に変える行為です。食生活に欠かせない農業について考えてみましょう。米や穀類、野菜をつくるには、農作の技術が必要です。その技術を農作物に変えることで人間は生きていけます。ふつうのビジネスでいえば、自分の能力を金銭に変える行為になります。最近の日本では、農業の必要性が忘れ去られて、カネづくりのビジネスで一攫千金を夢見る人が増えているような気がします。しかし、貨幣を食べて生きるわけにはいきません。モノづくりをしないと、人間も国家も生きていけません。

ふつうの社会では、ヒトとモノとカネの三つが経済活動の要素になります。図１でわかるように、モノづくりの前にはヒトづくりというビジネスがあります。それは質（能力）を生み出す人間教育です。また、モノづくりの後にはカネづくりというビジネスがあります。それは量（金銭）を生み出す価値交換です。これらヒトづくり、モノづくり、カネづくりが三位一体となって人間社会（経済）が機能しています。

簡単にまとめると、野生動物と違って野性を失って生まれる人間には、自分で餌をとれるようになるために教育が必要です。その教育の結果、人間は野性的な本能を身につけて食べていけるようになります。人間の野生化——それがモノづくりです。ところが、野性動物の世界にはなくて、人間の世界にだけあるものがあります。それが貨幣です。貨幣は概念性が強い存在ですから文字（数字）に依存しています。文字も人間の世界に特有な存在です。

人間の数が増えて集団が発生し、社会が高度化すると、どうしても社会生活のルールが必要になってきます。そうなると、高度

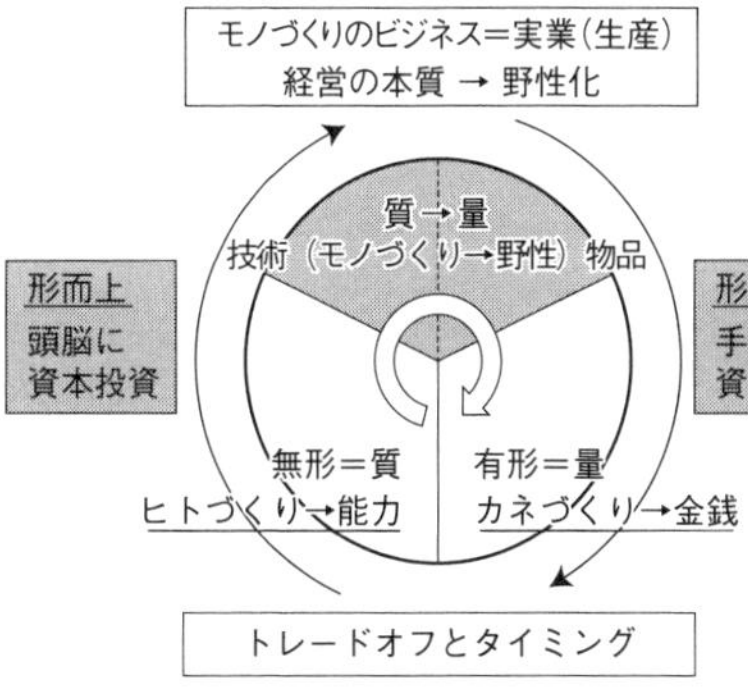

図１　モノづくりのビジネス

な社会では、ヒトとモノとカネに加えて、社会活動を規制するルールが発生して、ヒトとモノとカネとルールの四つが経済活動の要素になります。

近代社会の経済活動の要素を考えるのなら、ヒトとモノとカネにルールを加えなければなりません。なぜなら、ヒトとモノとカネを使った社会活動を規制するのがルールであり、ルールによってビジネスの結果が大きく左右されてしまうからです。近代社会では、なぜルールが重要なビジネス要素になっているのか、それを図2のルールビジネスの勃発で説明します。

中国や日本には、古くから士農工商という言葉があります。士業、農業、工業、商業を重要度の順番に並べたものです。モノの生産には土地が必要です。土地の獲得は士業の役目です。モノの生産に必要とされる土地が小さいほど、それは虚業に近くなります。たとえば、パソコンを使ってビットコインの売買をするようなビジネスです。

士業の次に必要になるのが農業です。食べるためには農業が必要だからです。次に農業の効率化に必要な鋤《くわ》や鍬《すき》、トラクターなどを生産する工業が必要になります。そして生産物が自己消費を超えて余るようになると、商業が必要になります。商業の基本は米と野菜を交換したり、芋と着物を交換したりするような物々交換です。

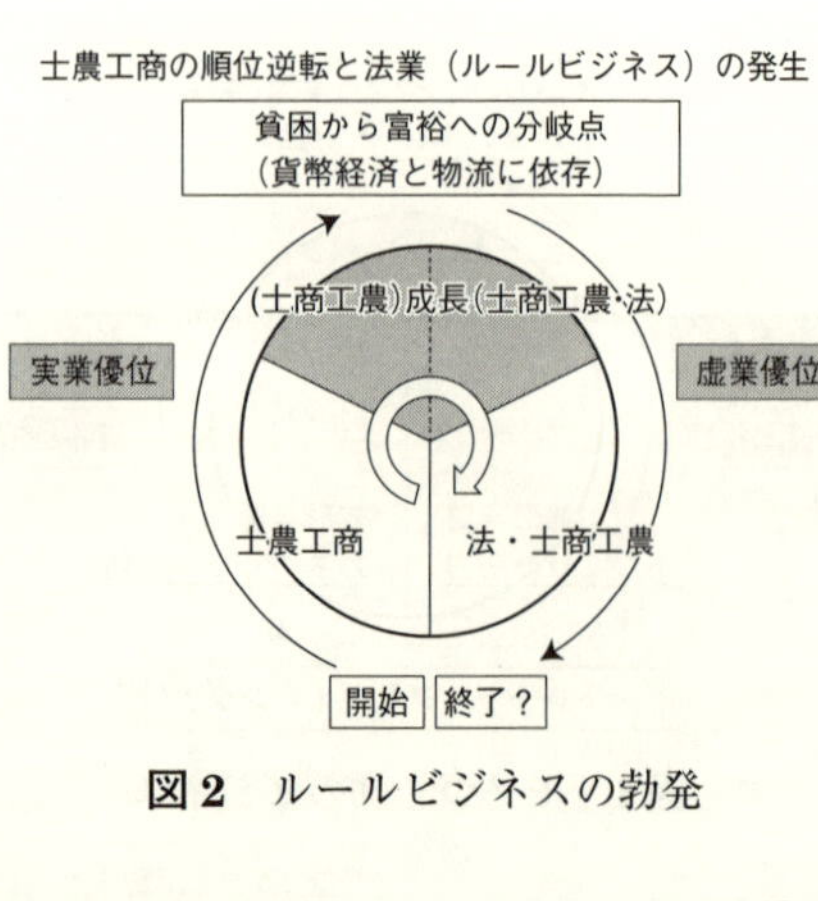

図2 ルールビジネスの勃発

ここで問題が発生します。それが貨幣の登場です。社会的なルールによって貨幣が流通するようになると、モノよりも貨幣が優先されるようになります。なぜなら、貨幣は権力の産物だからです。そうなると農工商の順位が逆転してしまい、士農工商が士商工農になってしまいます。貨幣が流通していた江戸時代の現実では、やはりカネを持たない農が下位になり、カネを持つ商が上位になっていました。もちろん、武力を持つ武士は最上位に君臨していました。

社会が平和になり、貨幣が安定して流通し、カネの価値とカネの価値の交換ビジネスが増えてくると、どうしても新しい仕事――法業が発生してきます。つまり、士農工商に法が追加されるのです。法は士農工商の活動を規制するものです。しかし、士はハードな暴力ですが、法はソフトな暴力です。だから、専制的な社会では、士が法に勝ちます。一方、武力闘争が嫌われて高度に民主化された社会の建前では、士よりも法が優先されます。職業に関していえば、発展途上国のエリートは軍人を志望します。先進国のエリートは軍人よりも法律家や政治家を志望します。ただし、育った家庭が貧困なら、軍人の道に進むこともあるでしょう。一般的には、士農工商は「法士・商工農」になっているのが先進国の現実です。

注意するべきことは、第二次世界大戦の敗戦国、ドイツと日本の立場です。ドイツと日本には、基本的に英米仏露のような軍隊はありません。つまり、先進国でありながら、「法・商工農士」になっているのが、ドイツと日本の現実です。いずれにせよ、法が商工農の活動を縛ることになります。

ルールは文字で記述されます。文字は虚業の材料になります。法業は虚業の代表格です。本書で解説する国際標準や知的財産もルールですから、公的な扱いになれば文書で記述されます。つまり、法業における弁護士と同じように、標準書士や知財書士という職業が成立する世界なのです。

ここで図3にルールづくりのビジネスをまとめておきます。モノづくりのビジネスの過程は、ヒト、モノ、カネの順番で進みます。すなわち、ビジネスに成功するには、まずヒトを制御することが大切になります。ヒトの家畜化や機械化です。家畜や機械は、原則として使用者である人間に反発しません。餌や油を与えれば、黙々と指示どおりに忠実に働いてくれます。過度の自由は暴力的な人間を育てます。過度の束縛は従順な人間を育てます。人間に必要とされるのは、社会を安定させる適度の束縛と、個人の創造力を刺激する適度の自由です。しかし、究極のビジネスとは、他人を過度に束縛することなのです。

ルールは天から授かるものではありません。人為で作成するものです。したがって、どこかにルールを作成する人がいます。しかし、過度に束縛された人には、ルールを変えたりルールを作ったりするという発想がな

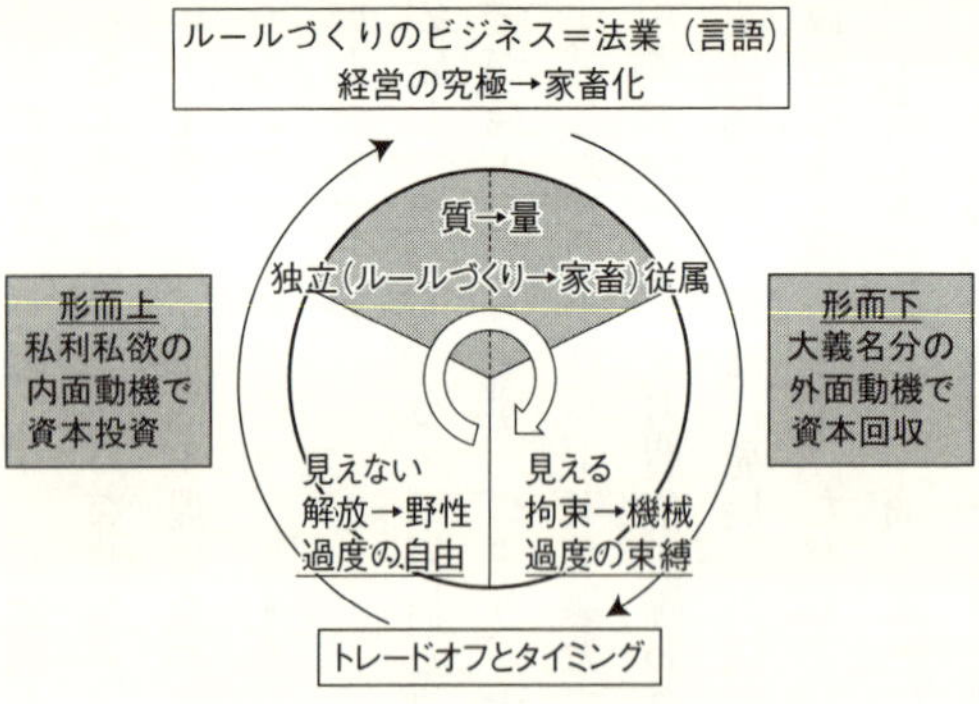

図3　ルールづくりのビジネス

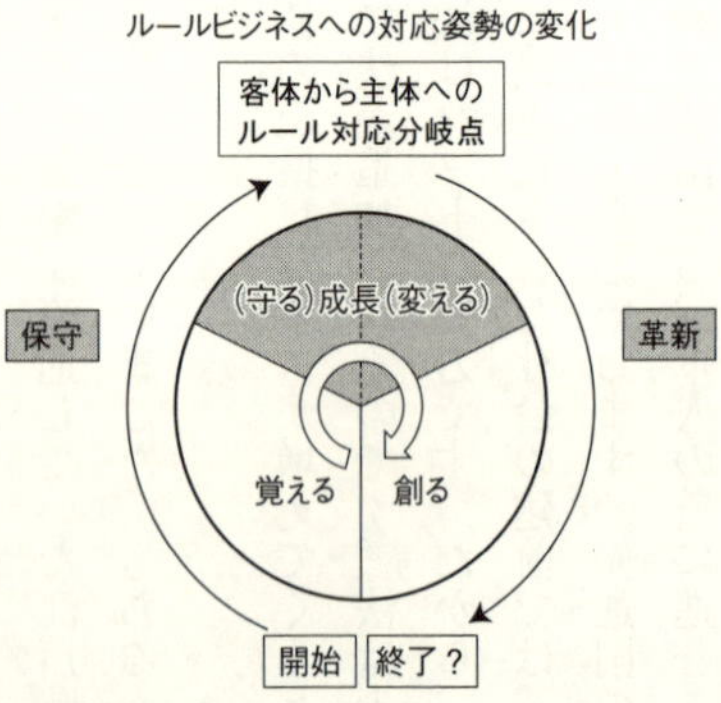

図4　客体と主体のルールビジネス対応

くなってしまいます。教育によって変化する、客体と主体のルールビジネスへの対応を図４に示します。ビジネスとは、モノづくりのことであり、その前後にヒトづくりとカネづくりがあります。ヒトづくりとカネづくりを含んで、モノづくり全体の活動を規制するのがルールづくりです。ルールは両刃の剣です。自分が制定すれば自分の武器になり、相手が制定すれば相手の武器になります。ルールは自分でつくるべきものであり、誰か知らない人がどこかでつくっているものではありません。

１・２　本質と現象の考察

企業を長期的に観察すると、一時的には栄えてもやがて衰退して消えていく企業と、いつまでも栄えている企業の二種類があることに気づきます。組織も同じです。永続的に栄える企業や組織は、一つの原理原則で動いています。ビジネスでは他者との戦いに勝利し、自分の排他性を維持しなければなりません。権力主義の世界では、排他性が武力闘争になります。しかし、民主主義の世界の排他性とは、武力を経済に変えた闘争だといえます。武力闘争と経済闘争のどちらも、他者との戦いであることに違いはありません。

孫子の兵法に「彼《てき》を知り己《おのれ》を知れば百戦殆《あや》うからず」という言葉があります。敵についても味方についても情勢をしっかりと把握していれば、幾度戦っても敗れることはない、という意味です。人は他人や自分のことを知っているようで、なかなかその本質に気づくことができません。相手を知り自分を知るということは、日常的なビジネスにおいて、ビジネスの競合関係にある相手の立場を量り、かつ自分の立場も量るということです。そのためには、単純な原理原則があります。相手を知り自分を知るための原則は、まず本質と現象の背反性を知り、次に質と量の二面性を知り、さらに量の二極性を知ることです。

二面性と二極性の理解と肯定

人間が関与する限り、ものごとには必ず二面性と二極性がつきまといます。そのなかでも、社会生活にとって重要な二面性とは、理性と感情、建前と本音、技術と政治、理想と現実、公と私などになります。これらの二面性（二属性と呼ぶべきかもしれません）は質に依存するので単純対比できませんが、事象を注意深く観察すれば、相対《あいたい》する違いとして理解できる概念でしょう。

重要なことは、ものごとの一面だけを見ずに、その表裏を見て両面の存在を理解し肯定することです。その理解と肯定の上で、二面性の一方に偏らずに、その中間（in between）に立つことです。なぜなら、相手の立場は自分の立場とは違い、相手は二面性の中間のどこかに立っているからです。二面性に気づかない限り、相手の立ち位置を知ることはできませんし、相手に対する自分の立ち位置を決めることもできません。

二面性に加えて重要なことが二極性です。大小、多少、遅速、高低、強弱など、客観的に測定できる量には、必ず二極性があります。大企業と小企業や大戦力や小戦力などを考えるなら、一万人と一人を比較するとよいでしょう。二極性を考えることによって、数千人で戦う自分の立ち位置や数十人で戦う自分の立ち位置を客観的に把握することができます。

社会が豊かになると、自然に量を追う人の数が増えていきます。そして質の重要性が忘れ去られてしまいます。『標準と知財の両輪経営戦略』の理解には、質と量の違いの理解と、質と量の両立性の理解が欠かせません。その理解の下に、孫子の兵法の具体性が理解できるようになります。本書の兄弟本『本質と現象の両輪経営戦略』で詳しく説明していますが、経済活動に欠かせない基本的な知識を本書でもまとめておきます。

経済活動の成功要素

(1)　自分を知る。
(2)　相手を知る。
(3)　時間を知る。
(4)　節度を知る。

経済活動の束縛要素

(5)　両刃を知る。

本質と現象の両者の肯定と、その背反性の理解（Antinomy）

・質の二面性の肯定と、その両面の考察
・量の二極性の肯定と、その両極の考察

質（Quality）または量（Quantity）としての時間の理解と、時間軸と変化への考察（Change）

・主観的な時間（質）の理解と、その意味

・客観的な時間（量）の理解と、その意味

質と量のバランス（Trade-off）と、相互移行のタイミング（Timing）

・質から量への移行と、その時間（Timing）の選択

・量から質への移行と、その時間（Timing）の選択

人間の動物的な二つの側面の肯定と、そのバランス（Trade-off）

・野性（自立・自律）的な自然側面

・家畜（依存・他律）的な人工側面

動物の生存競争の根源的な動機と、その人間社会への応用（Management Dynamics）

・食糧の確保（生命を維持する）という経済的な側面

・生殖の維持（子孫を確保する）という経営的な側面

四半期ごと、または年度ごと、経営を短期評価するのは量の評価です。五年や十年、さらには百年ごと、経営を長期評価するのは質の評価です。今日の収穫（食欲）の結果としては、質よりも量が評価されます。明日の繁栄（性欲）の結果としては、量よりも質が評価されます。また、質の成果を短期で評価すると量の結果になり、量の成果を長期で評価すると質の結果になります。

本書を読み進めるにあたり、本質（見えにくい、長時間の判断が必要）と現象（見えやすい、短時間の判断で十分）について、両者の違いと両者の肯定を忘れないようにしてください。

1・3　経営戦略の必須要素

社会が豊かになると、文系出身者に比べて理系出身者の報酬が低くなり、理系出身者が企業内で冷遇されるようになります。理系の必要性が低くなってくるからです。舌先三寸で要領がいい文系出身者が企業の主導権を握る一方で、その陰に霞んでしまっているのが理系出身者です。

過去のソニーやホンダのように、ほんとうは理系脳を持つ経営者が、モノづくり企業の経営の中心に座るべきなのです。しかし、理系出身者の多くが、人が良く、押しが弱く、野心もないという傾向にあります。ひたすら知識を吸収し興味に没頭するだけなのです。

文系の会計士や重役、事務屋は、しばしば創造的な人間を妬むことがあります。ルール以外に、自分で何かを創ることができないからです。そして創造的な人間の足を引っ張り、何にでも批判的かつ否定的になり、自らの重要性をことさら強調したいがために、「理系出身者はビジネスを知らない」と言います。筆者は文系が嫌いではありません。ただ、誰にとっても、理系と文系の両方の学問が必要で、その両者のバランスを保つことが、永続的な企業経営の基本なのです。

経営戦略の必須要素とは、ヒト、モノ、カネ、ルールのことです。これに情報を加える人もいますが、ビジネスの要素としての情報は、モノづくりのベースの言語力や計算力だと理解するべきでしょう。手持ちの情報の正誤はヒトが判断しますから、情報はモノではなくてヒトに含まれるべきでしょう。

売ることはできても食べることはできないのが情報です。つまり、情報産業は虚業のカネづくりのビジネスに含まれるべきものです。中国で盛んなＥＭＳ／ＯＥＭビジネスと同じで、モノづくりと勘違いされているカネづくりのビジネスです。別な言葉で言えば、モノづくりの仮面を被ったカネづくりだとなります。ヒト（人件費というカネ）を安く使い、それをカネに変えているだけのビジネスで、そこにモノづくりの要素はありません。

日本も中国も、製造業のほとんどが中小企業で成立しています。しかし、日本の製造系中小企業の社長には技術者が多く、モノづくりに邁進しています。一方、中国の製造系中小企業の社長には、小金を手にした商売人が多く、カネづくりに邁進しています。中国は世界の工場ではなくて、中国内の銀行と同じで、単なるカネづくりのビジネスをしている国だとみなすべきでしょう。

１・３・１　技術ブランドと商品ブランド

ブランドとは排他性のことです。その排他性には、質（本質＝技術）の排他性と量（現象＝商品）の排他性の二つがあります。それが技術開発と商品開発の違いです。ブランド品の条件は価格、品質、意匠などの違いですが、高額で特別な商品であることが万人にとって即座に視認できなければなりません。

時計や宝石、バッグ、眼鏡、洋服などの装飾品に加えて、家や車、学歴などにもブランドが存在します。原則として、ブランド品のビジネスと実用大衆品のビジネスは明確に区別するべきでしょう。対象となる消費者のマインドが違うからです。

商品設計（プロダクトデザイン）とは何でしょうか。色や形を整えることがプロダクトデザインではありません。それは化粧であり、デザインの本質ではありません。デザインという仕事の領域は広く、商品企画、機構設計、意匠設計すべてがデザインです。だからデザイナーは、市場トレンド、要素技術、生産技術までを熟知していなければなりません。

商品企画（プロダクトプランニング）とは何でしょうか。製品を完成させることが商品企画ではありません。それは組立であり、製造販売業の本質ではありません。商品企画という仕事の領域は広く、発明発見、技術開発、技術改良、回路設計、機構設計、意匠設計すべてが商品企画です。だから技術者は、商品開発から商品化、さらにはアフターサービスまでを熟知していなければなりません。

本来の製造とは、意匠性を製品へ組み込むことです。新素材の開発によって、斬新な商品デザインが可能になります。その逆に、斬新な商品デザインによって、新しい素材が開発されます。技術を開発するとデザインが変わり、デザインを変えると技術が開発されます。画期的なデザインの商品開発は、高度な技術または斬新な意匠のどちらが先にあっても可能なことなのです。

1・3・2　開発設計と組立販売

製造販売業は本来、技術開発を優先させるべき垂直統合型業種です。しかし、技術が陳腐化（商品が一般化）してくると製造販売業も、製造よりも販売を優先させる水平分業型業種へと移行し、やがて衰退してしまいます。垂直統合のツールは教育であり、その主役は人と頭脳です。水平分業のツールは訓練であり、その主役は金と機械です。その違いを忘れてはいけません。人が消えると、ビジネスも消えてしまいます。

図5に製造販売業（開発、製造、販売）の身体的な役割分担を示します。この三役には、それぞれ国によって向きと不向きというものがあります。国際ビジネスに限っていえば、販売に向いているのが欧米人（白人）です。それに比べて、技術開発は国を選びません。頭脳を選びます。だから、その担当はベトナムでも、日本でも、中国でも、もちろん欧米でも構いません。たとえ発展途上国でも、技術が特段に優れていれば、それだけで開発から販売まで、通しの垂直統合型ビジネスが可能です。

その技術開発と商品販売の中間に位置する製造プロセスですが、この製造プロセスに使う装置には二種類があります。一つが技術開発に続く頭脳的な製造装置です。つまり、他社にとって真似ができない、真似が難しい、自家製造装置になります。もう一つが大量生産につながる手足的な製造装置です。つまり、他社や製造装置販売企業から購入できる汎用的な製造装置になります。こちらには特段の価値がありません。頭脳製造が日本の企業の役割になるのなら、手足製造は人件費や設備費の安い、韓国、中国、台湾の企業の役割になります。

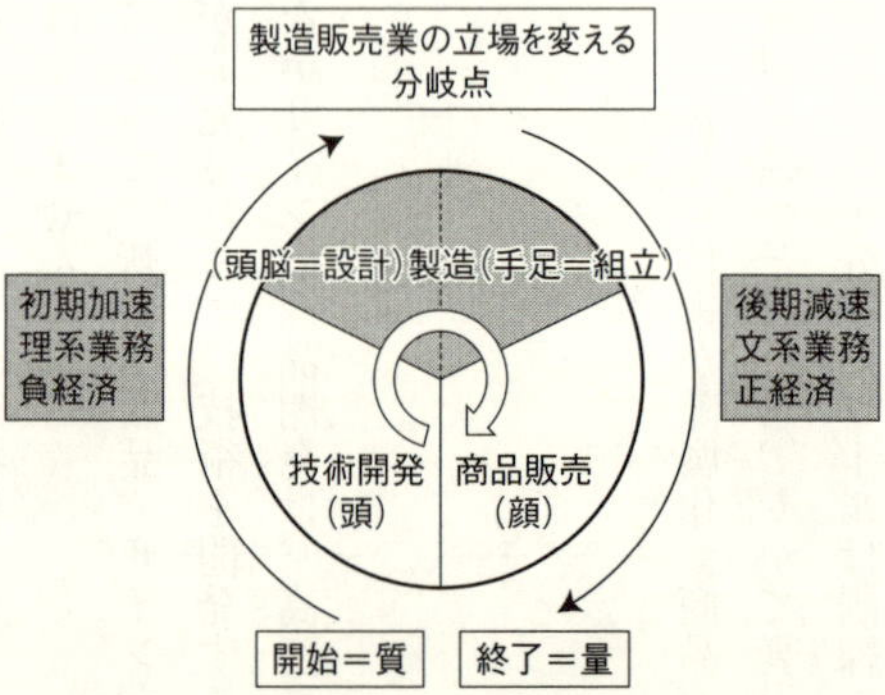

図5　製造販売業の身体的な役割分担

1・4　ヒト・モノ・カネのビジネス

国際ビジネスをするにあたって、日本企業の最大の問題点は、国内社会インフラの電力、鉄道、通信、放送などの「国営企業」を頂上に仰ぐ企業系列、すなわち長い歴史を持つ国内の従属の系列で、人と企業が洗脳されていることでしょう。

日本人は横文字が好きです。イノベーションと書けば本が売れるようになりました。技術に関していえば、技術革新に相当する言葉になります。文明が高度に発達した結果、従来の技術とは違う、際立って優れた技術が開発され、それが社会インフラに大きな変革を起こしています。旧来の社会インフラが、新しい社会インフラに置き換えられようとしているのです。

1・4・1　新規社会インフラビジネスの発生

すでに社会インフラが高度に発達している日米欧では、新旧社会インフラの置き換えの変化が遅くなります。しかし、もともと社会インフラが貧弱だった開発途上国では、過去と現在にこだわる必要がないので、その置き換えの変化が速くなります。新規社会インフラには、新技術によって創生される「新規概念の社会インフラ」と、旧来の社会インフラの硬直化を嫌って既存社会インフラのバイパスとして創造される「新規代替の社会インフラ」の二種類があります。それを次に示します。

二種類の新規社会インフラ

(a) **新規概念の社会インフラ**　インターネット、映像・音楽配信システム、非接触ＩＣカードシステムなど

(b) **新規代替の社会インフラ**　旧来の電力、学校、郵便、鉄道、電話、放送、保険、銀行などのバイパス

硬直化した既存社会インフラのバイパスとしては、ガソリン自動車なら電気自動車や燃料電池自動車、学校なら塾、郵便なら宅配、在来線鉄道なら新幹線、有線電話なら携帯電話、テレビ放送ならインターネットテレビ、新聞なら電子新聞、銀行ならコンビニ銀行やサラ金など、さまざまな実例を挙げることができます。技術革新の結果、超高圧送電や風力発電、大容量電池の実現が可能になり、これら新規代替の社会インフラが構築されていきます。

エレクトロニクスでいえば、過去に大きなイノベーションがありました。アナログからデジタルへのイノベーションです。デジタル理論は、１９３０年代にフランスで確立されています。しかし、その実用化が当時の真空管やトランジスターでは難しかったのです。20世紀後半に至って、大規模集積回路（ＬＳＩ）半導体が開発され、今のデジタル時代が開花しました。そしてデジタル技術の実用化によって、インターネットという新規概念の社会インフラの創出が可能になったのです。

電気自動車、ＬＥＤ照明、超高圧送電、ＩＣカード、携帯電話、太陽光発電などの技術が発達すると、既存社会インフラ技術の置き換えが始まり、やがて新規開拓された高度社会インフラ技術が定着します。

当然、日米欧だけでなく、中国やインド、南米にも大きな市場が開けてきます。しかし、国内需要を相手にする日本企業と、国際需要を相手にする欧米企業とでは、自ずと海外進出に向かう姿勢が違ってきます。国内の社会インフラビジネスが、国内に閉じた公的ビジネスだということが問題なのです。

国内大企業のほとんどが、行政や公営企業の下請けとして事業を進めてきました。また、国内中小企業のほとんどが、それら大企業の下請けとして事業を進めてきました。すなわち、日本国内のほとんどの産業が、親組織との系列関係や従属関係を維持する下請構造として成長してきたという歴史的な事実があります。

都会の一等地に巨大なビルを所有するのが、カネづくりのビジネスを本業にする保険会社と銀行です。ソニーもカネづくりのビジネスに参入しています。もともとソニーはビジネスの安定化を主目的に、米国から学びつつ保険や銀行のビジネスに参入しようとしたのですが、国内行政の壁が厚く実現は困難を極めました。

そのような直接的で見えやすいカネづくりのビジネスとは違って、間接的で見えにくいカネづくりのビジネスが、ルール依存の社会インフラビジネスです。すなわち、鉄道、通信、放送、電力など、システム構築と、その継続的な運営によるビジネスです。モノづくり企業ソニーが本命とするべきカネづくりのビジネス――それはソニー生命保険やソニー銀行などの金融ビジネスではなくて、通信携帯端末や電子マネーなど、モノづくりの延長線上にあるルール依存の社会インフラビジネスでしょう。

日立、三菱、東芝などと違い、ソニーは社会インフラビジネスから縁遠い企業でした。しかし、携帯電話が普及し始めた１９８０年代から、ソニーも社会インフラビジネスに新規参入します。それは非接触ＩＣカードを利用した鉄道パス（ＳｕｉｃａやＰＡＳＭＯなど）にも発展していきます。どちらも、発注業者としてのＮＴＴ各社やＮＴＴドコモ、ＪＲ各社などのシステムオペレーターと、それらの企業への機器納入業者の間に主従関係が強い世界で、ソニーが不慣れなビジネスでした。

今日、ソフトバンクが試行錯誤を繰り返し、行政相手の茨の道を歩みながらも、通信システムオペレーターとしてビジネスをしています。ソニーも通信システムオペレーターとして登録はしていますが、既存の慣習とルールに立ち向かうまでには至っていません。機器開発と機器納入のビジネスに留まっています。また、ＪＲ東日本との協業で電子マネーオペレーターになれたはずなのに、やはり部品開発と部品納入のビジネスに留まっています。

カネづくりのビジネスには政治が必要です。しかし、創業者の盛田昭夫氏を欠いたソニーは、１９９０年以降になってから、徹底的に政治力を失っていきます。それはカネづくりさえもできなくなった、ソニーのビジネス衰退への転換期です。

１・４・２　グローバルスタンダード経営の障壁

日本企業の国際競争力強化には、従来からの「販売・生産・調達の国内最適化」というローカルスタンダード経営を変えなければいけません。激動する21世紀の世界経済に呼応して「販売・生産・調達の世界最適化」というグローバルスタンダード経営が、国内製造販売業の常識になりました。そうして、国内製造販売業の大企業が、海外部品調達を増やし、海外生産拠点を強化し、海外市場へ進出しています。日本行政に先駆けて、一部の日本企業は着々と欧亜インサイダー化への道を歩んでいます。日本全体として、その動きを加速しなければなりません。

最近の不況下で、国内の中小企業は海外から注文を受けると、国際的に自社技術が認められたとして経営者が喜びます。そして、その技術を使った部品を喜んで売ります。その技術を大切に活かして、自分から新規事業を始めようとはしません。過去の習慣から脱却できず、自社の日々の台所事情ばかり考えているからでしょう。国家と行政、企業の系列の構図を表１に示します。

日本の産業は国家を頂点にした円錐形構造になっています。その円錐形構造の特徴を一言《ひとこと》でいえば、頂点から底辺へと続く序列構造になります。その序列構造は、誰にでも納得できるもので、誰にでも即座に認識できるものでなければなりません。民主主義社会では、その道具の一つが学校歴になります。円錐の頂点に就職するのなら学校歴が重要で、円錐の底辺に就職するのなら能力が重要です。

表１　系列の構図

国家の系列	イスラエル＝米国
	米国 → 日本、韓国、フィリピン、メキシコ、イラク
	英国 → インド、香港、オーストラリア、ニュージーランド、マレーシア
	オランダ → インドネシア、南アフリカ
行政の系列	総務省 → NTT 各社、民放各社、NHK
	経済産業省 → 電力各社、ガス各社
	国土交通省 → JR 各社、民鉄各社、UR 都市機構
企業の系列	NTT 各社 → NEC、富士通、沖電機、岩崎通信機など
	電力各社 → 三菱電機、日立、東芝、AE パワーなど
	JR 各社 → 川崎重工、東芝、日立、日本信号など
	UR 都市機構 → ゼネコン各社

国、企業、人などの関係を考えると、世界的な系列が見えてきます。しかし、国内の学校歴は国内の系列にしか通用しません。国家の系列でいえば、ドイツとオーストリアの関係や、フランスとイタリア、スペインの関係なども無視できません。系列とは相互依存のことです。しかし、一方的な依存が長く続くと、その依存が従属に変わります。誰でも不安定な発注元よりも安定した発注元を求めます。その安易さを具現化したものが系列なのです。

その系列構築にも武力（人種）、思想（宗教）、経済（貨幣）、文化（言語）など、人や組織の同化（支配）ツールが必要です。ただし、宗教は人間の上下関係を維持しますが、宗派という多数の派閥を抱えやすいので、大規模な同化ツールにはなりにくいと思います。系列はビジネスマインド（独立心）を破壊します。国家、行政、企業の活動を縛る同化ツールを系列の絆の強い順に示します。同化ツールとしては、言葉の文化よりも金力の経済が強くなり、それよりも武力が強くなります。

同化ツールと系列の絆の強さ

武力　武器供与のこと。（強）

経済　経済支援のこと。（中）

文化　共通言語のこと。（弱）

内外を問わず、ビジネスで忘れてはならないこと、それは市場争奪が企業間の争いになったときの系列の力関係です。電話、交通、放送、電力などの社会インフラをビジネスにする国内の準公営企業は、多数のグループ企業（発注先）を抱えています。そのような準公営企業を競争相手にするときは、その傘下のグループ企業全部を敵にしていることになります。逆に競争で仲間として協調するときは、その傘下のグループ企業全部が強い味方になります。端的にいえば、国内ビジネスの世界で行政を相手に喧嘩をしたら勝ち目がないということです。また、国際ビジネスの世界で欧米を相手に喧嘩をしたら勝ち目がないということです。

系列は、国家、地域、企業の間で構築されます。これら系列のツールすべてを握っているのが米国です。意図的に軍備と食料を牛耳り、着実に日本を米国の従属構造へ組み込むというしたたかな戦略には感服します。先進国と開発途上国との経済的な絆の最たるものが武器の提供と販売です。

戦後しばらくして豊かになり、経済協力という名目の資金援助でアジア諸国を下請構造に組み込もうとする日本ですが、自国も含めて、アジア諸国がすでに軍備で欧米の系列下にあるために、その努力はまったく意味をなしていません。つまり、日本という国は、経済をツールにした国内の系列構築はできますが、国際的な系列構築はできませんし、その系列のトップにも立てません。それが現実なのです。

島国の生物は免疫に欠けて外敵の侵入に弱くなります。国内の権益を背景に内需に頼って生きることも不況の時代には必要です。しかし、ひとたび外圧によって権益が失われるとなれば、早急に自力で海外市場を開拓し、外敵への免疫を獲得しないと、企業が滅びてしまいます。右と左、白と黒、善と悪など、両極端の一方に走ると、やがて人と組織が滅びます。従属と自立という企業ビジネスの二面性を知り、その中間に立つ自分の位置を決めることこそ、富裕時代の日本企業がとるべき戦略でしょう。

1・4・3　革新型企業と保守型企業

イノベーションを契機にする新規事業開拓は、その未来の成否が確定できない一種の賭けになります。そうなると、既存の市場からの需要発生を待つ姿勢の国内下請型企業にとって、新規事業開拓に果敢に挑戦することなど、考えられなくなります。ソニーやホンダに系列という言葉はないでしょう。しかし、横浜タイヤやブリヂストンには系列という言葉があるでしょう。自動車の部品メーカーだからです。

ガソリンエンジンを搭載しない電気自動車は、電池とモーターを入れただけの鉄の箱です。ただし、タイヤがなければ走りません。どうしてタイヤメーカーは、新規社会インフラとして電気自動車を開発し、それを移動手段として販売しようとしないのでしょうか。他のタイヤメーカーと、タイヤ技術で差別化ができないと思い込んでいるのでしょうか。それとも、未知の世界に飛び込む必要性を感じていないのでしょうか。ソニーも過去、フジテレビの買収に走ったことがあります。しかし、すべてのテレビ局に放送機器を納入しているソニーにとって、特定のテレビ局としてのビジネス進出はタブーだったのです。テレビ放送業界の凋落を見る今となっては、幸運だったといえますが。ただし、総務省とテレビ放送業界が癒着すれば、無節操なコマーシャルやテレビ番組の放映が許されますから、テレビ放送業界だけでなく広告会社なども潤います。

個々のメーカーの利害関係を社会の利便性にまで昇華させる良い機会が国内で失われています。自社のビジネスが関係する業界で下請商売を長く続けていたら、その業界の親玉になることなど想像もできなくなるのでしょう。高度なノウハウを持つタイヤメーカーが、下克上で電気自動車メーカーになることなど、上下の礼節を尊ぶ日本文化の下では考えられないことなのでしょうか。

系列に守られてきた歴史的な経緯に縛られると、しがらみを振り切って独り立ちすることが不安になります。親離れができない子どもと同じです。しかし、自分の親は、いつまでも元気ではありません。やがて別れる日が来ます。親を捨てて独立する革新型企業と親に縋《すが》り続ける保守型企業の二種類の特徴を次に示します。

革新型と保守型の二種類の特徴

(a)　革新型

・製品の開発と同時に市場開拓を始める。
・一般市場が相手。設計・開発・製造のリスクをとる。
・学歴無用型、能力有用型、活性・活発労働型。

(b)　保守型

・製品の注文を受けてから製造を始める。
・発注企業が相手。設計・開発・製造のリスクをとらない。
・学歴有用型、能力無用型、沈静・沈滞労働型。

設備投資の基本は、受注が増えたとしても、生産設備（機械または機械人）または販売設備（機械または機械人）を無節操に増やさないことです。受注した量に対して、生産設備や労働者が不足すると、発注元に製品を満足に納入できません。しかし、それで企業が倒産することはありません。でも、それでは発注元から怒られるし、自分の欲もあるので、下請企業は自然に生産設備を増強し労働者の数を増やします。そうして不況になると、受注が減って余剰設備や余剰労働力を抱えて倒産してしまいます。欧米の企業でも、この傾向はほとんど同じです。

そんな無策の保守型企業でも、強い親玉が上に控えている間はなかなか亡びません。ただし、ビジネス環境が変化し、その親玉の体力が衰えてきたときに、ビジネスバトルに勝ち残るのは戦略的な革新型企業です。時間の経過にともなう環境変化に従い、一方は栄えて他方は衰えるという、これら二種類の企業の存在――そこで働く人々は、その生き方さえも所属する企業の風土に影響されてしまいます。

米国は社会インフラが高度に発達し、その民営化と国営化が際立って分化しています。それでも、まだ兵器産業やエネルギー産業、情報産業などの軍事関連産業は、政府と深い絆を維持する一部大手企業の独占市場になっています。日本と違って米国の場合、海外市場に向けて部材や機器を販売する企業の数は少なくなります。国内市場が大きいので、各種社会インフラを運営する国内巨大企業へ部材や機器を納入する企業の数が多くなります。

システム運営企業とは、社会インフラ運営企業のことです。社会インフラとは、士農工商というビジネスの生命線になる基幹事業であり、その多くが国営企業または準公営企業に任されています。本来が公益事業なので、純民間企業に委託という形をとる場合、官民癒着により政治家の資金源として利用されやすくなります。

具体的には、政府と癒着する仮性民間企業が、水資源や土地（山、海、川、田畑）、エネルギー（電力、石油、ガス）、通信（有線、無線）、交通（陸路、海路、空路）、建設などに関係するビジネスを独占します。一方、オーディオやビデオ、ゲームなど、政府と癒着しない真性民間企業がビジネスの対象にする嗜好品には、公営のシステム運営企業が存在しません。

国内企業の体質と得意とする市場の種類

市場　部材／機器、民営インフラ、公営インフラ。

体質　民主体依存企業、官民両依存企業、官主体依存企業。

民の需要に依存する企業の代表例は、ソニーやホンダなどです。官の需要に依存する企業の代表例は、三菱電機や日立製作所、日本電気などです。官と民の両需要に依存する企業として挙げられるのが、パナソニックやシャープ、トヨタ、それに最近では東芝などです。

部材／機器とは、従来、単独で部材や機器を売る市場のことです。その市場は、国内に留まらず、企業の積極性に応じて海外にも及びます。その他に民営インフラで使う機器や公営インフラで使う機器の市場があります。納入先が官か民かの違いです。その市場はどちらも大きいのですが、官の市場は国内に閉じていて、ほとんど飽和状態で先が見えません。一方、民の市場の海外展開にも、それなりの未知の世界へ挑戦する覚悟が必要です。

見えないものと見えるもの、その違いは人間や組織にとって、やっかいな存在です。自ら考えるという、見えないプロセスを省いて、覚える人が増えています。自ら努力するという、見えないプロセスを省いて、丸投げする人が増えています。

見えないプロセスへの配慮と重要性に気づかなかったこと――それが日本のエレクトロニクス企業衰退のほんとうの原因だと思います。見えない明日への投資を怠り、回生に失敗して組織が亡びます。見えない分野への投資を怠り、転生に失敗して組織が亡びます。弱体化する組織では節度が失われ、組織内で働く人（手足を動かして直接、利益を出す人のこと）の数が減り、限りなく仕事が外部へ丸投げされていきます。また、組織内で出世を目指す人が増え、限りなく個人のエゴが目立つようになります。

ここで説明した官事業と民事業（ビジネスの二面性）への対応は、輸出業と輸入業のバランスで説明できます。円高や円安になると、輸出または輸入のどちらかに専念している企業は業績が大きく振られてしまいます。しかし、同じ企業内で輸出と輸入のバランスをとっていれば、円高や円安で企業の業績が振られることはありません。

1・5　民間企業のルールビジネス

本来、ルールは人間の社会的な行動を規制するものです。しかし、モノづくりにルールが関係すると、ビジネスを規制することになります。すでに述べたように、民間企業のルールビジネスといえば標準化と知財権になります。ルールは両刃の剣です。その二面性を認識しない限り、ルールに対して受け身の姿勢を続けることになります。

同じルールビジネスでも、標準化と知財権はオープンとクローズドという立場が違います。しかし、どちらも両刃の剣です。ここでは国際標準化に焦点を当てて、民間企業のルールビジネスの二面性を考察します。国際標準化の戦略的な事例を研究するのなら、過去のソニーがよいでしょう。知的財産権の戦略的な事例を研究するのなら、過去のキヤノンがよいでしょう。

１・５・１　標準の重要性

経済の国際化に従い、国際標準化に関係する動きが活発になり、先進国にとって自国の大きな課題になっています。まず、「標準とは何か」、その種類と内容を定義しておきます。

標準の種類と内容

定義	単位基準
基準	安全基準
機能	基準認証
品質	品質管理
利便	互換維持

その目的は、利便性の確保、生産性の向上、公正性の確保、安全性の維持などで、最近では環境保全も含まれるようになりました。問題は、これらの種類ごとに専門家が違うことです。公的な国際標準は、第

３章で述べるＩＳＯ（国際標準化機構）、ＩＥＣ（国際電気標準会議）、ＩＴＵ（国際電気通信連合）などで作成されています。そして全種類の標準化作業が進められていますが、専門家も縦割りになってしまい、標準化を総合的な体系としてとらえることができる人は少ないのが現状です。

ルールは公平ではありません。したがって、国際標準も公平ではありません。近年では、国際標準が経済戦争の一面を持つようになり、特にガラパゴス化した社会インフラを持つ日本にとって問題になってきています。日本の国際標準化は、以下のように様々な問題を抱えています。

・特定国や特定地域に偏った利益を代表する国際標準に対応できないこと。
・国際的な観点で消費者の利益を公平に保護することが非常に難しいこと。
・国内標準と国際標準の違いと、国際標準への一本化が簡単ではないこと。

これらの問題は、民間企業の問題ではなくて政府の問題です。その背景には、国際標準化に対応するヘッドが一つではないこと（縦割り行政組織）、英語力に不足していること（個人の学習）、海外諸国との交渉能力に不足していること（個人の経験）、などがあります。地域や国家の間に生じる国際標準の副作用を防止するのが、世界貿易機関（ＷＴＯ）の貿易の技術的障壁（TBT：Technical Barriers to Trade）に関する協定や政府調達（GP：Government Procurement）に関する協定です。

(1) 主導的国際標準化の重要性

国際標準化の重要性を一般論で展開すると、次のようになります。とくに日本のような貿易立国に存在する民間企業にとって認識するべきことでしょう。

(a)　**国際標準でなければ製品や部品を売れない市場が存在すること**

国際標準化と国際貿易に関する重要な協定に、ＷＴＯのＴＢＴ協定やＧＰ協定があります。社会基盤を市場にする場合、手持ちの技術を積極的に国際標準化しなければ、その市場を獲得することはできません。２００５年にＷＴＯに加盟した中国も、その重要性を認識しています。

(b)　**知的財産権（パテントなど）と標準は切り離せない関係にあること**

標準に含まれる技術特許に加えて、標準規格文書、標準規格に含まれるソフトウエア、それにＡＶコンテンツに関する著作権など、標準化は知的財産権と深く関係しています。標準化に積極的な企業は、その知的財産権の恩恵を享受できます。しかし、そうでなければ、決まったものに対価を払いながら従うことになってしまいます。

(c)　**技術関係だけに分野を限定しない広範な標準が増加していること**

ＩＳＯ　９０００シリーズやＩＳＯ　１４０００シリーズで知られているように、環境、安全、セキュリティー、システム管理などに関する国際標準が増えています。これらの標準化には、情報を先取りし、その標準化作業に深く関係しないと、完成した標準への適合に企業が多大な費用と工数を割くことになってしまいます。

事後対応の標準化は、企業にとって損失になります。それに比べて、事前対応の標準化は、企業にとって利益になります。それは消防と同じことで、消火にかかる費用よりも少ない費用で防火に努めることなのです。防火には常に主体性が必要になります。それは国際標準化の舞台で常にリーダーとして役割を果たすことです。しかし、それは会議の結論を誘導し目的を実現することであって、会議の場の要職を占めることとは違います。

(d) 標準化や技術開発において国策に過度に期待しないこと

国内には、三菱総研や野村総研といったコンサルティングやシンクタンクの役目を果たす会社が存在しています。そのような総合研究所のおもな業務は、企業のコンサルティングですが、同時に官庁と共同で国家政策を決めているシンクタンクのようにも見えます。しかし、米国と違い日本では、国家政策立案は完全に官庁の管轄領域です。政治家は交代しても、官僚は交代しないからです。

一方、米国では、政権が交代すれば官僚も交代します。したがって、政府予算で支えられた民間のシンクタンクが、国家政策立案に深く関係しています。日本では、国家政策立案の中心に官僚がいて、形式的なことは別にして、そこに民間組織の入り込む余地はありません。これは、就職前の大学生などには理解できないことです。そのような日本国内で何かを改革するには、官僚組織や公的組織を変えるというくらいの気概が民間企業に必要でしょう。

国際標準化に受身で対応する限り、そこで主導権を握ることはできません。国際標準が国際ビジネスのツールなら、国際標準化の場で主導権を握るべきです。日本は貿易立国です。だから国際標準化を忘れて、その存在はありえないと理解するべきでしょう。

(2)　ＷＴＯ各種協定と国際標準の関係

国際標準化に深く関係する団体に、国連機関の世界貿易機関（ＷＴＯ）があります。ここでは、国際標準化に関係するＷＴＯ協定について説明します。ＷＴＯ対応の省庁は、国際標準化を担当する省庁と同じで、経済産業省になります。ＷＴＯと国際標準化には、どのような相互関係があるのでしょうか。

国際標準化に関係するＷＴＯ協定には、ＴＢＴ（Technical Barriers to Trade）協定、ＧＰ（Government Procurement）協定、ＴＲＩＰｓ（Trade-Related Aspects of Intellectual Property Rights）協定の三協定があります。それぞれ、「貿易の技術的障壁に関する協定」、「政府調達に関する協定」、「知的所有権の貿易関連の側面に関する協定」と呼ばれています。ここでは、ＴＢＴとＧＰについて簡単に説明します。

(a)　ＷＴＯ／ＴＢＴ（貿易の技術的障壁に関する協定）

国際貿易には、「透明で公平な手続きで作成された規格」を適用した製品を扱い、その規格と異なる国家標準を制定して国際貿易の障壁としてはならないとされています。つまり、国家標準は、限りなく国際標準に整合させなければなりません。

１９７９年４月、ＧＡＴＴ（関税と貿易に関する一般協定）スタンダードコードが国際協定として締結され、その技術面が強化されて１９９４年５月にＴＢＴ協定になりました。そのＴＢＴ協定が１９９５年１月にＷＴＯ協定に含まれて、今日に至っています。日本はＷＴＯ／ＴＢＴ協定を批准しています。したがって、国内の技術的法規制や、その法規制に引用される日本工業規格（ＪＩＳ）を国際標準に整合させなくてはなりません。つまり、場合によっては製品の仕様変更さえも必要になり、国際標準の先取りと後追いの違いで、ビジネスの結果が大きく違ってくることになります。世界市場における国際標準化が、民間企業の産業競争力の重要な鍵の一つになったといえます。

(b) ＷＴＯ／ＧＰ（政府調達に関する協定）

政府関連機関（日本では地方自治体、銀行、ＪＲ、ＮＴＴ、自衛隊も含む）が十万ドル以上の金額の物品やサービスを調達する場合、国際標準に準拠したものが存在すれば、それを優先して調達しなければならないとされています。

現実論としては、政府間の貿易摩擦が実際に発生したら、その調停をするのがＷＴＯだということになります。協定のなかでは、ＩＴＵ（国際電気通信連合）、ＩＳＯ（国際標準化機構）、ＩＥＣ（国際電気標準会議）の標準こそが、「透明で公平な手続きで作成された国際規格」だとは書かれていません。ＷＴＯがオブザーバーとして指定する国際機関は八機関です。そのうち、ＩＴＵ／ＩＳＯ／ＩＥＣの三機関が国際標準化機関です。「透明で公平な手続きで作成された規格」であるか否かは、ＷＴＯ紛争ごとに解明されるべきものですが、国連機関のＩＴＵの標準および多数の欧州国家が中心になって組織されたＩＳＯ／ＩＥＣの標準が、それに該当しないという裁定が下されることは考えられません。そうすることは、国際標準化機関を擁立するＥＵ（欧州国家群）にとって自己否定になるからです。

現実的には、ＩＴＵ／ＩＳＯ／ＩＥＣ規格は、ＷＴＯ各種協定への実質的な対抗手段になると考えられます。ただし、それはリスク低減という意味であり、やはり実際の紛争は政府間紛争になります。つまり、政府が民間企業を擁護しないことには話になりません。したがって、官庁（経済産業省）の支援が得られるように、同業数社の結束による対抗が必要になります。単独一社では官庁の支援が得られません。業界の代表意見ではないからです。貿易摩擦など国際問題については、「業界団体の声」という形にして官庁の支援を受けるのがふつうです。

近年、ＷＴＯの非力に業を煮やした米国が、ＴＰＰの活用に方向転換をしています。虚業のルールづくりをビジネスの中心にした米国の狙いは、知的財産権の輸出拡大と中国による知財侵害の排除です。米国はＴＰＰ交渉に属国を引き入れて、自国主導のルールづくりに励んでいます。

１・５・２　ルール制定ビジネスに欠かせない主体性と積極性

ここでルール制定ビジネス（法律や規制、標準化、知財権などに依存する事業）の重要性について注意を喚起しておきます。技術イノベーション（革新的な技術）は、生命の危険と裏腹の関係です。新しい素材や部品を使った新製品も同じです。市場に出せば、何らかの社会的リスクをともないます。それなのに、革新的な技術を使う新製品には、その危険性を受け止めてくれるルールがありません。

電動自転車を開発したら、それを広く普及させるために、安全性を担保するさまざまな制度が必要になります。しかし、技術イノベーションの速度に、後追いのアフターサービスは当然ですが、公的なルールも追いついてくることはない——それが原理原則です。だから、行政のアクションを待つのではなくて、開発企業が自助努力で制度を実現しなければなりません。ルールメーカーにならなければならない——それは技術開発で先端を走る企業の宿命です。そして、ルールは技術ではなくて政治で決まります。家庭用のビデオ録画機が開発されたら、そのテレビ録画を許す法律が必要です。ＣＤやＤＶＤが開発されたら、その録画回数を制限する法律が必要です。電動自転車が道路を走り始めたら、その交通安全性を保証する法律が必要です。

素材の開発により生み出された新しい製品が社会に持ち込まれたときに、技術のイノベーションが表面化します。革新的な技術と革新的なビジネスモデルの両方に、新しい法律の制定や既存の法律の改訂が必要とされます。それはルールが不備か時代遅れになっているからです。

ソニーがアップルのｉＰｏｄと同様の製品をアップルに先んじて発売しようとしたとき、社内には著作権侵害の危険性から否定的な声が多くありました。だからソニーは、デジタル著作権保護管理（ＤＲＭ）技術の方へ走ったのです。結果的に、それは失敗でしたが、たとえ著作権侵害で訴えられても、著作権ルールで戦う準備があれば問題はなかったのです。それは過去にテレビ放送の家庭での私的なビデオ録画を法的に可能にしたソニーのベータマックス訴訟の勝利が教えてくれます。過去のソニーには、イノベーションとルール制定が切り離せない関係だと理解していた、優れた経営者がいたのです。

モノづくりには、ヒトづくりとカネづくりが関係します。それら三つの「つくり」には、ルールづくりが関係します。

企業戦略における国際標準の重要性を認識しない国内企業経営者には、標準化といえば品質管理のようなサポート業務だ、という固定観念を持つ人が多くなります。当然、優秀な人材を国際標準化業務に投入しません。一方、海外企業経営者には、標準をビジネス拡大ツールとしてとらえて標準化に取り組んでいる人が多くいます。この両極端に属する人が会話をすると、ほとんど話が噛み合いません。特に事業部門や所属組織、業界など、それまでの個人の活動背景が違うと、国際標準の重要性に関する相互理解が絶望的になります。

　ビジネス拡大ツールとして国際標準を使う場合、自社が望む標準を国際標準化機関で作成するだけでは十分ではありません。それを国内や業界の標準として採用させる活動や関連ビジネス推進団体を立ち上げる活動も必要になります。そのためには国際標準化の世界にどんな人が集まり、どんなプロセスで標準が決まり、どんなビジネス効果があるのかを知らなければなりません。

　標準化するべき部分とするべきでない部分の切り分けも重要です。ビジネスを忘れて、標準化を先行させてはいけません。また、製造装置のような差別化の道具を標準化してはいけません――そういう大原則は広く認識されていることでしょう。それでも、差別化部分の標準化を誰かが始めたら、それに即座に巧妙に対応しなければなりません。量（価格による他社攻勢）が質（技術による自社優位）を凌駕するかもしれないからです。

　最近、電気自動車の自動車モーター駆動電池関係の国際標準化が話題に上っています。他社製品と差別化できる電池技術を持つ企業にとっては、電池の国際標準化を進めると技術の安売りにつながる可能性が高くなります。したがって、国際標準化は時期尚早として、電池の国際標準化の場には不参加という決定をします。それがおかしいのです。国際標準化が不要だったら、その国際標準化の場に優秀な人材を積極的に参加させなければ、他社が進める国際標準化を止めたり遅らせたりすることはできません。

標準は非排他的であり、その制定が技術（差別化要素）の安売りになるという一面を持ちます。ただし、それまで自社が抱え込んでいた差別化要素を標準化しても、なお残る差別化要素の蓄えを予め用意しているのがしたたかな企業です。裏を返すと、先行している企業の差別化要素が標準化によって簡単に喪失する程度のレベルならば、先に標準化を仕掛けてその優位性を奪うことも可能になります。電気自動車や燃料電池自動車に関連する技術など、国内優位の新技術標準化では日本企業が注意するべきことでしょう。

技術の安売りという側面を持つ国際標準が企業戦略に関係してくると「国際標準の制定を推進する」ために国際標準化の場へ参加するという、アドホックな側面と「国際標準の制定を妨害する」ために国際標準化の場へ参加するという、スタンディングな側面、その両側面の理解が企業経営者に求められます。また、国際標準化の場で活躍するには、技術の専門知識に加えて、英語力、タイピング、国際ビジネスマナー、交渉力などの基礎技能が求められます。しかし、そんな技能を併せ持つ日本人は皆無に近いかもしれません。小学生並みの頭脳と技能では、国際市場で飛躍できないのです。

標準開発と知財形成のどちらの仕事もルールづくりのビジネスです。人間の本性はエゴの塊なので、国際標準化審議の場など、複数の人間が集う場所に公平は望めません。一部の人の公平は、他の人の不公平になります。標準化とは、不公平（大義名分）のなかに、必要に応じて公平（エゴ）を持ち込むことです。そこでは強者の本音と弱者の本音がぶつかり合います。しかし、日本には標準を決める強者（主体）が少ないのです。逆に、他人が決めた標準に従う弱者（客体）が多いのです。

国際標準を記述する規格文書も、使われなければ文字の羅列にすぎません。技術特許と国際標準の両方についてビジネス活用術を知り、策には策で対抗することが日本企業の勝てるビジネスモデル構築につながります。技術立国日本の蘇生術の切り札として、標準と知財という国際ビジネスのルールおよびツールの活用方法を少し詳しく説明します。

事業戦略に加えて、技術戦略も同時に重要です。富裕時代にはルール制定ビジネスが栄えます。そんな富裕時代の技術戦略の骨格は標準と知財の活用になります。しかし、国際市場という店頭で、極東に住む黄色人種の日本人が標準や知財を売る必要はありません。その店頭の裏で、黙って標準を獲得し、黙って知財を活用すればよいのです。商品に組み込まれた標準や知財から、日本という国は想像できません。誰が標準を制定して利用しているのか、誰が知財権を活用しているのか、市場ではわかりにくいことです。したがって、国際市場を寡占化しても海外からのバッシングが弱くなります。その利点を忘れてはいけません。

1・5・3　抗争の構図からの脱却

日本は、先進国の中で国際標準化ビジネスに出遅れた唯一の国です。日本だけで使われる国際標準ではなくて、世界中で使われる国際標準を目指さなければなりません。それには工夫が要ります。

国際標準化に限らず、すべての国際ビジネスで同じことがいえますが、いちばんの問題を抱えている国が日本だと思います。日米欧で自由競争の土俵を一つにしようとしているときに、先進国の中で日本だけが、常に日米欧の対抗構図を描きながら、自国の枠の中に閉じこもろうとしているのではないかと思います。欧米から見れば、そんな日本という国は、逆に要塞化しているように見えるのかもしれません。

ふつうの国際標準化では、先進国の間で日米欧の対抗構図が描かれます。欧米諸国に日本を排斥しようという他意はありません。自国のことを考えているだけなのですが、それが日本から見てビジネスの障害に見えてしまいます。

また、エレクトロニクス産業の国際標準化では、日中韓の対抗構図が描かれます。中国や韓国は、日本のライバルになりたがっているだけなのです。優しく国際マナーを教えるのが日本の役目です。ともかく、相手の立場を正確に理解することです。

たまには国際標準化の世界でも本格的なビジネスバトルが発生します。それが欧米相手なら、国家間のバトルではなくて、企業間のバトルです。日本人に多い被害者意識を捨てることが必要です。渉外能力さえあれば、そのバトルを対話に変えることができます。勝てる力があれば、やみくもに何にでも反対する必要はありません。

第2章　時間の推移で融合するジレンマ——変化論

どんなビジネスにも二面性があります。本書の冒頭で事象の二面性（ジレンマ）の話をしました。そのようなジレンマは時間が解決してくれます。ものごとを瞬時でとらえるとジレンマであっても、それを時間の経過でとらえるとジレンマは解消されています。卑近なビジネスの例として、知的財産権活用と技術標準化活用のジレンマを取り上げてみましょう。近年の国際ビジネスでは、標準と知財はビジネスに欠かせない、車の両輪です。しかし時間軸で見ると、その両輪が互いに逆走しているのです。

第2章では、ビジネスにおける標準と知財のジレンマを説明します。公益（ビジネス開放性）を目的に開発される標準は本来「オープン」です。一方、私益（ビジネス閉鎖性）を目的に開発される知財は本来「クローズド」です。しかし、これら二つを企業ビジネスの視点でとらえると、技術が優れて（差別化して）いれば、標準と知財の両方が「クローズド」になります。しかし、技術が劣って（陳腐化して）いれば、標準と知財の両方が「オープン」になります。すなわち、自分だけという意図が、やがて「誰でもへ」という過程を自然にたどります。その途中の「クローズド」と「オープン」のせめぎ合いに必要とされるのが、標準と知財の両輪経営戦略です。

2・1　ビジネスのジレンマとタイミング

さて、特許と標準のルールとしての意味を考えてみましょう。特許の本質は法的に独占（排他的）ですが、標準の本質は法的に非独占（非排他的）です。すなわち、特許と標準は水と油の関係だともいえるのです。しかし、これら二つが、ともに排他的であることもあり、ともに非排他的であることもあります。それは技術や社会が成長する過程の時間軸で変わります。

近年、話題になっている国際標準にも、独占性の強いデファクト標準（事実上の標準）と、非独占性（公共性）の強いデジュール標準（形式上の標準）の二種類があり、その重要性が時代とともに変化しています。前者は営利企業主体で作成され広く使われるようになった規格（例　ウィンドウズやコンパクトディスク）のことです。後者は公共の利便性を目的に公的な標準化機関に登録された規格（例　ねじや度量衡）のことです。どちらも標準と呼ばれています。

2・1・1　標準と知財のルール解釈と、その時間軸の関係

村社会から国社会へ、国社会から国際社会へと文化の共通化が広まると、知財の本質である排他性と標準の本質である非排他性の解釈が変わってきます。原始社会のルール形成の本質はボトムアップ（非排他的）です。その必要性から、自然発生的にルールが生まれます。ただし、それは共通文化の下、狭い社会

で可能なことです。たとえば、エスカレーターの左右の立ち位置は東京（左）と大阪（右）で違います。しかし、国際社会になれば、または高度社会になれば、多数の利害関係者による意見拡散を防ぐために、合意形成が簡略化されてしまい、ルール形成はトップダウン（排他的）にしかなりません。

標準の二面性のトレードオフと特許の二面性のトレードオフは、どちらも独占（排他性）と共有（非排他性）のバランス問題になります。基本的に善意で作成される標準は、その建前と本音の両方が共有で一致します。しかし、そこに民間企業のエゴが入り込むと、その本音が独占になってしまいます。一方、特許の建前と本音は、その両方に民間企業または個人のエゴが入り込み、ともに独占で一致します。この複雑な二面性の両者の関係を時間軸で調整するのが、標準化・知財権ビジネスの醍醐味になります。表2に標準と知財のルール解釈と、その時間軸の関係を示します。

技術や社会の誕生段階では、優れた技術が独占的な優位性を持ち、標準と知財の両方が排他的になります。すなわち、全独占の時代です。どんな標準でも、競合しなければ排他的になります。一方、技術や社会の成熟段階では、特段に優れた技術がなくなり、その優位性が失われて、

表2　標準と知財のルール解釈と、その時間軸の関係

(1)　技術独占が容易な時代（誕生）
標準：独占的な標準が成立し、実質は排他的。
知財：本質が重視され、従来どおり排他的。

(2)　技術独占が容易だとも困難だともいえない時代（成長）
標準：本質が重視され、従来どおり非排他的。
知財：本質が重視され、従来どおり排他的。

(3)　技術独占が困難な時代（成熟）
標準：本質が重視され、従来どおり非排他的。
知財：普遍的な知財が成立し、実質は非排他的。

標準と知財の両方が非排他的になってしまいます。すなわち、非独占の時代です。どんな知財でも、いずれは価値が下がり非排他的になります。

その中間の成長段階では、知財は排他的で標準は非排他的だという状態が長く続きます。それが半独占の時代です。要約すれば、消費者（標準を享受する需要側）は技術の非排他性を求めますが、企業（知財を創出する供給側）は技術の排他性を求めます。

半独占とは、需要と供給の両方を中途半端に独占することではなくて、そのどちらか一方を独占することを意味します。需要独占は販売独占ともとらえられて、供給独占は開発独占ともとらえられます。それら二つの中間に製造独占があり、その部分の曖昧さがモノづくりを標榜する日本企業にとって問題になるのです。日本企業は、販売独占または開発独占のメリハリを効かせたビジネスをするべきでしょう。

オープンとは互換性＝標準のことであり、クローズドとは独占性＝特許のことです。原則として、標準はオープン（開放）であり、特許はクローズド（閉鎖）です。全独占時代ならこの双方をクローズドにすることが可能です。一方、非独占時代ならこの双方をオープンにしなければなりません。ただし、時間のトリレンマの特徴として、半独占の状態が長く続き、「標準はオープンで特許はクローズド」の段階に長期に留まるビジネスが多いことを認識するべきでしょう。

以下に標準のビジネス独占性について説明します。まず標準とは互換性のことだと理解し、標準化の互換性対象を分類し、重要度の高い順に並べます。次に標準化の技術対象を分類し、重要度の高い順に並べます。重要度が高いほど閉鎖を目指すべき対象（企業側の理論＝技術重視）になり、重要度が低いほど開放を目指すべき対象（消費者側の理論＝市場重視）になります。

(1) 互換性標準の分類（ビジネス独占性の重要度順）

(a) 製造互換性（材料や部品などが該当）
(b) 製品互換性（部品や機器などが該当）
(c) 信号互換性（情報や通信などが該当）

(2) 標準化対象の分類（ビジネス独占性の重要度順）

(a) 物性標準（材料、部品、機器などの属性で細分化可能）
(b) 信号標準（情報処理技術と通信技術などの使途で細分化可能）
(c) 方法標準（管理標準、性能測定方法標準、用語標準などの属性で細分化可能）

標準とは共通化のことです。共通化とは互換性のことです。品質管理標準や性能測定方法標準、用語標準なども、インターフェース標準と同類の互換性標準として、広い概念でとらえるべきでしょう。

当然のことですが、製造互換性としての製造ノウハウ（例　半導体製造装置や高密度部品実装技術など）または物性標準としての独占素材（例　特殊医薬品や代替希少金属など）を無防備に標準化してはいけません。その優位性が失われるからです。それらにくらべて、信号互換性や方法標準は自社ビジネスの優位性を考慮しながら、積極的に標準化を進めるべきでしょう。

2・1・2　企業間アライアンス発生の歴史と実態の変化

排他性を求める企業間ビジネスアライアンスは、国際標準化の場で構築するのが最適です。国際標準化は、透明で公平な場で進められるものではありません。不透明で不公平な場で進められます。

国内企業の標準化ビジネスアライアンスは、１９７３年にソニー、松下電器、日本ビクターが進めた¾インチカセットテープビデオデッキ（Uマチック）が最初です。それ以前にも数社連合の標準化がありましたが、それは市場獲得を目的としたビジネスアライアンスというよりか、ユーザーの利便性を考えた純粋な標準化協力だったといえます。

(1)　四種類の標準成立形態

世間一般の標準、とくに電子機器や情報通信機器の標準には、デファクト（de fact）標準、コンソーシアム（consortium）標準、フォーラム（forum）標準、デジュール（de jure）標準の四種類があるといわれています。デジュール標準は、度量衡の分野で昔から重要でした。そのデジュール標準に基づく工業化が成熟期に入り、デファクト標準が脚光を浴びるようになりました。標準化手法という視点で、これらの四種類の標準を比較してみます。

(a)　デファクト標準

一社または数社の企業が技術を開発し、市場に普及させた標準のことです。このタイプの標準は、デジュール標準から見れば標準と呼べる代物《しろもの》ではありません。技術の優位性と市場の優位性を利用して、ある技術を組み込んだ製品が排他的に販売されます。いわゆる標準化というプロセスはとられません。例として、コンパクトディスク（ＣＤ）やＶＨＳビデオがあります。開発企業は数社で、その市場寡占によってスタンダードの地位を獲得したと考えられます。

(b)　コンソーシアム標準

数社の企業が技術を開発し、市場に普及させた標準のことです。このタイプの標準も、デジュール標準から見れば標準と呼べる代物ではありません。数社が共同でグループになり、特定の標準化を進めます。グループの目的は、標準化ではなくて、技術または市場のアライアンスになります。例として、デジタルバーサタイルディスク（ＤＶＤ）や光磁気ディスクがあります。

コンソーシアムは本来、ビジネスの見地からは非常に排他的な存在になります。その排他性を緩めると、ＤＶＤフォーラム（形態はコンソーシアムです）のように複数の標準が一つのコンソーシアム内で討議され、意見がまとまりにくくなり結果的に、似て非なる標準の登録につながります。

(c)　フォーラム標準

多数の企業が参加して技術を決めて、市場に普及させた標準のことです。企業のほかに標準化団体や工業団体を含む場合もあります。このタイプの標準は、デジュール標準に近いといえます。いわゆる標準と呼べるものです。標準化の活動様式が、公的な標準化団体と非常に似ています。しかし、メンバーが民間企業や標準化団体・学会などであり、国家代表ではないことに注意が必要です。原則として、参加希望の企業に対して標準化プロセスが比較的オープンで透明性が保たれています。しかし、討議に参加するメンバーが多くなるので、標準化が非常に難しくなる傾向があります。また、数年の活動後、役割を終えて解散するところも、デジュール標準化機関とは違います。例として、今は消滅していますが、過去のDAVICやIrDAがあります。

フォーラムは、広く参加メンバーを集めて、国際標準化機関の代行的な役割を担うものです。しかし、その標準化には時間がかかり、多くの人手も必要とします。強いリーダーシップがあれば、一応の標準が作成されますが、世の中で広く長く活用される標準にはなりにくいものです。メンバーが民間企業だという点で、Ecma Internationalはスタンディング型の準フォーラムとして定義できるかもしれません。フォーラムは、一部の標準化コンサルタントが、会費収集ビジネスを目的にして設立している可能性があります。新聞発表などで大々的に喧伝されますが、作成された規格は比較的短命です。

(d) デジュール標準

公的団体の専門家集団によって開発された標準のことです。または、専門家が既存の標準を認めて、一定のプロセスを経て公的団体に登録した標準のことです。これがいわゆる標準の概念に相当します。基本的に市場アライアンスや技術アライアンスを目指す様式ではありません。このタイプの標準化は、公平で透明性が高いとされています。この標準だけは、標準化された製品をもって、不公平な国際貿易の技術的障壁に対抗することができます。この点で、他の三種類の標準とは、まったく違う標準だと認識するべきでしょう。

20世紀末になって、デファクト標準の成立が難しくなり、フォーラム標準やコンソーシアム標準を使うという傾向が顕著になりました。フォーラム標準とコンソーシアム標準の違いは、以下のようにとらえられています。

(2) コンソーシアム標準とフォーラム標準の違い

デファクト標準には、新しく規格を作成するという特別な作業はありません。既存の自社規格を活用します。コンソーシアム標準では、数社が共通規格を確認しますが、ほとんどが一社か二社で作成されます。これら二つの標準の本音は、企業連合を組むなりして市場の寡占化を目指すことです。ところが、フォーラム標準になると、フォーラムで討議しながら規格が作成されていきます。こちらには、共通の規格を広めようとする意図が見えます。これらと違うのが、デジュール標準です。公的な標準化機関で規格が作成されるので、ＷＴＯの協定に適う規格として認められる可能性が高くなります。

デジュール国内標準化では企業単位で審議に参加しますが、デジュール国際標準化では国単位で審議に参加することになります。ここが他の三種類の標準と大きく違うところです。コンソーシアム標準とフォーラム標準の違いをまとめてみましょう。

(a) コンソーシアム標準の特徴

門戸がせまく、透明性が低くなります。数社の企業連合で設立され、市場の寡占が主たる目的になります。つまり、企業間アライアンスを目的に内輪で設立され、それらの企業が組織設立のファウンダーになり、一部の他企業へメンバー参加が求められます。コンソーシアムでも、英語によるコンソーシアムの定義を曖昧にするために、実際はフォーラムと呼ばれることが多くなります。

(b) フォーラム標準の特徴

門戸が広く、透明性が高くなります。中立機関または中立的な人物によって標準化を目的に設立され、メンバーが募集されます。つまり、機関が設立されてから、広くメンバー募集が始まります。

2・1・3　標準化の場所の違い

近年になってデファクト標準が成立しにくくなった原因には、以下の二つが考えられます。

・インターネットの普及で、技術情報の波及が高速かつ広範囲になったこと。つまり、インターネットによって、技術情報の囲い込みに役立っていた国境の壁や交通・通信の壁が崩壊していること。

・製造業が組立業になってきていること。つまり、一つの機器の製造に複雑かつ広範囲の部品が必要になり、一社で部品から開発して製品の差別化を図ることが難しくなってきていること。

標準化（標準にしようとする行為）という定義からすれば、それにはデジュール標準化およびフォーラム標準化だけが標準化に該当します。他は市場の寡占化を主目的にする行為だからです。したがって、純粋なデジュール標準化および中立的で民間企業に主導されないフォーラム標準化は別にして、デファクト標準化とコンソーシアム標準化の二種類の標準化は、企業間のビジネスアライアンスまたは技術アライアンスだととらえるべきでしょう。

デジュール標準化のＩＳＯ／ＩＥＣ規格作成は、その開発速度が遅いので時代遅れになるので使えない、だからコンソーシアム標準化やフォーラム標準化の考え方を取り入れなければならない――そういう発言をする人が多数います。しかし、本来の標準化目的から考えれば、これらを比較することは無意味だといえます。結果としての「標準」は同じでも、そのプロセスとしての標準化の意義が違うのです。

以上の考察に従うと、標準化作業への参加メンバーの実態の違いとして、標準化は「民間企業標準化」と「公的機関標準化」に分類できます。民間企業標準化は、その主体が民間企業ですから、その活動の企業内での認識が高くなります。公的機関標準化は、その主体が公的機関ですから、その活動の企業内での認識が低くなります。ただし、公的機関標準化でも、その実体を見ると、数社の民間企業で標準化が進められている場合があります。ある面で民間企業にとって、デファクト標準化、コンソーシアム標準化、フォーラム標準化よりも優れた標準化手法だといえます。

デジュール標準化は、国際標準（ＩＳ）というお墨付きがもらえるところが、他の標準とまったく違います。したがって、標準を場所の公私で二分類すると、以下のようになります。

標準化の民間と公共の場所の二分類

(a)　**民間企業による標準化**　デファクト標準化、コンソーシアム標準化、フォーラム標準化

(b)　**公的機関による標準化**　デジュール標準化

民間企業の国際標準化活動には、中長期的視野に立った対応が重要です。行政への意見答申の場や工業会での会議の場などでタイムリーに発言し、その政策を自社優位に誘導するには、長い活動実績と知名度が必要です。国際標準化はエンジニアの老後の仕事だととらえている企業がありますが、優秀な技術者を投入して積極的な展開をするべき時代になりました。しかし、デファクト標準化とデジュール標準化の両方に不慣れな企業や、その一方に不慣れな企業が見られます。

今後の国際標準化において、その手本や前例は他社にも業界にもありません。広い視野に立った、戦略的かつ自立的な国際標準化対応が必要でしょう。自社開発の技術や、その技術を組み込んだサービスシステムを適切に国際標準化し、各種国際協定や法律に対処しなければなりません。民間企業の生き残りには、自社の製造活動に関係する社内標準から、業界標準、さらには国際標準まで、多岐にわたり性質が異なる標準化活動を統合して扱う部署が必要でしょう。

他社との技術アライアンスに関しては、「社内の敵」の問題に注意します。組織は複数の人間で構成されています。そこではさまざまな考え方の人が働いています。残念なことですが、仕事を進めようとする人の脚を個人のエゴで引っ張る人もいます。イラク戦争の現状でもわかりますが、国内が二つに分離している戦争は、戦力の低下につながります。複雑な問題を抱えているので、外部から介入して簡単に解決できるものではありません。社内の敵は、そのまま企業損失につながるので、注意して対応しなければなりません。

2・2　矛盾が融合する時間的要素

標準と知財は車の両輪だといわれています。確かにそうなのですが、標準はオープンで、知財はクローズドとなれば、両輪が互いに逆転している状態になります。理解が難しいのが、知的財産権を標準に活かすビジネス戦略です。

2・2・1　技術重視と商品重視の選択

ビジネス戦略上の特許と標準の関係の原理原則（特許を標準に活かす方法）を次に示します。標準と同じく知財にも、デファクト知財（特許出願しない形而上の知財）とデジュール知財（特許出願する形而下の知財）があり、その使い分けが重要です。

特許を標準に活かす方法

(a)　技術閉鎖（質＝素材、部品）

独占製品になるので、原則として自社ノウハウに留めて特許権利化しない。ただし、競合技術が出現すると思われる段階で特許権利化する。したがって、『消極的特許出願』になる。自社技術の特許化は、独占技術なので容易。

(b) 技術閉鎖と技術開放の中間（質＋量＝機器）

製品技術が拮抗し、他社との技術競争になるので、市場で自由競争をする。標準化に踏み切るかどうかは、競合他社の技術成熟レベルで判断する。自社特許の保有が原則で、『積極的特許出願』になる。しかし、自社技術の特許化は、類似技術が多く困難。

(c) 技術開放①（量＝自社技術の市場互換性）

市場拡大の要素なので、既存の自社特許を含んだ技術の公的標準化を進める。自社技術は、すでに特許権利化されていなければならない。自社開発技術の永続的な商業排他性を工夫して、それを手順に従って粛々と権利化する『機械的特許出願』になる。標準化はフォーラム標準、コンソーシアム標準、デジュール標準のどれか、適切な方法を選ぶ。フォーラム標準化とは、デジュール型デファクト標準化のことで、民間企業だけでなく公的機関や学術団体などが参加する私的な標準化だが、最終的にはデジュール標準化機関に登録される。コンソーシアム標準化もデジュール型デファクト標準化のことだが、少数の民間企業主体で進められるが、技術開放が急速に進んで価格競争に陥る標準化になる。

(d) 技術開放②（量＝他社技術の市場互換性）

自社ビジネスに不利なら、可能な限り標準化活動を抑え込まなければならない。どうしても標準が成立するのなら、その審議過程に参加し、他社の提案規格を改変し、その改変部分へ恣意的に自社特許を創出して入れ込む。『積極的特許出願』になる。

以上の方法を簡潔にまとめると、特許登録においては、自社単独技術なら消極的特許登録になり、競合複数技術なら積極的特許登録になります。また、標準化提案においては、自社主導提案なら機械的な既存特許登録になり、他社主導提案なら積極的な新規特許開発になります。ともかく、標準化とは技術の安売りのことで、それなりの戦術と戦略と準備がない限り、先に仕掛けてはいけません。

物財商売の鉄則は、安く仕入れて高く売ることです。それは量から量へという、容易な価格移転のビジネスです。一方、知財商売の鉄則は、知識の結晶の技術を金銭に換えることです。それは質から量へという、困難な属性移転のビジネスです。その販売促進ツールが技術標準になります。

2・2・2　車の両輪の意味

ここで標準と知財という、互いに似て非なる仕事の関係について、どちらか一方で働いていると気づきにくいことを標準化と知財権の相互関係として図6にまとめておきます。もちろん、似ている点もあります。どちらも技術のネタがないと仕事になりません。また、ビジネスとしてとらえるなら、どちらも最終的には量（金銭）を求めるビジネスです。しかし、未評価の見えない質（技術）を自助努力で量（ルール）に変える標準化交渉は見えにくく、企業内で高く評価されません。一方、既評価の量（ルール）をライセンス料とい

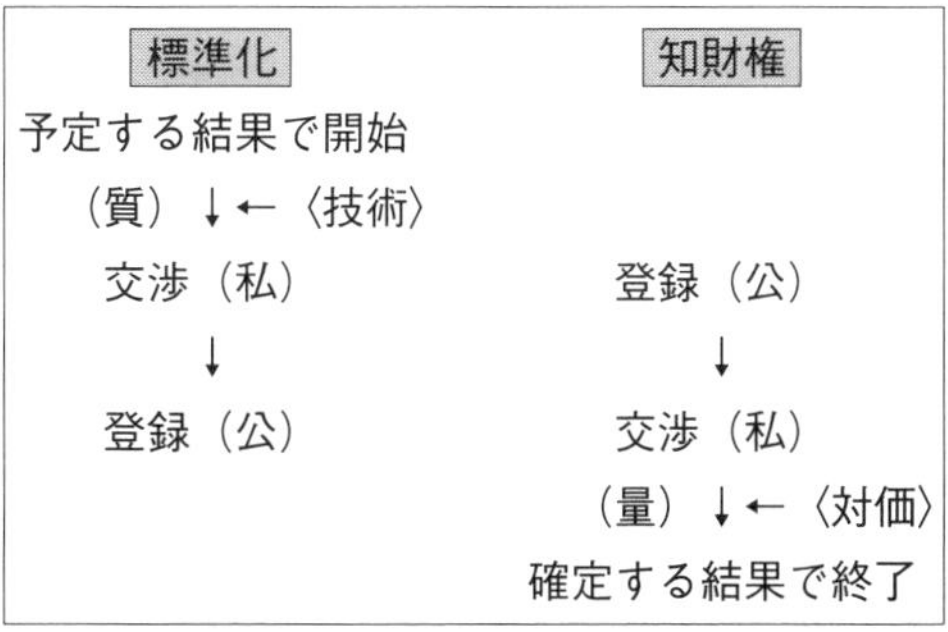

図6　質に始まり量に終わる標準化と知財権の相互関係

う量（金銭）に変える知財交渉は見えやすく、企業内で高く評価されます。
技術閉鎖および技術開放の中間では、標準化登録と知財権登録の時間的な関係が非常に微妙になります。登録は、勝敗が二進数デジタルで絶対評価されます。交渉は、成否が連続数アナログで相対評価されます。民間企業ビジネスの車の両輪としてとらえた標準化と知財権の仕事には、図6に示す交渉と登録の手順の理解が欠かせません。

知財や標準の仕事でも、成功体験が人を育てるのは間違いありません。標準と知財の両者の相互関係として、交渉と登録のタイミングを計りながら、相対目標を絶対目標に変えて、最大限度の利益を目指すのが企業人の役目だと思います。知財権および標準化の仕事で、その登録の失敗は許されません。だからこそ、公的機関での熾烈な真剣勝負は面白いのです。しかし、それ以上の仕事の醍醐味は、私的組織でのビジネス交渉にあります。

モノ（技術や情報、人間というモノを含む）とルールを利用した、標準や知財、保険などの利鞘のビジネスには、それぞれ特徴があります。通信・放送系の標準を除外しますが、ルールづくりが民依存になり、民間企業でも比較的自由にルールをつくることができるのが標準化です。ルールづくりが官依存になりがちになるので、そのルールに従うのが知財権です。ルールづくりが官民癒着になるので、官と民の内輪同士で儲けているのが保険業です。標準は知財や保険（保険に付随して発生する基準認証）と組み合わせて使われますから、知財や保険に民意の標準を入れ込んで儲けることは可能です。

標準化と知財権は車の両輪だと言われています。それは標準と知財が互いに協力して、量の相乗効果を生み出すビジネスだからです。図6として示した標準化と知財権の対照図は、経営におけるルールづくりビジネスの重要性を端的に表わしています。質を量に変えることがモノづくりビジネスです。しかし、標準化は技術（質）を登録（ルール化）して市場（量）を広げるビジネスです。知財権も技術（質）を登録（ルール化）して金銭（量）を稼ぐビジネスです。すなわち、ふつうの技術経営に見られる**質から量への直接的な遷移**とは違い、**ルールを強力な媒体にして質（技術）が間接的に莫大な量（市場×金銭）へ変換**されているのです。それが近代国際社会のルールづくりビジネスの経済的な重要性を示しています。

また、知財権は、登録を済ませてから、法律に基づいて権利を適用していくビジネスです。一方、標準化は、登録のために自由に競い、権利を構築するビジネスです。もちろん標準化にも、その作成プロセスにルールはありますが、そのルールの外での交渉はかなり自由です。知財権と標準化の違い——それはルールに基づいて交渉するビジネスと、自由に交渉してルールをつくるビジネスの違いです。

その違いをもっと簡単に説明すると、知財権は資格（弁理士）が重視される仕事で、標準化は資格が重視されない仕事になります。一般企業のビジネスには資格よりも能力が必要なのですが、標準と違って知財には、能力よりも資格の有無で人材が手当てされてしまう危険性があります。どちらの仕事にも、用紙相手の文書作成能力に加えて、人間相手の交渉能力が欠かせないことを銘記するべきでしょう。

すべてのルールは人が私意で決めます。だから、優れた技術がルールになるとは限りません。万人の利便性を求める公的国際標準は、透明で、公平で、開放的な場で作成されるとされています。しかし、人工物（標準作成）は必ず二面性を持ちます。つまり、公的国際標準の獲得が企業間または国家間のビジネス競争であれば、標準化審議の場が不透明で、不公平で、閉鎖的になるのが当然です。

ルールは自分で決めるべき両刃の剣です。特定の技が得意な柔道選手が柔道のルールづくりに参加し、自分が得意な技しか柔道で認めないというルールをつくれば、その柔道選手は簡単に柔道世界一の座を射止めることができます。経営者は理系脳と文系脳の両方を理解して、質から量への遷移を円滑に進めるとともに、それとはまったく異質なビジネスとして、ルールを媒体とした質（私的な技術）から量（公的な成果）への属性ロンダリングも理解しなければならないのです。

２・３　技術のクローズドとオープンの考え方

コア技術はクローズドにして、インターフェースや周辺技術をオープンにして、自社の優位性を保つ、という話が流行っています。しかし、それは間違った手順でしょう。技術は最初、すべてクローズドにして、それで一企業が全市場を支配する、それがふつうのビジネスの手順です。ただし、時の経過に従い、技術が陳腐化し、どんな技術でもオープンへ向かうことを余儀なくされます。したがって、単なる「クローズド」から**「クローズドを維持するオープン」**への展開が必要になります。たとえば、アップルと台湾ＯＥＭ企業ホンハイの関係です。

アップルには百人ぐらいの技術者が働いています。ホンハイには百万人ぐらいの労働者が働いています。アップルは自社工場を所有していませんが、毎年、数千億円をかけて生産設備へ投資し、最先端の製造機械を購入して、それを生産委託先へ貸与しています。さらにアップルは自社製品の基幹部品を開発させるために、莫大な開発費を生産委託先へ契約供与しています。ソフトウエアも自前です。だから、アップルと同様の製品を他社がホンハイへ発注しても、ホンハイで使われている技術や製造設備はアップルの所有物であり、他社が同一性能の製品の製造を期待することはできません。

絶対にクローズドに維持するべきものは、**隔離対象技術インフラ**（素材開発や製造ノウハウなど）です。しかし、大量生産を目指すと部品の共有化（標準化）が始まり、**共有対象部品インフラ**が拡大してきます。それに引きずられて、多数の大企業が製造ノウハウを安易に公開したり、製造作業を安易に外注したりしています。

すでに市場において複数企業が競合している場合、**業界対象接続インフラ**（情報通信やコネクター形状など）は最初からオープンにします。一社独占が難しく、市場展開にはオープンも仕方がありません。ただし、単なる「オープン」よりも「**オープンを加速するオープン**」が求められます。たとえば、デジュール国際標準の利用です。

欧州列強国の過去の植民地政策に見られるように、個々の人間同士の理解や交流と、ビジネスの現実は別物です。自国が富裕になったとき、現地とともに育つことを考えてはいけません。そのためには、現地の自立を防ぎ、自社の自立を守る、そういう割り切りも必要になります。製造販売業プロセスをすべて海外に移せば、個々の企業の国家的アイデンティティーは失われ、海外企業になってしまいます。

技術のオープンとクローズドの判断は、すべての技術に対して行ないます。まず、すべての技術をクローズドにしたら何が問題になるかを考察します。次に、すべての技術をオープンにしたら何が問題になるかを考察します。そうすると、技術のオープンとクローズドの問題点が明らかになります。それから、技術の優位性における前期、中期、後期の時間軸を考察しながら、個々の技術に対してオープンとクローズドの判断をしていきます。

技術と商品は互いに違います。技術は故意にクローズドに保たなければなりません。その一方で、商品は自然に標準化（オープン）へ向かいます。それが原理原則です。大を好み、小を嫌うのが米国。伝統を好み、革新を嫌うのが欧州。地味を嫌い、派手を好むのが中近東。それらの地域的な傾向も、国際標準化による文化の均質化で徐々に変化していきます。その嗜好の変化を自らの技術で誘導し、その変化を先取りすること、それが自己の主体性を維持し、ビジネスに勝利する企業が目指すべき方向ではないでしょうか。

2・3・1　国際標準化の二面性

国際標準化の目的と意義が時代によって変化し、デジュール標準化優先の時代からデファクト標準化優先の時代になり、今ではデファクト標準化とデジュール標準化を同時進行させるべき時代になったと説明しました。ここでは、デファクト標準化が優先されていた20世紀の国際標準化の二面性を、研究開発技術者と国際標準化担当者の立場の違い（相互理解の不足）として説明します。図7のデファクトとデジュールの二面性をご覧ください。

民間企業の社内から国際標準化を見ると、研究開発技術者と国際標準化担当者のあいだに大きな誤解が生まれていることがわかります。図の左端部分の国内業界標準化は、事業部門の標準化部署の担当になります。図のほとんどを占める右側部分の標準化が、本社機構の標準化部署の担当になります。国際標準化担当者は、図の下部のＩＳＯ／ＩＥＣ／ＩＴＵ（デジュール標準化）に重点を置いています。つまり、国際標準化が必要だと考えています。研究開発技術者は、図の上部の研究開発（デファクト標準化）に重点を置いています。つまり、国際標準化など必要ないと考えています。そのどちらも正しい考えです。

一般的な民間企業が得意とする国際標準化は、フォーラムを使ってデファクト標準化を目指し、十分な時間をかけて特許や市場などから利益を得る方法です。しかし、標準化プロセスが排他的だと、独占禁止法の制約を受けます。そこでデジュール標準化を余儀なくされると、じわじわとデジュール標準化を進めることになります。そこは標準にとって、市場の墓場なのです。そこで市場のメリット（一部企業の市場独占）が終わります。デジュール標準は、

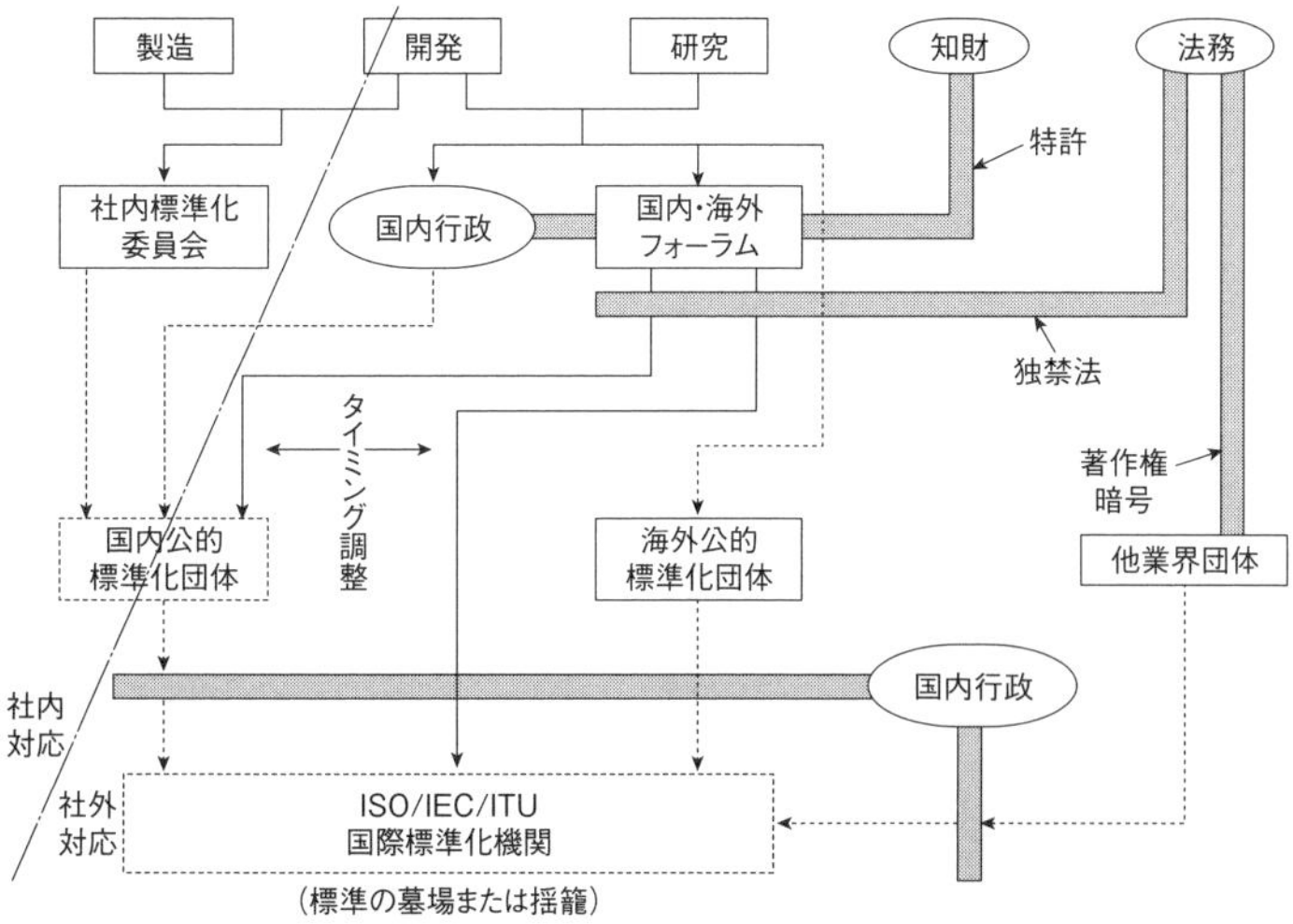

図７　デファクトとデジュールの二面性

透明で公平な場で作成された標準だと理解されているので、その策定過程が独占禁止法に抵触すると判断されることは、よほどのことがない限りありません。

デジュール標準化が必要なコネクターやプラグなら、社内の標準化委員会で原案を作成し、それを国内業界団体に持ち込み、急いでデジュール標準化することになります。そこは標準にとって、市場の揺籠《ゆりかご》なのです。そこで市場のメリットが始まります。

デジュール標準化やデファクト標準化で他社に先を越された場合、直接、海外の公的標準化機関を使って、デジュール標準化してしまいます。自社規格を先にデジュール標準化すると、似て非なる規格で他社がデファクト標準を狙っていたとしても、その意図が通らなくなってしまいます。つまり、規格競争に負けそうな場合のバイパス機能として使えます。

国内の場合、どのような国際標準化でも、最後には日本政府〔ＪＩＳＣ（日本工業標準調査会）〕のチェックが入ります。海外の公的機関から国際標準提案したり、海外の自社ブランチから海外諸国を通して国際標準提案したりすると、日本政府の介入なしで自由に国際標準化ができます。ただし、そのような行為は、国内業界の和と秩序を乱すことになります。

デファクト標準成立の可能性は今後も完全に否定はできません。単独企業での標準化が難しい場合、企業間アライアンスによる技術標準化を戦略的に進めなければならない場合もあります。そのような場合、民間企業の本社には、以下のような機能が必要です。

・自社開発技術のみならず、他社開発技術に関しても、企業トップがデファクト標準化戦略を立てるの

に必要な判断材料を迅速に提供できる機能
・企業方針に基づいて，他社の的確な相手と企業ビジネス戦略に基づいたアライアンスの合意に向けて事前ネゴができる機能
・企業間アライアンスで進めたデファクト標準の市場寿命を判断し，適切な時期に拡張フォーマットなどの延命処置の提言ができる機能
・企業間アライアンスで進めたデファクト標準の市場寿命を判断し，適切な形でデジュール標準として終結できる機能

2・3・2　デファクト標準化とデジュール標準化の選択

やはり古典的な手法ですが，デファクト標準化とデジュール標準化の選択的な展開戦略は，以下のようになります。

(1)　デファクト標準化を選ぶ場合（規格生命が短い標準）

重要な知的財産権を含むもので，デジュール標準にする必要性がないものはデファクト標準にします。この場合，標準化プロセスの独占禁止法抵触およびＷＴＯ協定への抵触に注意します。

デファクト標準化を「行政や団体との渉外業務」という面で少し詳しく説明します。デファクト標準化を推進することで，自社知的財産権の活用と市場優位性の維持が可能になり，自社が利益を享受できます。

そこに、企業が率先して標準化を誘導するという意義が見いだせます。独占禁止法に抵触しないように注意しながら、できるだけ長く市場寡占状態を維持します。最終的には、デファクト標準もデジュール標準にすることになりますが、その時期の見極めが大切です。その時期まで、業界他社との良好な関係を工業会で維持することも大切です。また、社内の標準化担当者が、闇雲にデジュール国際標準化に走ろうとする状態を適切に制御しなければなりません。

(2) デジュール標準化を選ぶ場合（規格生命が長い標準）

デジュール標準にする必要性があるものに限り、迅速なデジュール標準化プロセスでデジュール国際標準にします。公的市場を相手にしたり、発展途上国の市場を相手にしたりするときは必須です。

デジュール標準化を「行政や団体との渉外業務」という面で少し詳しく説明します。デジュール標準化に参加することで、行政や工業会、さらには競合他社との関係を良好に保つことができます。ただし、企業が率先して標準化を誘導するという意義の認識は浅くなります。本来、行政の仕事だと考えるべきでしょうが、行政単独ではノウハウ不足で実際の作業が難しくなります。したがって、民間の協力と活力が必要になり、企業規模に応じた協力が求められます。多数の業界が存在しますが、自社のビジネスに関する業界への貢献が少なければ、行政との関係悪化も考えられ、結果的に自社のビジネスに直接または間接の支障を来たします。どこまで貢献すれば十分かという見極めが重要です。

基本的に、スタンドアローンの家庭用電子機器の場合、開発当初から公的標準化機関に持ち込んで標準化する必要はありません。しかし、市場が政府、公的機関、あるいはそれに準ずる市場（交通機関、通信・放送機関、金融機関など）だと考えられる場合、原則として迅速な国際標準化を進めるべきでしょう。

このような公的市場におけるビジネスでは、行政的な判断の影響力を無視していると、大きな失敗をすることがあります。自社製品をどのような市場へ展開するかを技術開発初期段階から考慮し、必要に応じて早急にデジュール標準化します。デジュール標準化は、有力企業間の競争に発展しやすいので、国際標準化への複数の道を用意しておくことが必要です。その複数の国際標準化の選択肢を自由に選ぶには、日常からさまざまな公的標準化に積極的に関与していなければなりません。つまり、一つの標準化のネタでも、自社主導で複数の国際標準化の場を選ぶことができるような配慮が必要になります。ネットワークがらみの国際標準化の必要性が増すと、このような配慮がますます必要になるでしょう。

他社とビジネスアライアンスや技術アライアンスを組んで自社ビジネスを推進するには、表3のような留意点があります。

ここではオープンとクローズドのビジネス戦略について説明します。標準化ビジネスでは、自分が作ったもの（自分が作れるもの）を使う人と、他人が作ったもの（自分が作れないもの）を使う人を区別しなければなりません。ビジネスの対象は後者です。標準化の弱者も後者です。その一方で、強者は国際標準を自分で創り、需要側論理標準をオープンにして市場を確保し、供給側論理標準をクローズドにして利益を確保します。オープンとクローズドの標準と知財の対象区分を次に示し、技術のデファクト化（クローズド）とデジュール化（オープン）のタイミングを知財のデファクト化およびデジュール化として図8に示します。

表 3　ビジネス提携や技術提携における留意点

項　目	要　点
データの収集と整理	自社技術だけでなく、業界各社で開発されている技術情報を幅広く収集し、自社ビジネス戦略への導入を検討すること。技術アライアンスやビジネスアライアンスの相手の情報も必要になる。
行政と工業会への対応	行政と工業会への発言力も必要になる。属人的な知名度によって、行政や工業会の活動に適切に対応すること。海外への対応も同じように必要になる。
国際標準化団体の知識	組織の実態を把握し、標準化の場所や手順を適切に選び、案件ごとに異なる標準化展開に対応すること。各標準化団体やフォーラムでの他企業の活動状況の把握も必要になる。
他企業責任者への対応	他企業の標準化責任者やアライアンス担当責任者と交流を図り、個人の渉外能力によって、自社中心の企業間アライアンスを成功させる。
他社、業界、行政の知識	他社のビジネス動向、ビジネス規模、市場占有率、さらには業界関連工業会活動の規模、行政対応の詳細などについて、広く深い知識が必要になる。

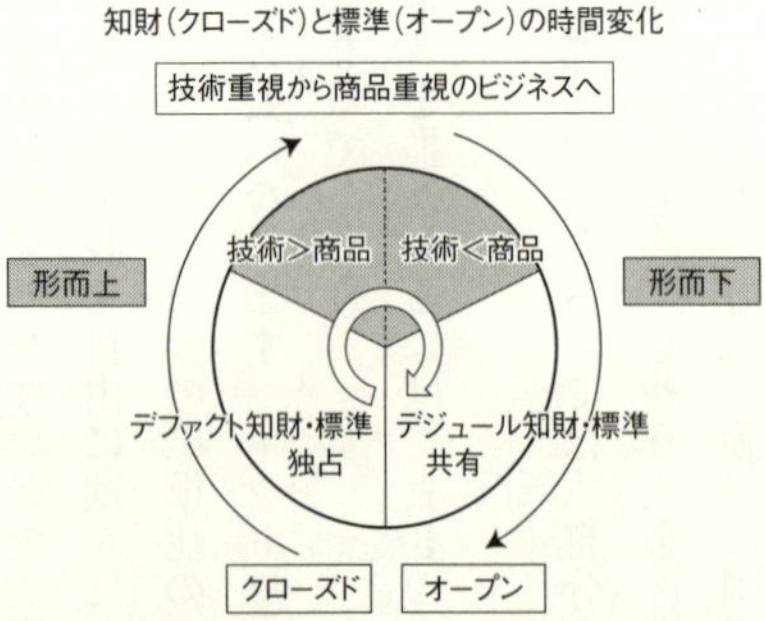

図 8　技術のデファクト化および
デジュール化

オープンとクローズドの標準と知財の対象区分

(a)　**オープン標準・知財（需要側論理）**　形状、使用手順、デコーダーの互換性など（標準主体）。

(b)　**クローズド標準・知財（供給側論理）**　性能、製造方法、エンコーダーの技術など（知財主体）。

オープン標準では、まず自社知財の権利化、そして知財権互恵のクロスライセンス、次に知財権放棄による市場形成が重点の知財活用になります。クローズド標準では、まず権利化しない知財による技術独占、次に他社との知財権共有の技術アライアンスが重点の知財活用になります。以上の認識で標準化事例を分類すれば、標準と知財の関係において、自社技術の市場展開方法が、誰にとっても容易に理解できると思います。

優れた技術や特許は、市場寡占化のツールです。一方、公共の場の標準化は、市場共通化のツールです。寡占化と共通化のどちらも、標準化と呼ばれています。

標準は一般的に、デファクト標準、デジュール標準、フォーラム標準の三種類に分類されています。しかし、標準化をビジネスとして考えるのなら、標準化に参加する人（数と属性）および標準化をする場所（公と私）で理解するべきでしょう。そうなると、国際標準化は、以下の四種類に分類できます。ほとんどのフォーラム標準は、デジュール型デファクト標準に相当します。

四種類に分類した国際標準化

(a) デファクト標準化

法的根拠が不要な標準（事実上の標準）化のこと。

民間の少数が民間の場で勝ち取る標準になる。

(b) デジュール標準化

法的根拠が必要な標準（法律上の標準）化のこと。

公共の多数が公共の場で作成する標準になる。

(c) デファクト型デジュール標準化

法的根拠がある、デファクトに近い標準化のこと。

民間の少数が公共の場で作成し、勝ち取る標準になる。

(d) デジュール型デファクト標準化

法的根拠がない、デジュールに近い標準化のこと。

公共の多数が民間の場で作成し、共有する標準になる。

ここでいう法的根拠とは、いわゆるハードロー（罰則をともなう法律）ではなくて、ソフトロー（罰則をともなわない規則）の意味です。自分たちが決めた共通のルールには、たとえ罰則がなくても従うのが紳士的な先進国です。それを大義名分にして、国家権力の下で使うのが発展途上国です。

標準が発達した今日、純粋なデファクト標準や純粋なデジュール標準は、ほとんど見られなくなりました。それらに代わって登場してきたのが、デファクト型デジュール標準とデジュール型デファクト標準です。デジュール型デファクト標準は、過去に流行ったフォーラム標準と同じです。多数が作成し、法的根拠もない標準なので、標準の寿命が短く、民間企業のビジネスとして、ほとんど意味を持ちません。一方、デファクト型デジュール標準は、社会インフラビジネスとして、標準の寿命が長く、もっとも重要な意味を持つ標準だといえます。

これまで技術のオープン（開放）とクローズド（閉鎖）のビジネス手法の違いを説明してきました。しかし、標準と知財の関係には、まだすっきりとしない部分が残ると思います。「コア技術領域を特定し、そこはクローズドにして、コア技術領域以外をオープンにする」という話が一般的に定着しています。しかし、非常に漠然とした話で具体性がありません。具体的にいえば、「開発技術者を買収しない限り、外から見えないところ（人間依存の部分）は閉鎖」で、「リバースエンジニアリングを含めて、外から見えるところ（機械依存の部分）は開放」が基本です。前者は模倣できませんが、後者は模倣できるからです。

ものごとの真実を理解するには、その両極端を考えてから理解しなければなりません。したがって、技術、知財、標準のすべてを完全にクローズドにしたらどうなるか、また完全にオープンにしたらどうなるか、それを先に検証します。そこから、何をクローズドにして何をオープンにするかを具体的に考えていきます。標準であれ特許であれ、どんな技術でも、特許や標準として文書化して開示するという行為は、技術ノウハウの流出（オープン）につながる危険性を持つという認識が必要です。

ここで民間企業ビジネスに限定して、標準と知財に関してとるべき標準化ビジネス手順の原則を説明します。最初からコア技術領域以外を開放するという考え方は間違いです。それはビジネスの基本が「排他」だからです。時間の経過に連れて技術が高度から低度へと変化し、やがて陳腐化していくという原理原則に従えば、次の(1)から(3)の順番で標準と知財に対応することになります。(1)から(3)は技術（モノづくり）依存のビジネス（閉鎖は技術独占で儲けて、開放は市場拡大で儲ける）になります。つまり、(1)から(3)は一連のビジネスの流れですから、ふつう(1)から開始し、続いて技術の陳腐化に応じて(2)へ進み、そして(3)で終わるようにします。ただし例外として、技術の陳腐化に関係なく、(3)から始めるビジネスも二種類あります。

一方、(4)は法律（ルールづくり）依存のビジネス（開放は競合させて儲けて、閉鎖は独占して儲ける）になります。ルールづくりのビジネスはモノづくりのビジネスにくらべて異質のビジネスですから、(4)のビジネス（規制の国家標準制定）を(1)から(3)のビジネス（自由な民間標準制定）と混同しないようにしてください。民間企業のビジネスとは排他性のことですが、そこには排他（高度技術）から非排他（低度技術）へという、時間経過の変化への考察が欠かせません。時間経過が無関係で成長しないビジネスは、時間（市場の民意）では変わらなくて、ルール（権力の官意）で変わる行政ビジネスだけです。

ここでの説明の「供給」とは供給側（事業者）から見た立場のことで、「需要」とは需要側（消費者）から見た立場のことです。また、特許の項目説明のＲＡＮＤ（Reasonable And Non-Discriminately terms and conditions）とは、非差別かつ合理的な対価でライセンスするという意味です。ＲＦ（Royalty Free）とは、無償でライセンスするという意味です。

(1)　供給側（技術重視の全独占）論理の標準化ビジネス

対象…民間市場（技術依存）
材料…技術（性能＝質）↓内部機構
供給…供給側（閉鎖）論理の供給標準
需要…供給側（閉鎖）論理の需要標準
特許…秘匿化（ノウハウ）、知財占有（独占実施、権利侵害差し止め、高額ライセンス）

解説　多くがデファクト標準です。まず、すべてをクローズドにし、市場寡占化を狙います。ソニーとフィリップスが開発したコンパクトディスク（ＣＤ）やマイクロソフトが開発したウィンドウズが該当します。これらは供給側（生産者）の独占と需要側（消費者）の寡占で成立します。

(2)　供給側（独占）と需要側（開放）の両論理の標準化ビジネス

対象…民間市場（市場依存）
材料…市場（供給独占＝質、需要公開＝量）↓外部と内部の両方
供給…供給側（閉鎖）論理の供給標準
需要…需要側（開放）論理の需要標準
特許…ライセンス、クロスライセンス、パテントプール

解説　多くがデジュール型デファクト標準です。技術が陳腐化してきたら、最後の策として供給側と需要側の両方をオープンにします。東芝が主力で開発しながらも、多数の企業が製造しているデジタルバーサタイルディスク（ＤＶＤ）やソニー・パナソニック連合が開発したブルーレイディスク（ＢＤ）が該当します。

(3) 需要側（市場重視の全開放）論理の標準化ビジネス

対象…民間市場または公的市場（標準依存）
材料…形状（互換＝量）→外部機構
供給…需要側（開放）論理の供給標準
需要…需要側（開放）論理の需要標準
特許…ふつう実施（ＲＡＮＤ）、開放技術のみ無償実施（ＲＦ）

解説　多くがデファクト型デジュール標準です。新規市場創出が難しかったり、競合他社の抵抗に遭い市場寡占化が難しかったりするなら、次善の策として需要側をオープンにします。アドビのアクロバット（ＰＤＦ化ソフトウエア）やデンソーのＱＲコード（二次元バーコード）が該当します。アドビはリーダーをオープンにして、ライターをクローズドにして、ビジネスモデルを構築したのではありません。最初は、リーダーとライターのセットを個々の企業に売り込んで市場の囲い込みを狙っていたのです。しかし、あまりにもビジネスが遅々として進展しないので、次善の策としてリーダーの技術を無償ライセンス実施（ＲＦ）したのです。デンソーのＱＲコードも同じ理屈です。

ＰＤＦは陳腐な技術で、誰でも考えつくものです。ただし、開発当時はインターネットの普及度が低く、それがファクシミリ市場に影響するとは、誰も思わなかったのです。今のファクシミリは、コピー機能の搭載によって何とか市場を保っています。一方、ＰＤＦは互換性で市場を寡占化しています。

潜在的な市場が見えにくかったアクロバットには、競合企業がほとんどありませんでした。また、企業が白人系の企業になります。したがって、市場の寡占化が容易だったのです。一方のＱＲコードは、日本発の高度な技術です。そして市場参入時には、すでに白人系の競合企業が存在していました。したがって、いまだに市場で苦戦しているのです。需要側をオープンにしたからといって、簡単に日本企業製品の世界市場が拡大するものではありません。

例外　例外になりますが、民間企業のビジネスでも、最初から供給側と需要側の両方を開放にして、市場拡大を目指すものがあります。それがインターフェース標準です。たとえば、ソニーが開発したステレオミニプラグがあります。特段の技術は必要ありませんが、その形状規格を他社に公開し、業界標準にして互換性を確立することで、小型オーディオ・ビデオ製品の市場拡大を実現しています。同じく例外になりますが、最初から公共の利便性を求めてデジュール標準化されるものがあります。たとえば、公共財の度量衡規格です。

これまで説明してきた三つのステップを分岐点で異なる閉鎖と開放のビジネスとして図９に示します。

左下がステップ1に、右下がステップ3に、中央の上がステップ2に、それぞれ相当します。車の両輪としての標準と知財の逆走をシビアにコントロールしなければならないのが、形而上から形而下へ移行する、120度から240度のステップ2の部分です。

(4) 供給側の独占が法律で許可され、需要側が関知しない標準化ビジネス

対象…公的市場（法律依存）
材料…法律（寡占＝大量）→社会インフラ的なネットワーク
供給…競合（下請化された従属的な製品納入業者）
需要…独占（供給側としては閉鎖。しかし、需要側としては公共物なので開放に見える）
特許…無償実施（RF）、オープンソフトウエア

解説 各種法律を根拠にして既得権益を確保したビジネスを展開すると、好不況に関係なく、とても儲かります。法律で運営事業者（システムオペレーター）の地位が独占できるのなら、前述の(1)から(3)の三種類の標準化はしません。輸送・交通システム、電力供給システム、通信システム、ビル管理システムなどが該当します。たとえば、NTTドコモやKDDI、ソフトバンクの携帯電話やJR各社の非接

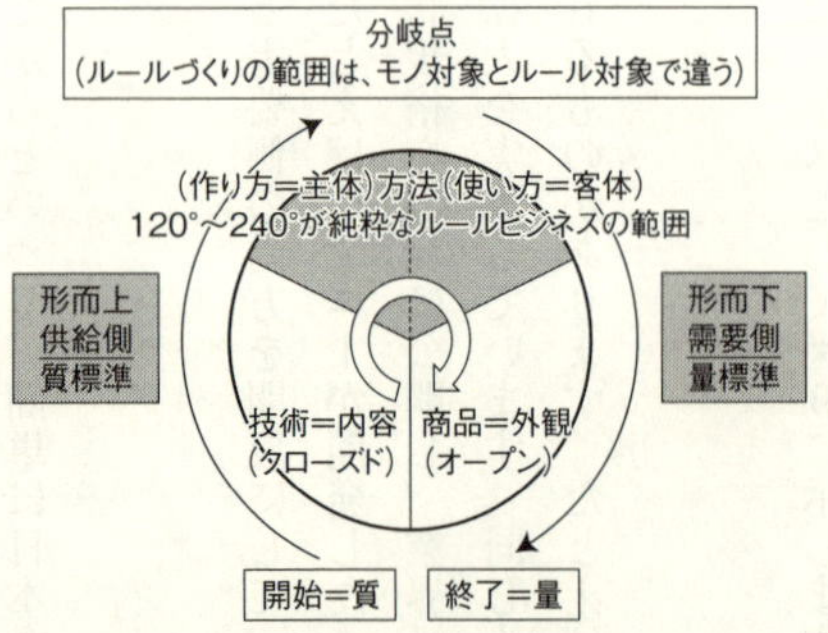

図9　分岐点で異なる閉鎖と開放のビジネス

触ＩＣカードのビジネスでは、システム運営に必要な部品・機器を製造業者がシステム運営事業者に納入します。継続して稼ぐのはシステム運営事業者になります。これは法律で保護されているからで、一般のビジネスとは区別しなければいけません。ＮＴＴやＫＤＤＩと違って、行政関連ビジネスに不慣れだったソフトバンクは、携帯電話通信ビジネスに新規参入し、とても苦労したと思います。同じような例に、宅急便の世界を開いたクロネコヤマトやタクシー行政に風穴を開けた京都のＭＫタクシーがあります。

２・３・３　事業の規模と種類に応じた標準と知財の両輪戦略モデル

ここで事業の規模と種類に応じて対応するべき戦略モデルとして、標準と知財のデファクトとデジュールの選択方法を以下の三モデルにまとめます。技術力を持つ中小企業で、成熟企業として生き続ける企業にはモデル１が多くなります。しかし、化学関係など特殊な素材分野の大企業を除いて、ふつうの中小企業が大企業へと成長を望むのなら、モデル１からモデル２への移行、またはモデル３への移行が必然になります。自社努力による市場拡大が必要だからです。

標準と知財の両輪戦略モデル

モデル１（両輪離合型モデル）

タイプ　技術指向（デファクト標準＋デファクト知財が基本）

差別化　自社製品（特許内包を含む）を標準規格で評価する場合

例　水晶発振子、光触媒、炭素繊維

技術独占型　隔離対象技術インフラ主体のノウハウ系中小企業向き

モデル２（両輪嵌合型モデル）

タイプ　商品指向（デファクト標準＋デジュール知財が基本）

差別化　標準規格の製品に自社特許が埋め込まれている場合

例　ＣＤ、ＤＶＤ、Blu-ray、ＬＴＥ（第４世代携帯電話）など

市場独占型　共有対象部品インフラ主体の開発・製造系大企業向き

モデル３（両輪接合型モデル）

タイプ　市場指向（デジュール標準＋デジュール知財が基本）

差別化　標準規格に関連して自社特許製品が使われている場合

例　ＭＰＵ、デジタルカメラ、ＰＤＦ、ＱＲコード、ＯＯＸＭＬ、非接触ＩＣカード

権利主張型　業界対象接続インフラ主体の情報・通信系大企業向き

モデル１はデファクト標準とデファクト知財の選択が基本ですが、事業規模が大きくなると、（デファクト標準＋デジュール標準＋デジュール知財）の組み合わせになります。すなわち、自社製品はデジュール知財で保護したデファクト標準に保ち、自社製品の排他的な性能をデジュール標準化します。デジュール標準化の最初の意図は自社製品が対象ですが、そのうち標準が一般的になり、独り歩きするようになり

ます。したがって、デジュール標準が自社製品の標準や知財とは無関係に見えてくる、素材メーカーや部品メーカーに向いた、**技術指向の離合型モデル**だといえます。まだ市場に競合相手が存在しない場合に選ぶべきモデルです。

モデル2はデファクト標準で市場を獲得しながらデジュール知財でも収益を上げるという、標準と知財の両方を素直に活かすモデルです。一般的な機器メーカーに向いた、**商品指向の嵌合型モデル**だといえます。これから市場で他企業と競合する場合に選ぶべきモデルです。知財はデジュールにしておかなければなりません。素材や部品のビジネスでも、事業規模の拡大につれて競合企業が出現してきたら、デジュール知財にします。

モデル3は競合企業がすでに存在するので他社製品との互換性が必要な場合や技術を自社で確保し製造を複数の他企業に任せる場合にみられます。エレクトロニクスのデジタル機器メーカーに向いた、**市場指向の接合型モデル**だといえます。すでに市場に競合相手が存在する場合に選ぶべきモデルで、標準と知財の両方がデジュールになります。事業規模を問わず、ソフトウエア関連産業も対象になります。

大企業は事業範囲が広く、事業部門ごとに個別の技術を標準化している場合が多く、標準化戦略を事業種別ごとに捉えなければなりません。一方、中小企業は事業範囲が狭く、標準化戦略を企業自体の戦略として捉えることができます。大企業への部品納入またはニッチ市場での機器販売をビジネスにする中小企業に、モデル2は存在しません。大企業においても、モデル1は部品メーカーに多く見られ、モデル3はデジタル製品関連メーカーに、特に情報通信関連メーカーに、多く見られます。

次に標準と知財のデファクトとデジュールの特徴および中小企業がとるべき標準と知財の戦略（いずれもデファクトとデジュールの選択）をまとめます。衰退しない中小企業および経営基盤が堅固な大企業は、技術力、特にノウハウを武器にビジネスをしているといえます。

どのようなタイプの標準や知財にも寿命があります。「閉鎖を維持する開放の戦略」とは、簡単にいえばデファクト型デジュール標準による市場寡占のことです。「秘匿を維持する公開の戦略」とは、簡単にいえば特許権利化による技術閉鎖のことです。

標準と知財のデファクトとデジュールの特徴

(a) デファクト標準　閉鎖市場＝参入障壁

(b) デジュール標準　開放市場（閉鎖を維持する開放の戦略）

(c) デファクト知財　秘匿技術＝参入障壁（ノウハウを含む）

(d) デジュール知財　公開技術（秘匿を維持する公開の戦略）

標準と知財のデファクトとデジュールの活用モデルは、技術または市場の優位性に応じて以下のようになります。ただし、デジュール標準とデファクト知財の組み合わせ（b）×（c）モデルは存在しません。なぜなら、標準化に入る前に知財の権利化をしておかなければならないからです。標準と知財は利益獲得という同じ車の両輪ですが、標準は市場拡大による利益獲得のツールで、知財は技術確保による利益獲得のツール、それが基本だという原理原則を忘れないようにします。

中小企業が取るべき標準と知財の戦略（標準と知財のデファクトとデジュールの選択）

(1)　技術優位かつ市場小（中小企業）(a)×(c)を選ぶ。
(2)　技術重視から市場重視へ（成長）(a)×(d)を選ぶ。
(3)　技術優位かつ市場大（大企業化）(b)×(d)を選ぶ。

一般的にいって、標準と知財のデファクト／デジュールの時間的な選択のステップは、企業規模（大企業なら事業規模）と企業（大企業なら事業）の成長に応じて次のようになります。誕生期の小企業がステップ１に相当し、成熟期の大企業（特にＢ to Ｂビジネスをする公営系のＮＴＴ、ＮＥＣ、三菱、日立、東芝など）がステップ３に相当します。多数の企業が該当するステップ２では、デファクト型デジュール標準化が望ましい戦略モデルです。成長期の企業であれば、企業規模に関係なくステップ２に相当します。ただし成熟期でも、中小企業ならステップ２に相当します。企業規模が小さくてデジュール標準化に対応しにくいこと、市場の成長よりも事業の安定を望むこと、それらが理由です。

企業の成長に応じた標準と知財のデファクトとデジュールの選択ステップ

ステップ１（誕生企業）　デファクト標準／デファクト知財
ステップ２（成長企業）　デファクト標準／デジュール知財
ステップ３（成熟企業）　デジュール標準／デジュール知財

中小企業は働く人が少ないので、機密保持が容易になります。一方、大企業は働く人が多いので、機密保持が困難になります。自社のコア技術はクローズドにしなければなりません。それは「技術のブラックボックス化」です。大企業に必要なことは、コア技術を開発するコア組織をクローズドにすることです。それは「組織のブラックボックス化」による「技術のブラックボックス化」です。

先行技術の真似をして技術改良を続ければ、要領よく結果を出すことができます。しかし、それでは事業を変えるほどの改革はできません。理系脳と文系脳に思う存分に働いてもらうには、両者に若干の経営センスは求めても、高度な経営センスを求めてはいけません。本社機能には、社外交渉を主務にする知財、標準、渉外などの部門、政治対応を主務にする法務、財務、通商などの部門、社内管理を主務にする人事、総務、広報などの部門があります。これらの仕事に必要とされるのが、理系脳と文系脳を繋ぐ経営脳です。

経済的な負担（見える量）、それが理系脳の仕事を消極的にさせてしまいます。また、技術的な負担（見えない質）、それが文系脳の仕事を消極的にさせてしまいます。したがって、理系脳と文系脳からネガティブ思考を取り去り、両者をポジティブ思考に変えなければなりません。そうしない限り、理系脳が画期的な技術を開発することはありません。また、文系脳が画期的な市場を創造することもありません。両者とも及び腰になるからです。理系脳および文系脳からネガティブ思考を取り去り、両者の自由闊達《じゆうかったつ》なる活動を促進し、画期的な技術や画期的な市場を開拓するのは、経営脳の仕事なのです。標準と知財のビジネスセンスを植えつけると、人は理系脳や文系脳から経営脳に移行していきます。

２・４　寡占化された市場の奪回手段

他社技術によって標準が確定してしまい、市場寡占化が進んでしまったらどうすればよいのでしょうか。寡占市場を崩す手段はあります。それは共用品（トナーやインク、電池、電球、タイヤ、情報・通信技術など）の製品下流市場と、独占品（ＯＳソフトウエアやマイクロプロセッサー、素材、システム運営など）の製品上流市場、そのどちらでも可能です。

市場寡占化への対抗手段

(a)　製品下流市場の寡占を崩す手段

下流に位置するのは消費者です。したがって、不便を訴える大義名分をかざして消費者の声とすればよいのです。独占禁止法というルールも利用可能です。最近の例として、すでに携帯電話機の充電装置やコネクターの国際標準化をノキアが仕掛けました。先行開発企業としては、反対派を分裂させて丁寧に懐柔し、独占市場の崩壊を先延ばしする手段を講じることになります。

(b)　製品上流市場の寡占を崩す手段

上流に位置するのは技術です。したがって、極度に高品質の技術（転生技術）を開発して、その技術を応用した製品を市場に出せばよいのです。転生技術とは、目的を同じにしながら、高品質と高性能を達成する技術のことで、照明器具ならロウソク、ガス燈、白熱電球、蛍光灯、ＬＥＤ電球への変化があります。

これとは違って同種の類似技術（回生技術）を開発しても、寡占化市場を崩すことは難しくなります。たとえば、蛍光灯の筒型やサークル型、電球型は、どれもが現存して使われていて、市場交代には至っていません。先行開発企業としては、傘下の仲間を増やして、独占市場の崩壊を先延ばしする手段を講じることになります。

問題は、これらの対抗手段を仕掛ける個人が国内企業にほとんどいないことです。巨人に逆らうよりも、巨人の傘の下に入ろうとする人や企業が多いのです。多数（消費者）とは無責任のことで、意見がまとまらないということです。従来製品のモデルチェンジ（回生技術）なら、従来の知財が活用されるので、弱者としては他社の技術を使わざるを得ません。また、転生技術を開発する人材（経営者および研究者）が自社にいないと、単独での勝負ができません。

もう一つ、対抗手段があります。それは多数の力を借りて標準を法律（上位のルールづくりビジネス）に持ち込むことです。デファクトにボトムアップとトップダウンの二種類があるように、デジュールにもソフトローとハードローの二種類があります。購入する戦闘機の機種を政府が決めれば、簡単に標準戦闘機の寡占市場が完成します。同様にして、既存のソフトウエア依存性や通信ネットワーク依存性なども、簡単に断ち切れます。官民癒着が当然の日本では事実として気づきにくいことでしょうが、デジタルテレビ放送方式が法律で導入されれば、従来のアナログテレビ受像機は即座に市場から駆逐されてしまうのです。

知財権や標準化の交渉など、人間が相手の仕事には柔軟性が欠かせません。しかし、長期にわたり特許や標準などの文字を相手にしていると、その後ろには人間が控えているのに、既存のルールに固執する頑固な人になってしまいます。

年金支給に関する税制手続きには不条理が多くあります。たとえば、年金の受給が確定して一月中に確定申告をしたら、三月の確定申告期限を超えて四月までの間に、三回も形式上の「更正の請求＝過多納税の修正」を強いられることがあります。実情は「修正申告＝過少納税の修正」になり、追加納税をしなければならないのですが、税金を勝手に少なく徴収し、その徴収額に不備を生じさせたのは厚労省（日本年金機構）です。したがって、納税者に支払い義務が生じないように「更正の請求」になっています。財務省（税務署）とペアを組んで、自らの失態を隠す巧妙な手段です。そのような不条理に税理士は決して気づきませんし、それを正そうとはしません。その不条理に従うように、年金受給者を指導するのが税理士の仕事だからです。

書類が相手の単純な事務処理でも、登録手続きを複雑かつ煩雑にしたら、独占的な担当権を持つ資格が必要になります。しかし、知財権や標準化など、人間が相手の臨機応変の交渉なら、資格不要の能力が求められます。それには知財・標準の若手の専門家予備軍を対象に、量（訓練）と質（教育）をバランスさせた人材育成が欠かせません。知財や標準の登録および交渉などの実務は、先輩からＯＪＴで学ぶべきでしょう。筆者は、ＯＪＴを助ける予備知識と基礎教育（英語、タイピング、国際ビジネスマナー、交渉術など）において、社会人対象の大学院教育の行政による梃入《てこい》れに期待しています。ただし、訓練や教育は、それを受けるに値する人を対象に、それを施すに値する人がするものです。それらの人の選別（質の仕事）が難しいのです。

原則として、標準に個人や企業のエゴを持ち込むことは避ける――それが理想ですが、そういうわけにもいかないのが現実です。また、そのような公私の二面性を持つ標準とは違い、知的財産権は純粋な正義論ではありません。知的財産権のなかでも産業財産権（特許権、実用新案権、意匠権、商標権）は、企業にとって私益確保の重要なツールです。したがって、それだけ当事者に高い倫理観が期待されるビジネスになります。法律や税制、知財権、標準化などの専門家に求められていることは、そのルールづくりのビジネスの自由の下で、人としての節度を忘れないことでしょう。

2・5　標準化と知財権の専門家が注意するべきこと

標準化とビジネスの関係について、もう少し詳しく説明しましょう。公的な国際標準がＩＳＯ（国際標準化機構）、ＩＥＣ（国際電気標準会議）、ＩＴＵ（国際電気通信連合）などの国際標準化機関で作成されていることは広く知られています。ＩＳＯ　９００１（品質管理システム規格）やＩＳＯ　１４００１（環境管理システム規格）などの規格番号が記載されている商品広告も、珍しくなくなりました。

国際標準化機関は、万人の参加を許します。また、国際標準は、透明で、公平で、開放的な場で作成されます。それがふつうです。度量衡やねじの標準など、基礎的な標準は、そのような考え方で作成されてきました。しかし、国際標準化機関の現実は、特定企業の参加しか許さない、不透明で、不公平で、閉鎖的な場だという一面も併せ持っています。

標準化および知財権の専門家はふつう、顕在化したルールを相手に仕事をします。しかし、ルールには見えない、潜在化したルールがあります。その種類のルール（デファクト標準やデファクト知財）も、専門家が担当するべき仕事です。しかし、それには企業経営者の理解が必要です。なぜなら、技術を標準化しない、知財を権利化しない、というビジネス判断を迫られる仕事だからです。

　標準や知財のネタがない日常では、攻撃ではなくて迎撃の準備を続けるビジネスになります。これが企業経営者に理解されません。また、どちらも登録と交渉という、違った側面の二種類の仕事をしなければなりません。しかし、申請書作成プロセスや規格書作成プロセスだけ（いわば特許書士や標準書士という書類業務）を本業にしている人が多いのも共通点です。消防にたとえれば、放火（敵）や消火（味方）は、誰にでも見える量の仕事ですから、どんな経営者にも高く評価されます。消火と放火はアドホックなチームで対応します。一方、防火（味方）は、努力しないと見えない質の仕事ですから、優れた経営者にしか評価できません。防火はスタンディングなグループで対応します。

　ルールには大別して二種類があります。表4をご覧ください。一つが技術を必要としないふつうのルールで、それは量が主体のルールです。もう一つが技術を必要とするルールで、それは質が主体のルールです。ただし、質（能力や技術）は即座に理解しにくく、即座に見えにくいものです。質は、そのままではルール化できませんから、一度、量に変換して（数値化して）ルール化されます。

表4　2種類のルールビジネス

特徴と種類	行動ベースのルール	物量ベースのルール
社会的な基礎	資格	単位
公的共通判断	経験、条件、証明	基準、機能、品質
私的相互了解	契約、手順、書類	物理的互換性

ふつうの行動ベースのルール制定は、技術的な知識を必要としません。しかし、技術的な知識を必要とするルール制定もあります。それが物量ベースのルール制定です。社会行動の規制を目的にするルールと技術関係の規制を目的にするルールは互いに違います。前者のルールは誰にでもわかるので、行政の手で決めることができます。しかし、後者のルールを決めるには、民間の技術者の知識と協力が必要です。すなわち、ルールの内容がボトムアップで決まり、それを行政がルール化して追認する形になります。その代表格が国際標準化の達成と知的財産権の獲得になります。

標準と知財は、もともと技術をベースにしたルールです。しかし、本来のルールは、権利化して座して稼ぐビジネスです。したがって、標準と知財も、そのような方向に向かいやすくなります。その例が社会の富裕化にともなって登場した、管理システム標準とビジネスモデル特許です。どちらも技術をベースにしていません。潜在化したデファクトルールの特徴は、技術を使って、自分が動いて小さく稼ぐことです。顕在化したデジュールルールの特徴は、権利を使って、自分は座して大きく稼ぐことです。モノづくり企業が後者のビジネスを主力にすると、やがて企業が衰退していきます。

標準化は、相手がオープンを求めて、自分がクローズドを求める場所です。どこを隠すか、どこを見せるか、その判断が求められます。ここで再度、クローズドとオープンの戦略について、技術標準化と技術特許化の面から時間軸の変化の対応としてまとめておきます。

(1) クローズドからオープンへの技術標準化ステップ

(a)　国際標準化をしない。クローズド（寡占化）の技術（質）で収益をあげる。

(b)　国際標準化をして、技術と市場のバランスで稼ぐ。デファクト型デジュール標準化を主体に進める。

(c)　技術を開放する。標準オープン。市場（量）で収益をあげる。

(2) クローズドからオープンへの技術特許化ステップ

(a)　特許権利化をしない。クローズド（水面下）の知財（質）で収益をあげる。

(b)　特許権利化をして、特許と市場のバランスで稼ぐ。デジュール型デファクト標準化を主体に進める。

(c)　技術を開放する。特許オープン。市場（量）で収益をあげる。

ふつう、標準化や知財権の専門家の出番はステップ(b)にしかありません。ステップ(a)とステップ(c)の両方も同じ専門家の仕事なのですが、専門家にその意識がなければ、自分の仕事ではないことになります。また、経営者にその意義が理解できなければ、まったく評価されない仕事になってしまいます。

標準は市場コントロールのツールです。知財は技術コントロールのツールです。技術者はデファクト作業で評価され、専門家はデジュール作業で評価されます。しかし、デジュール標準とデジュール知財のどちらも、使われなければただの文書にすぎません。

標準だけでなく知財にも、デファクト型デジュールとデジュール型デファクトがあります。デファクト型デジュール（オープンに見せかけたクローズド）では、標準は市場寡占（少数社の市場拡大）になり、知財は特許独占（または有償ライセンス）になります。デジュール型デファクト（クローズドにしたくないオープン）では、標準は市場共有（フォーラム標準）になり、知財は技術共有（産学官または国家間の連携による技術開発）になります。

自社のビジネスが技術主体で、まだ非競合ならデファクトを選びます。自社のビジネスが技術と市場でこれから他社と競合するなら、デファクト型デジュールを選びます。自社のビジネスが市場主体で、すでに競合ならデジュールを選びます。デジュール型デファクトは、技術者の自己満足という面が強く、ほとんどが人と金の浪費という結果に終わります。

第3章　標準と知財の企業ビジネス戦略——開閉論

デファクト標準（事実上の標準）という言葉があります。市場競争の結果、広く使われるようになった（標準化された）規格のことです。一方、国際標準化機関や日本規格協会が扱う規格の多くは、デジュール標準（公的な標準）と呼ばれています。知財にも同じように権利として文書化され登録された知財と、自社製品の際立った差異化が独占的に維持できるので権利化する必要がない知財とがあります。前者がデジュール知財で、後者がデファクト知財です。本書では、標準と知財をデジュールとデファクトという言葉で分類しました。別な言葉でいえば、デジュール知財とは形而下の（見える）知財で、デファクト知財とは形而上の（見えない）知財だとなります。

第3章では、デファクト標準やデファクト知財の概念を理解するために、デジュール標準やデジュール知財について先に詳しく説明していきます。デジュール標準やデジュール知財とは、公的に登録されている、その存在に気づきやすい標準や知財のことです。デファクト標準やデファクト知財とは、公的に登録されていない、その存在に気づきにくい標準や知財のことです。見えるデジュールの存在を先に理解することによって、その対比としての見えないデファクトの存在が理解できるようになります。ビジネスでは、それぞれの技術について、デファクトからデジュールへの移行時期の判断——すなわち公的な登録の必要性を判断するタイミングが重要になります。

3・1　デジュール標準とデファクト標準

デファクト標準とデジュール標準の間に明確な線引きはできません。現実のビジネスでは、標準化対象技術の誕生から成熟（デファクトからデジュール）への過程や標準利用社会の貧困から富裕（デジュールからデファクト）への過程を考慮して、適切な標準を選ぶことになります。

デジュール標準は、開放的かつ共通化が基本です。「法律上の標準」という意味で、国際的な標準化組織など、広く知られた公的機関で標準として登録された規格のことです。代表的な標準が、度量衡やねじの規格になります。デジュール標準は、使われて始めて標準の意味を持ちます。使われなければ、ただの規格文書にすぎません。

開放性を基本にするデジュール国際標準化は、一種の製品の安売りだと理解するべきでしょう。優れた技術を持っていたら、それを公開する必要はありません。その技術を自社が使い、自社が製品化して、自社だけが市場で稼げばよいからです。しかし、他社が安売りを仕掛けてきたら、それ以上の安売りで対抗しなければなりません。すなわち公的標準化は、優れた技術を持つ相手に、安売りで対抗する武器にもなるのです。

一般的に、デジュール標準といえば、度量衡標準、品質安全標準、基礎的な工業標準など、さまざまな公的標準を思い浮かべます。それら公的標準で恩恵を受けているのは、すべての個人および企業です。つまり、本来の標準は、公共物としてとらえるべき存在なのです。しかし、そのような公的標準は空気や水と同じで、その恩恵が個人や企業経営者の日常的な意識にのぼることがありません。大多数の企業経営者は、企業ビジネスの場を熟知していますが、標準化の場から疎遠です。それでは企業ビジネスがうまく回りません。

公共の利便性向上を目指す公的標準化の場へ参加することは、それなりの規模の企業にとって社会的な義務だと思います。また、そのような場に日常的に参加することによって、自社独自の標準を世界中に公共財として広めることも可能になります。そのような、私企業が提案した公的標準は、公共財産であると同時に私有財産であるともいえます。

すなわち、標準化という仕事には、必ず二面性がつきまといます。民間企業の私財形成としての一面を併せ持つ公的標準化は、企業ボランティア活動としてとらえるべき仕事ではなくて、企業ビジネス戦略としてとらえるべき仕事です。また、ＩＳＯやＩＥＣなどの国際標準化組織では、規格標準、品質安全、基準認証が同等に扱われていますが、企業の専門家が違うということも認識しておいてください。本書では、規格標準を対象に解説しています。

標準には、品質管理や生産性向上に関係する側面と、ビジネス拡大ツールとしてとらえるべき側面とがあります。また、公共財としてとらえるべき側面と、私財としてとらえるべき側面とがあります。その両方の側面を同時に理解しないと、標準化ビジネスの本質を理解することはできません。

国家の傘の下に存在するような国営企業の一社独占形態で産業が発展している場合、標準化によって国内の産業全体が大きく育つことになります。しかも、そのような産業形態では、標準化自体が企業間競争のない純粋な合理化を目的とした標準化プロセスになり、標準化に関係する誰にとっても何も不利益は発生しません。しかし、工業が発達し、国営企業が次々と民営化されていく現代のように、複数の国内企業どうしが競合する場合や国内企業が海外企業と競合する場合には、標準化自体が個々の企業にとって大きな利害問題になります。

また、国際標準化によって製造のコストダウンが当然になると、ノウハウ流出と過剰なコスト競争が発生します。そうして、人権費の安い海外企業と競合する国内企業は、国際的なコスト競争に負けてしまいます。そのような不利益を避けるには、知恵を凝らした工夫が国際標準化に求められます。

生活の利便性を求めて、さまざまな人や企業が標準を決めています。その標準の適用範囲に応じて、標準の呼称が変わります。一般的な標準を適用範囲で階層別に分けると、表5のようになります。

品質管理や基準認証に関係する標準のような、従来型の標準を専門にしていると気づきにくいことですが、標準化という言葉のビジネス上の意味は曖昧です。企業ビジネスから見れば、「寡占化」または「共通化」という言葉で理解するべき実体でしょう。

ただし、共通化して寡占化することもあれば、寡占化して共通化することもあります。言い換えれば、デジュール標準化を先に進めてデファクト標準にすることもあれば、デファクト標準化を先に進めてデジュール標準にすることもあります。つまり、デファクト標準とデジュール標準は、標準の形として対比してとらえるべき存在ではありません。

共通化と寡占化の二つのほかに、「差別化」や「差異化」という言葉もあります。差異化と共通化はそれぞれ相反する言葉のように思われますが、一社が一つの差異化技術で市場を寡占化したら、それは共通

表5　標準の5階層

階　層	説　明
①　国際標準 (International Standards)	国際標準化機関で作成される第1階層の標準。ITU/ISO/IEC 規格に加えて、Ecma International や IEEE で作成される規格も含まれると考えられる。国際的に使われる規格になるので、適用範囲がいちばん広い。
②　地域標準 (Regional Standards)	地域標準化機関で作成される第2階層の標準。現在のところ、いくつかの地域標準が見られる。国際ビジネスで無視できないのが、欧州で作成される ETSI/CEN/CENELEC 規格だ。
③　国家標準 (National Standards)	国家標準化機関で作成される第3階層の標準。日本、アメリカ、イギリス、ドイツ、フランスなど国家で作成される標準。日本では、日本工業標準調査会（JISC）で承認される日本工業規格（JIS）が該当する。
④　業界標準 (Industrial Standards)	業界標準化団体で作成される第4階層の標準。日本でいえば、JBMIA、JEC、JEITA、JEMA、JEMIMA、JPCA、JWES、NECA などの団体で作成される標準をいう。工業団体独自の規格名称がつけられている。
⑤　企業標準 (Company Standards)	企業内標準化組織で作成される第5階層の標準。企業において製品の開発や製造の段階で使われる標準。企業独自の標準になるので、適用範囲がいちばん狭い。

化と同じことになります。デファクト標準とデジュール標準のどちらも、独自色が強くなれば販売またはサービスビジネスの売り上げアップにつながります。どちらも、独自色が弱くなれば製造またはアフターサービスのコストダウンにつながります。

デジュール標準とは、世界的に著名な国際標準化機関、地域標準化機関、国家標準化機関、国内工業団体など、いわゆる公的団体で標準化された（標準という呼称を与えられた）規格のことです。その意味では、「事実上の標準」と対比させて、「形式上の標準」と呼ぶべきかもしれません。その他に最近では、フォーラム標準やコンソーシアム標準という言葉も聞かれるようになりました。フォーラムやコンソーシアムで作成された標準のことです。

これらデファクト、デジュール、フォーラム、コンソーシアムの四種類の標準を比較して論じている人がたくさんいます。ところが、標準という言葉の意味を企業ビジネスでとらえると、そのような標準分類が無意味になります。これら四種類の標準は、それぞれ同じ土俵で議論できるものではありません。企業ビジネスの視点で対等に比較できる存在ではないからです。デジュール標準でも、広く使われていればデファクト標準だということになります。フォーラム標準でも、使われていなければフォーラムの登録規格にすぎません。

民間企業にとって標準とは、企業ビジネスの視点でとらえるべき題材です。フォーラム標準であろうと、デジュール標準であろうと、それが世界中で広く使われていなければ、国際ビジネスを目指す企業にとって何の意味もありません。もちろん、デジュール標準の多くは基礎的な工業標準として企業活動に寄与するものであり、空気や水と同じで日常的に気にすることがなくても必要なものです。しかし、その重要性が認識され難《がた》いのです。

ふつうの企業ビジネスとして価値が理解されやすいのが、デファクト標準です。民間企業にとって、標準とは、質のビジネス（特許収入や差異化製品の販売収入という意味）の結果または量のビジネス（大量の製品や部品の販売収入という意味）の結果として得た収益としてとらえるべき存在です。それは、質または量の市場寡占化のことです。

標準を成立させる方法には、権力（自覚の強制力）を用いる方法と、教育（無自覚の強制力）を用いる方法の二つがあります。デジュール標準は、組織権力で規則を決めて成立させる権力標準です。デファクト標準は、性能やデザイン、宣伝広告などで消費者を教育して成立させる教育標準です。また、デファクト標準は市場競争の結果の産物ですから、結果的に標準（市場）を成立させようとする帰納標準だといえます。一方、デジュール標準は、標準化機関に登録されたという事実をもって原因的に標準（市場）を成立させようとする演繹標準だといえます。

部品、製品、ビジネスシステムに限らず、その国際的な寡占化や共通化は、企業ビジネスの成功の鍵です。つまり、国際標準は、企業ビジネスの達成ツールなのです。デファクト標準、コンソーシアム標準、フォーラム標準、デジュール標準という言葉は、企業ビジネスにとって何の意味も持ちません。それらの標準化形態は、企業が必要とする標準化ビジネスの目的である「寡占化」または「共通化」を実現するための道具または過程にすぎません。

寡占化と共通化という二つの言葉だけで標準化を理解しましょう。そうすると、物事が明確に見えてきます。寡占化による企業ビジネスは規模の拡大による販売投資の収益アップにつながり、共通化による企業ビジネスは規模の拡大による設備投資のコストダウンにつながります。

標準化を企業ビジネスとしてとらえ、特定の標準が決まるプロセスを寡占化と共通化の二つに分けた場合、事実上の標準（デファクト標準）と公的標準（デジュール標準）の今後が明確になってきます。21世紀のグローバルマーケットでは、従来の製品デファクト標準が消滅し、一般大衆の日常のライフスタイルに密着したサービスシステム標準がデファクト「寡占化」標準として台頭してきます。一方、通信、放送、流通、電力、交通など公的市場のグローバル化が進み、デジュール「共通化」標準で縛られる産業分野が否応なしに広がっていきます。そこでは、寡占化と共通化の融合が始まっています。

3・1・1　三大国際標準化機関の特徴

標準化という言葉を聞くと、ゼロからスタートしてさまざまな技術が検討されて、それで一つの標準が作成される場合を、ほとんどの人が想像します。たしかに、著名な国際標準化機関で行なわれるデジュール標準化作業には、そのようなゼロベースから必要性に応じて規格が作成されることもあります。しかし、ほとんどの場合、すでに一企業や工業会で使われている規格が国際標準化機関に持ち込まれ、それが標準化審議という形式上の過程を経て、国際標準になっていきます。その国際標準化の場に敵がいれば、もともとの規格がボテボテに敵に叩かれて変形してしまい、最初の意図とは違う規格が国際標準になってしまいます。

民間企業を出身母体にする国際標準化専門家の使命の本音は、自分が提案した規格の原型をできるだけ維持しながら、最終的な国際標準登録を済ませることです。そのためには、国際標準化機関および関連標準化組織、それに各国の国家標準化機関などの内情や特徴を正確に把握し、それらの機関や組織をうまく選んで的確に対応しなければなりません。さらに、それらの機関や組織の相互関係の把握も必要です。

国際標準化専門家の多くが、三大国際標準化機関のＩＴＵ、ＩＳＯ、ＩＥＣを同列にとらえて比較しています。また、標準化の手法や特許使用許諾宣言書などについて、共通化を図ろうとする人がたくさんいます。しかし、これら三大国際標準化機関には、特徴的に大きな違いがあり、それぞれが違う性質の国際標準化機関だと理解して、うまく個別に対応しなければなりません。とくにＩＴＵとＩＳＯ／ＩＥＣでは、性格が大きく違います。また、既存のさまざまな標準化機関について、標準化専門家は、標準作成プロセスの視点でその違いをとらえます。しかし、企業経営者は、企業ビジネスの視点でその違いをとらえなければなりません。

ＩＴＵ、ＩＳＯ、ＩＥＣは、それぞれ受け持つ標準化分野が違います。しかし、ビジネス上の理解としては、これらの機関で作成される国際標準の違いは、標準化タイミングと製品化タイミングの相互の違いとして理解するべきでしょう。

国際標準について誤った認識の多くは、国際標準化審議の場で、専門家が討議しながら一つの規格を作成し、それを国際標準にするという考え方のプロセスです。実際の国際標準のほとんどは、既存の企業標準、団体標準、国家標準、地域標準などが国際標準化機関の審議の場に持ち込まれ、それが国際標準化機関の手によって「国際標準」という名で登録されるものなのです。当然、規格内容の争いではなくて規格登録の争いが、企業や国、地域などのあいだで発生します。また、それらの標準化団体を使いながら、一企業が使っている独自規格が、国際標準化機関に持ち込まれることもあります。

国際標準化の審議の場に参加する民間企業や公的研究所に所属する専門家は、自分が提案した規格が、できるだけそのままの原型を保ちながら国際標準になるように努力しなければなりません。ボールにたとえると、野球の硬球を標準化の場に持ち込んだら、その硬球が他の専門家からボコボコに叩かれて、軟球になったり、ゴルフボールになったり、サッカーボールになったりするのを防ぎます。それが、既存の規格を国際標準化の場に提案した専門家の役目なのです。

ところが、国際標準化が常識的なプロセスで進む場合もあります。最初から未成熟の技術が持ち込まれ、それが専門家によって審議され、理想的な標準が作成される場合です。したがって、場合による違いや標準化対象による違い、標準化団体の性格による違いなどを認識して、最適の国際標準化プロセスを選択しなければなりません。ここでは、標準化機関の違いによる特徴を説明します。ＩＴＵ／ＩＳＯ／ＩＥＣの各機関の標準化作業を、国際標準化という同じ土俵で比較してはいけません。ビジネスとのかかわりは、それぞれの機関で違います。その他の標準化機関にも独特の存在意義があります。

(1) ＩＴＵ（国際電気通信連合）の特徴

電気通信や放送は社会インフラです。とくに放送は、各国のプロパガンダに利用されていることもあり、その方式や周波数の共用ができないという根本的な国際標準化問題を抱えています。つまり、日米欧だけでなく、各地域や国で個別の標準が作成されやすいのがＩＴＵ標準であり、それを否定することはできません。

共通社会基盤構築のために一つの標準にまとまったとしても、その標準が確定してから、標準を応用した製品やシステムが開発されていくのが、ＩＴＵ標準です。技術インフラを含む社会インフラ構築のための規約作成が先行するという標準で、他のＩＳＯやＩＥＣの標準とは大きく性格が違います。したがって、標準作成後に明らかにされる必須特許の存在の問題が無視できません。いきおい、標準化過程における特許に関する規約が厳しくなります。

ＩＴＵ規格の特徴

各国が独自のルールを持ち寄り、そのほとんどがＩＴＵ標準として採択され、各国または各地域の利害関係を残したまま複数標準が策定されます。電波利用の各国周波数割り当ても同じです。その標準が策定された瞬間、準備していた企業が製品の生産や放送通信システムの構築を始めます。標準が先にあって、それから製品を市場に出すというタイプです。特許問題が発生しにくいのは、国が代表メンバーであり、標準に関係する特許に十分な事前注意が払われているからだと思います。また、社会インフラの一部ですから、特許問題が発生してから標準を撤回するということが非常に困難だという認識もあります。したがって、ＩＴＵの規格作成作業は、以下のような特徴を持ちます。

(a)　規格が作成される。

(b) メーカーが規格に合った製品を製造する。

(c) 規格を使ったシステムが稼動し、公共の役に立つ、あるいは、システム提供企業が儲かる。

携帯電話やスマホの市場争奪戦が勃発するまでは、国内の通信インフラ系企業で働き、ＩＴＵの分野だけで標準化を経験した人は、デジュール標準化の二面性を理解していない人が多かったと思います。放送通信社会インフラは、国家のプロパガンダツールであり、国家主導の標準化になります。したがって、民間企業のビジネスのために、民間企業主導で社会インフラ標準の世界を構築するということが、どうしても理解しにくいようです。

(2) ＩＳＯ（国際標準化機構）の特徴

放送通信分野と電気電子分野を除く、一般的な工業標準を対象にする国際標準化機関です。度量衡の標準も含まれており、種類によっては、標準が作成されてから工業化が始まるものがあります。アプリケーション分野や産業が発達した分野では、やはり既存の標準が各国から持ち込まれることが多くなります。国際標準化のすべてのパターンを持つ標準化機関だといえます。最近では、環境システムや品質管理システムなど、その標準化対象範囲を拡大しています。最近の取り組みとしては、社会的責任（ＩＳＯ２６０００シリーズ）、セキュリティー、ナノテクノロジー、それに工業以外の金融、飲料、観光などのサービス分野にまで、標準化の手を広げています。

ＩＳＯ規格の特徴

度量衡や測定方法など、地味な分野が多く、実際に役立つ基本的な標準を作成する機関です。ただし、工業基盤に関係する標準が多く、民間企業の目が向きにくい標準です。最近、ＩＳＯ ９０００シリーズやＩＳＯ １４０００シリーズといった管理システム標準を取り込むようになりました。組織の生き残り戦術です。ＩＳＯの規格作成作業は、以下のような特徴を持ちます。

(a)　規格が作成される。
(b)　その規格にあった製品を製造し販売して、メーカーが儲ける。

または、

(a)　既存の規格を登録する。
(b)　規格を登録したメーカーや特許保有者が儲ける。

(3)　ＩＥＣ（国際電気標準会議）の特徴

電気分野や電子分野の標準を扱う国際標準化機関です。電気分野の標準は、ＩＴＵやＩＳＯに比較しても歴史が古く、ＩＥＣはもっとも歴史的な国際標準化機関だといえます。ただし、電気と電子では、その傾向が互いに大きく違います。電気分野の標準は成熟した標準であり、その改訂や保守が標準化のおもな作業を占めています。一方、電子分野は技術開発がいちじるしく、さまざまな新しい標準が持ち込まれる状況にあります。

当然、各先進企業で開発された技術が何らかの理由で持ち込まれて、国際標準化の場で審議されることになります。したがって、既存技術の国際標準登録機関という性格が強くなります。米国の国家標準化機関ＡＮＳＩは標準登録機関です。米国内の規格作成団体から提出される標準を国家標準として登録します。その上部団体のＩＳＯ／ＩＥＣは、ＡＮＳＩから見れば当然、自国規格の登録機関であり、標準化を審議する機関ではないということになります。

ＩＥＣ規格の特徴

ＩＥＣ標準化の意味は、未来技術や新技術の取り込みよりも、法律や協定への対応、それに安全、環境、基準認証など、社会基盤への対応になります。また、国際標準の名の下に、自社技術の販売宣伝効果も期待できます。ＩＥＣの規格作成作業は、以下のような特徴を持ちます。

(a) 自社の既存規格を登録する。

(b) 国際標準のお墨付きが与えられる。何もないところから、規格作成が審議されることはほとんどない。

(4) ＩＳＯ／ＩＥＣ ＪＴＣ１（合同技術委員会１）の特徴

ＩＳＯ／ＩＥＣ ＪＴＣ１は、１９８５年に発足しました。１９６０年に設立されたＩＳＯ／ＴＣ97と１９６１年に設立されたＩＥＣ／ＴＣ53が母体となって、１９８７年に設立された合同技術委員会です。

大型コンピューターのメインフレーム関係のソフトウエアを中心に国際標準化を担当していましたが、ＭＰＥＧなど信号圧縮も標準化して、有力な国際標準化機関に育ってきました。しかし近年になって、国際標準化のネタが不足して、その活動が低下してきています。また、後述するＥｃｍａからのＦＴＰによる規格持ち込みが多くなり、ＪＴＣ１自体で行なう標準化も少なくなってきています。日本からＪＴＣ１総会に出席するには、国内引受団体の情報処理学会、情報規格調査会へのある程度の貢献が必要です。

ＪＴＣ１規格の特徴

規格の作成と製品の設計が同時進行することが多い、非常に珍しいタイプです。とくにソフトウエア標準の場合、標準ができた瞬間に製品が完成します。ＪＴＣ１の規格作成作業は、以下のような特徴を持ちます。

(a) 規格の作成が進行する。
(b) 同時に製品の設計も進行する。何もないところから規格作成が審議されることもあるし、既存の規格が持ち込まれて審議されることもある。

過去は、メインフレームの大型コンピューターに関連する情報技術の標準化が、メーカー間の話し合いで行なわれていました。最近では、そのような標準化の必要性がなくなり、ＪＴＣ１標準の多くがEcma Internationalからのファースト・トラック提案（ＦＴＰ）として持ち込まれ、そのほとんどがうまく

ＪＴＣ１標準になっています。つまり、実質的にＪＴＣ１は、標準の登録と保守をする組織になっているのです。Ecma International からＪＴＣ１へ提出されたＦＴＰ標準は３００件を超えますが、失敗した例は過去に二件しかありません。つまり、一部のＪＴＣ１標準は、ＥＣＭＡ標準そのものだといえます。

ＩＴＵとＩＳＯ／ＩＥＣの標準化の特質を単純化して比較してみます。民間企業にとって、ＩＴＵ国際標準化のおもな目的は、先行して国際標準の存在を世界に知らしめて、放送や電気通信のシステム互換性に支障が発生しないようにすることです。一方、民間企業にとって、ＩＳＯ／ＩＥＣ国際標準化のおもな目的は、知的財産権という特権の独占を若干譲歩する代わりに、独占禁止法抵触の問題を回避することです。

情報通信分野を対象に設立されたＩＳＯ／ＩＥＣ ＪＴＣ１は、ＩＳＯとＩＥＣのどちらからも独立した存在です。また、他の組織と違う独自の規約を持つことも多くなります。民間企業にとって、その違いは便利なツールになって助かる場合と、余計な制約になって困る場合とがあります。

３・１・２　国際規格制定プロセスと規格作成に要する時間

国際標準化機関における審議は、透明性（Transparent）、開放性（Openness）、公平性（Fairness）を基本にしています。しかし、透明性と開放性を享受するには、日常の国際標準化活動への参加が欠かせません。さらに重要なことは、その標準化審議は決して公平ではないという理解です。利害関係で対立する複数の人間が参加する討議に、形式上の透明性と開放性を期待することはできますが、公平性を期待することは絶対にできません。したがって、技術問題解決の場として、ＩＳＯにはＴＭＢ（技術管理評議会）、ＩＥＣにはＳＭＢ（標準管理評議会）という、多数の主要国が参加する委員会があります。

ＩＴＵ／ＩＳＯ／ＩＥＣという三大国際標準化機関の個々の特色を国際標準化題材やプロセスでとらえてはいけません。民間企業が自社技術の国際市場を広めるという観点でとらえるべきです。企業経営者だけでなく、国際標準化専門家にもそのような視点が必要です。

(1) 国際規格制定プロセス

国際規格は、ふつう国内の審議団体（後述するＪＥＩＴＡやＪＥＭＡなど）から国際標準化機関へ提案されます。ここでは、規格提案から国際標準化完了までの国際規格制定プロセスについて、基本を簡単に説明しておきます。国際標準化の専門家になれば、規格書（案）作成ルールについても詳しく理解しなければなりません。規格書の書式は自由ではありません。ふつう規格書のフォームが決まっているので、そのフォームに従わなければいけませんし、規格審議の手順の詳細もルール化されています。必要に応じて、関連書籍を参考にしてください。

(a) **準備段階（PWI：Prelemenary Work Item）**

将来、標準化が必要になると思われる作業項目をプールしている段階です。国際標準化着手の前段階になります。国際標準化過程で、非常に長期に審議が続くと、この段階に戻されることがあります。各文書段階での投票期間も規定されています。国際標準化の投票とは、何日に投票するという議員選挙のようなものではなくて、数カ月の投票期間が定められます。その投票期間のほとんどは、提案規格の内容を審議するために必要な期間です。その投票期間内なら、いつでも投票できます。

(b) **新作業項目（NP：New Work Item Proposal）**

世の中の新しい動き（技術、製品、システムなど）に対応し、新たな国際規格が必要と考えた専門家、機関、団体などが、国際規格化提案を技術専門委員会に出して、新作業の開始をするかどうか、投票でメンバーに問います。既存の委員会がない場合、ＩＳＯ／ＴＭＢやＩＥＣ／ＳＭＢへ直接、会員国から提案されます。

(c) **技術専門委員会（TC：Technical Committee）の新設**

既存の引受ＴＣがない場合、ＩＳＯ／ＴＭＢまたはＩＳＯ／ＳＭＢで規格化が決定されると、ＴＣの組織化が図られます。ＴＣの中には、ＳＣ（Sub-Committee、分科委員会）やＷＧ（Working Group、作業グループ）が設置され、それぞれの専門に分かれて規格の原案づくりが始まります。

(d) **委員会原案（CD：Committee Draft）**

ＴＣ内で審議検討の最初のアウトプットがＣＤです。その委員会原案が委員会メンバーの投票にかけられ、次のステップに進むか否かが決まります。内容の完成度が低い場合、必要に応じてＣＤ案が何回か練り直されます。

(e) **国際規格原案（CDV：Committee Draft for Vote）**

次のステップはＣＤＶ（国際規格原案）です。ここから国（ＮＣ）単位による投票になるのが一般的です。でもメンバーによる投票で、次のステップ（ＦＤＩＳ）に進んでよいかが決まります。ふつう、原案にコメントを提出し、そのコメントが審議されて、次の段階に進みます。否決された場合、否決理由のコメントを解決して、もう一度、ＣＤＶとして回覧（2nd CDV）することができます。また、さらに次のＣＤＶとして検討することもできます。規格作成プロセスでは、もっとも重要な段階だといえます。

ＩＳＯ／ＩＥＣ／ＪＴＣ１で、この段階の規格案名称が違うので注意してください。

ＩＳＯ　ＤＩＳ（Draft International Standard）
ＪＴＣ１　ＦＣＤ（Final Committee Draft）
ＩＥＣ　ＣＤＶ（Committee Draft for Vote）

(f)　最終国際規格原案（FDIS：Final Draft Internatinal Standard）

この時点では、技術的な論議はほぼ終了しているのがふつうです。反対投票の場合、技術的な異論がある場合に限り、コメントを添付できます。

(g)　国際規格（IS：International Standard）

最後に、ＩＳとしての投票結果によって、新国際規格が誕生します。規格書発行までには、二カ月程度かかります。投票完了時点と規格書発行時点のどちらを国際標準化成立時期にするかは微妙です。

投票結果で国際規格が成立しますが、その規格文書が発行されるまで、誰でも閲覧できないので、国際規格としての実効力はありません。国際規格が公共機関の入札に絡んだときなど、非常にクリチカルなタイミングになることがあります。

規格作成プロセスの知識と実務は、国際標準化の基本です。まず、ＩＳＯ／ＩＥＣ業務用指針などで知識を深めます。実際に規格を作成することがいちばんです。ただし、そのプロセスを守らない標準化も多数、実在しています。つまり、規格作成といえども、臨機応変の作業なのです。

国際標準はふつう、英語とフランス語のバイリンガルで作成されます。したがって、国際標準作成プロセスではＤＩＳ／ＣＤＶ／ＦＣＤの段階から、フランス語の翻訳作業が入ってきます。この段階で翻訳に二か月が費やされるのですが、それを嫌がる人がいます。しかし、さまざまな言語、特に曖昧さが少ないフランス語で標準案を見直すという意味で、とても重要なステップだと思います。

(2) 規格作成に要する時間

ＩＳＯ／ＩＥＣの規格開発作業は、その終了までに数年かかります。それを理由にして、ＩＳＯ／ＩＥＣ標準が活用されないという人がいますが、間違いだと思います。既存規格の登録機関としての様相を強く見せるＩＳＯ／ＩＥＣで、規格作成に時間がかかっても何ら問題はないはずです。規格作成には、必要なだけの時間がかかります。一般的に言って、必要な規格は短期間に作成され、不要な規格は長期間で作成されます。ＩＳＯ／ＩＥＣでは、従来の国際標準（ＩＳ）とは別の出版物（Deliverables）として、ＴＲ、ＩＷＡ、ＩＴＡ、ＰＡＳなどの名称で呼ばれる種々の文書が用意されています。しかし、その実用性については非常に疑問が残ります。国際標準以外の各種技術文書は、現場を知らない人が勘違いして、有用性に欠けていることを知らずに導入するので、その種類が増えていきます。

３・１・３　標準化委員会の知識と作業

具体的な標準化作業を経験せずに、国際標準化を進めることはできません。外部組織での活動参加には、一定の常識と戦略があります。それらを知らずして参加するのは、無謀というほかありません。どのような組織でも、関与する前に組織の実態を調査します。組織の実態とは、その設立経緯、運営規模、各職員の過去、会員規約などです。国際標準化では、とくに会議規約を詳細に調べなければなりません。規約は無視するべき場合と論理的な裏づけとして使うべき場合とがあります。

(1)　組織の規約の確認と改定

国際標準化組織や国内標準化組織に関係なく、どのような標準化組織にも組織の規約や委員会の運営規約があります。まず、現行規約の確認と、その制定や改定の方法を調べます。ＩＳＯ／ＩＥＣには三部作の業務用指針（Directives）があり、その合同技術委員会のＪＴＣ１にも独自の業務用指針があります。ＥｃｍａにはＭＥＭＥＮＴと呼ばれる規約書があります。

ＩＳＯ／ＩＥＣの規約改定は従来、ＴＭＢ／ＳＭＢで行なわれ、それが上部委員会で承認されていました。現在では、ＤＭＴ（Directives Maintenance Team）が設立され、そこで改定が検討されます。その委員会メンバーでなければ、意見の反映が難しくなります。

規約については、ふつうの規格作成手順の知識のほかに、以下の三点がとくに重要になります。

・意見提出に関する規約

・賛成と反対の投票規約
・特許取扱に関する規約

公的標準化機関だけでなく、フォーラムやコンソーシアム活動でも、参加する前に法務部門および知財部門と連携した、バイローの十分な確認が欠かせません。

(2) 技術委員会の運営および出席のノウハウ

国際標準化の会議（技術専門委員会）で自分の意見を通すには、各国の委員とのあいだで人間関係の構築が基本です。会議の場だけでなく、会議終了後の食事やクリスマスカードの交換なども欠かせない活動です。会議に参加する仲間と良好な関係を維持すれば、国際標準化もうまくいくと考えているのが、日本人の国際標準化専門家の特徴です。

ただし、それは互いに利害関係が薄い場合にいえることです。民間企業のビジネスに関する国際標準化に関する限り、それは日本人特有の間違った思い込みです。ひとたび相手と敵対することに決めた場合、完全に敵対するという割り切りが必要です。それでかまいません。ふつう、敵対は会議の場だけで、会議が終わったら、その話を忘れて付き合うのが、ほとんどの欧米人です。

国際標準化会議に参加する委員は、議長や幹事、技術屋や政治屋など、多種多様の役割を演じています。しかし、日本の国際標準化専門家のほとんどが、専門家または参加者の立場に留まります。現実の国際標準化会議の場では、さまざまな駆け引きが行なわれています。それら駆け引きのノウハウを常識として身につけていないと、後になって悔やむことになります。それらノウハウを簡単に以下に紹介します。

(a)自分主導の会議や強敵との会議は、できるだけ少人数でします。少人数の討議ほど、私的な工作が可能になります。

(b)メンバーが少ない投票は、その結果が読みやすくなります。したがって、自分が有利なときは、投票メンバーが少なくなるようにしてから、ロビー活動をします。

(c)メンバーが多い投票は、その結果が読みにくくなります。したがって、自分が不利なときは、投票メンバーを多くしてから、ロビー活動をします。

(d)自動的に多数の賛成票を得るには、投票締切日を1月初旬や9月初旬に設定します。正月、クリスマス、夏休み（欧州では1カ月ぐらい続く）にひっかけて、相手のロビー活動を妨害します。

(e)技術論の討議にはまりこんではいけません。相手が技術を問題にしているのか、ビジネスを問題にしているのか、自分の意地を問題にしているのか、その真実を探り的確に対応します。

(f)組織全体を見ます。木を見て森を見ずという言葉がありますが、森を知らないので森が見えない人が国際標準化専門家にはたくさんいます。

(g)イギリス委員は、ドイツ委員やフランス委員に比べて中立の場合が多くなります。文書作成も手伝ってくれます。大切に付き合うべき相手だと思います。ただし、例外もあるので注意してください。

(h)標準化の職業専門家（コンサルタント）に注意します。国際標準化の場で、総体的な意見に反して何かにとくにこだわり続ける場合、裏で何かが動いていることがあります。

(i)各国および各地域の規格の状況を理解します。無理に一つの規格に統一せずに、カタログ規格として複数登録することも考えます。

(j) 審議中の規格で対立する要素については、妥協点が見いだせるかどうか確認します。ともかく、一度は相手の立場になって考えてみることです。

(k) 規格作成過程では、技術内容や数値だけでなく、表現の文章にも注意します。そうしないと、あとで問題が発生することがあります。

(l) 標準化機関のルールは、自分の必要に応じて、守ったり無視したりすることです。絶対的だと思わないことです。欧米の委員も、同じように守ったり無視したりします。

(m) 会議後の編集委員会には必ず参加します。議事録の目的、議事録を書く人、編集委員会の存在を確認し、その機能を利用して標準化を有利に進めます。

(n) 標準化の世界および組織の縦割・横割の構造を理解して、うまく使います。とくに自社の委員を、必要な組織と必要な委員会に参加させておきます。

(o) 必要な委員会かどうかを判断するには、ともかく参加します。しかし、最初から議長や幹事などの役職を担当しないことです。不要だと判断したときに、すぐに辞められないからです。

(p) 国際幹事やプロジェクトリーダー（ＰＬ）になると、規格書発行遅延工作も可能です。国際標準化とビジネスの微妙なタイミングでは、その立場が活きることもあります。

欧米には国際標準化コンサルタントという職業があり、そのコンサルタントが民間企業の標準化業務を請け負っています。議長、幹事、コンビナーなどが妙に何かにしつこくこだわる場合、標準化会議の公的な役目と企業コンサルタントという私的な役目の両方を兼ねている場合があります。

国内の行政、団体、学会から専門家が出ている委員会は、民間企業にとって要注意の委員会です。立場が違うので、日本企業に不利なことが起きても、純粋な技術論として審議されていきます。つまり、民間企業の不利益が看過されてしまいます。

議事を思いどおりに動かすには、それなりのノウハウと経験が必要です。実際の会議の場で、先輩の行動を観察し、それを応用します。実際に必要な場で使う前に、利害関係のないところで模擬実験をして自信をつけるようにします。

３・１・４　英独仏米日の標準化組織の特徴

英仏独米日の国家標準化機関は、ＩＴＵ／ＩＳＯ／ＩＥＣを対象に組織されています。また、ＩＳＯ／ＩＥＣの合同技術委員会のＪＴＣ１は本来、ＩＳＯ色が強く、各国ではＩＳＯ対応の標準化機関に組み込まれています。しかし、欧米に比べて、米国や日本では少々事情が違います。ＩＴＵは、原則として各国の政府機関が対応しています。ＩＳＯ／ＩＥＣは、原則として各国の国家標準化機関が対応しています。表６をご覧ください。

表６　ITU/ISO/IEC/JTC1 に対応する主要各国の標準化組織

標準化機関	イギリス	フランス	ドイツ	アメリカ	日　本
ISO	BSI	AFNOR	DIN	ANSI	JISC(JSA)
IEC	BSI(BEC)	AFNOR/UTE	DIN/DKE	ANSI(IEC)	JISC(JSA/APC)
JTC1	BSI	AFNOR	DIN	ANSI	JISC(ITSCJ/JBMIA)
ITU	Ofcom	ANFR	FMET	FCC	MIC

ＪＴＣ１は、本来、メインフレームコンピューターの磁気ドラム記録装置やソフトウエアの標準化を目的に、ＩＳＯとＩＥＣの双方の委員会を統合し、合同技術委員会として発足しました。しかし、ＩＳＯ寄りの活動が続き、各国のＩＳＯ対応委員会に組み込まれています。現在では、メインフレームコンピューターの必要性が極度に低下し、情報通信関係の標準化に特化しているので、ＩＳＯよりもＩＥＣに近い活動が多くなっています。それに総合的にうまく対応しているのは、日本だけだという特徴があります。ＩＳＯとＩＥＣの国内対応で業務の連携がとれています。

英国と米国の特徴を説明します。ＩＳＯとＩＥＣの対応委員会が、それぞれＢＳＩとＡＮＳＩの中に設けられ、形式上は二つの対応組織が統一されています。しかし、ＢＳＩの中にはＢＥＣという組織があり、ＩＳＯとＩＥＣの対応は別組織だととらえたほうがよいと思います。ＡＮＳＩもそれに近い状態ですが、委員会運営資金などで、ＩＳＯ対応とＩＥＣ対応の協調がとれた組織になっています。情報の流通も円滑です。ただし、ＩＳＯとＩＥＣの国内対応で、業務は互いに独立しています。

フランスとドイツは、ＩＳＯとＩＥＣの対応委員会が、それぞれＵＴＥとＤＫＥの中に設けられています。ＩＳＯ対応組織のＡＦＮＯＲの所在地はパリで、ＤＩＮの所在地はベルリンです。過去、ＵＴＥは運営責任者の独断によって、パリからパリ郊外（不便な場所）に移転していましたが、２００６年にパリに再移転し、現在はＡＦＮＯＲと同じパリに本拠を移して活動しています。でも、ＡＦＮＯＲとＵＴＥの両者のコミュニケーションは、日本から見ればゼロに近い状態です。ドイツのＤＫＥは、フランクフルトに本拠を置いて活動しています。ＤＩＮの会議室を借用することはときどきありますが、ＤＩＮとＤＫＥの両者のコミュニケーションもゼロに近い状態です。ＩＳＯとＩＥＣの国内対応で、資金と業務の両方で互いに独立しています。

日本は、ＪＩＳＣの傘の下にＩＳＯとＩＥＣの連携がとれるようになっています。また、ＪＴＣ１も同じように、ＪＩＳＣの傘の下にＩＥＣと連携がとれるようになっています。ＩＳＯ／ＩＥＣとＪＴＣ１では、経済産業省の原課で非常に良好なコミュニケーションがとれています。また、ＩＥＣが担当するＣＩＳＰＲをとおして、総務省ともかろうじてコミュニケーションがとれています。省庁の構造を知る限り、国内の国際標準化対応は予想外に優れた体制が構築されています。

欧州各国の国際標準化組織に比べて、米国や日本のあいだには大きな違いがあります。ところが、英独仏の国際標準化体制は、欧州のＣＥＮ／ＣＥＮＥＬＥＣを念頭に置いた標準化なので、各国間に大きな違いはありません。歴史を重んじる文化を土壌とする欧州では、標準化の歴史も長くなります。１９５７年のローマ条約の下に設立された欧州委員会は、「国際デジュール標準獲得」を産業競争力強化の戦略手段として明確に意識しています。英国は国際デジュール標準の持つ戦略的重要性に着目し、英国規格の国際デジュール標準化の推進と、それを用いた第三者審査による国内企業の国際競争力強化を始めました。この動きを加速したのが、１９９２年のマーストリヒト条約による政治および通貨の統合です。市場統合によって、ヒト、モノ、カネの自由流通を可能にしています。

１９８５年には、ニューアプローチ指令が出され、商品の域内自由移動に関する技術的障壁の除去を目的に統一規格が検討され、それがＣＥマーキングシステムへと展開されています。日本や米国を外せば、欧州内の各国で年数回の規格検討会議開催は容易です。つまり、国際標準化案作成として有利であり、各国投票への投票数でも有利なのです。国際規格は、最終的には投票によって決められます。仮に日米欧で意見が対立しても、欧州がまとまれば国際標準が成立します。

欧州に比較して、米国はデジュール標準化新興国です。従来は、技術的な優位性を武器にするデファクト標準化を得意としていました。しかし、欧州市場統合を目前に控えるころになり、自由貿易擁護の意味でＩＳＯ／ＩＥＣ規格が技術的な非関税障壁となるとの危機感から、管理システム標準化へ積極的に参加するようになりました。

最近では、さらに危機感を募らせ、「技術の移転と普及に関する法」を制定し、従来民間主導だった規格作成に政府が積極的に関与する方針を打ち出しています。政府の調達基準や強制法規などに、任意規格を採用し規格の統一を図ることを規定し、標準化の分野では政府関与を強めています。日本と同様に欧州や米国でも、国際標準の規格化審議に参加する委員は民間企業の人間です。しかし、日本と違い、国際標準化作業の成果が個人の能力や成果として高く評価され、転職が通常的な社会で好材料になります。

一方、明治維新以来の日本は、今の中国と同じように、積極的に西洋の技術や制度を取り入れてきました。その流れは戦後になっても変わらず、産業技術を欧米から導入し、標準も欧米から導入しています。つまり、新しい技術やしくみ、ルールなどを欧米から導入し、それを真似ることで経済復興を続けてきています。その姿勢は今も変わりません。国際規格策定プロセスを傍観し、与えられたルールを守って頑張れば、十分に経済的な競争が可能だと信じています。その姿勢は、現在の発展途上国の姿勢と同じです。

国際標準化に関する限り、欧米の取り組み姿勢と比較して、日本が国際競争で勝負になるはずがないのです。日本の企業内では、国際標準化専門家の業務評価は総じて低く、退職間際の仕事だと理解されている節があります。しかし、流暢な英語で高度な技術論を戦わせることのできる優秀な人材を国際標準化業務に振り向ける企業が、これから国際ビジネスで成功する企業なのです。

有名なＩＳＯ ９０００シリーズ（品質管理システム）の規格でも日本は出遅れました。１９８０年にＩＳＯ／ＴＣ１７６が設置され、日本は翌年の第2回会議から参加しています。１９８２年に国内委員会が設置されました。しかし、この規格の持つ意味に産業界が気づき、その意見を反映するべく工業会から国内委員会に委員が参加するようになったのは、１９９４年ごろからの話です。

欧米の弱点は、比較的似通った情報通信分野（ＩＴ）と電子機器分野（ＣＥ）が、互いに組織的に縦割分断されていることです。縦割分断されている組織で働いている人たちに、縦割弊害の自浄作用を期待することはできません。日本としても、その組織構造の不備を戦略的に活用することはあっても、わざわざその不備を指摘して、欧米の標準化組織構造強化の手助けをする必要はありません。ただし、国際標準化後発国の中国や韓国では、そのような組織構造の縦割が最初からありません。国際標準化先進国よりも合理的な組織構造になっています。

日本の社会インフラ関連標準は、今でもほとんどが国内に閉じています。ここでの説明をまとめると、日本企業で国際標準化をリードしていた企業は、ソニーやホンダなど技術に優れて海外進出に積極的な企業に限定されます。しかし、欧州は、官需（社会インフラ）中心の標準化を進めて成功しています。米国は、軍需（情報、セキュリティー、航空宇宙産業）中心の標準化を進めて成功しています。それに比べて日本は、民需（民生用機器）中心の標準化を成功させてきました。その日本も、欧米型に変化しなければ国際ビジネスで欧米と対等に競うことができない時代になりました。

(1) イギリスの標準化組織（ＩＳＯ／ＩＥＣ）

名称　ＢＳＩ（British Standards Institution、英国規格協会）

目的　ＩＳＯ／ＩＥＣ／ＪＴＣ１規格および欧州規格（ＥＮ）の審議団体です。

立地　イギリス、ロンドン

歴史　１９０１年に英国土木学会の提唱で、関連学会を統合して設立されました。国家標準化機関としては、世界最古の機関になります。当初の目的は鉄鋼標準化でしたが、標準化対象範囲を拡大し、１９８１年にＢＥＳＡ（British Engineering Standards Association）になりました。１９２９年、英国王室公認の協会（Royal Charter）になり、１９３１年にＢＳＩに改称しました。

(2) フランスの標準化組織（ＩＳＯ）

名称　ＡＦＮＯＲ（Association Française de Normalisation、フランス工業規格協会）

目的　フランスを代表する標準化機関で、ＩＳＯ／ＪＴＣ１および欧州ＣＥＮ規格（ＥＮ）の審議団体です。フランス国内の標準化システムに関する指導や調整を目的に設立されました。また、フランス国内における標準化の普及促進や製品およびサービスに関する認証業務も担当しています。

立地　フランス、パリ

歴史　１９２６年に設立され、フランスの国家標準化機関として、１９３３年に法律で認定されました。フランス産業省の指導下にあります。

(3) フランスの標準化組織（ＩＥＣ）

名称　ＵＴＥ（Union Technique de l'Electricite、フランス電力協会）

目的　ＵＴＥの監督の下で、電気技術を担当するフランスの標準化機関です。ＩＥＣおよび欧州ＣＥＮＥＬＥＣ規格（ＥＮ）の審議団体です。

立地　フランス、パリ

歴史　ＩＥＣが設立された一年後の１９０７年にＵＳＥとして設立され、１９４７年にＵＴＥに改称されました。１９９８年には通信を作業範囲に追加しましたが、名称の略称はＵＴＥのままです。

(4) ドイツの標準化組織（ＩＳＯ）

名称　ＤＩＮ（Deutsches Institut für Normung、ドイツ規格協会）

目的　ＩＳＯ／ＩＥＣ／ＪＴＣ１規格および欧州規格（ＥＮ）の審議団体の役割を果たす国家標準化機関。

立地　ドイツ、ベルリン

歴史　１９１７年に設立され、１９７５年には国家標準化機関としてドイツ政府の認定を受けました。高度の工業力を持ち、欧州の規格作成の中心的な役割を演じています。

(5) ドイツの標準化組織（ＩＥＣ）

名称　ＤＫＥ（Deutsche Komission Elektrotechnik Elektronik Informationstechnik im DIN und VDE、ドイツ電気技術委員会）

目的　電気、電子、情報通信分野の規格に関するＩＥＣ規格および欧州規格（ＥＮ）の審議を担当する国家標準化機関。

立地　ドイツ、フランクフルト

歴史　１９７０年に発足し、ＤＩＮおよびＶＤＥ（Association for Electrical, Electronic & Information Technologies）と協調して活動しています。ＤＫＥは非法人で、ＶＤＥ（法人）の一部として機能しています。少々理解しにくい組織構成ですが、後述する日本の情報規格調査会（ＩＴＳＣＪ）を参考にするとよいと思います。なお、ＩＴＳＣＪは、社団法人情報処理学会に所属する独立性の高い内部組織です。

(6) アメリカの標準化組織（ＩＳＯ／ＩＥＣ）

名称　ＡＮＳＩ（American National Standards Institute、米国国家標準協会）

目的　ＩＳＯ／ＩＥＣ／ＪＴＣ１規格の審議を担当する国家標準化機関。

立地　アメリカ、ワシントンＤＣおよびニューヨーク

歴史　１９１８年に、ＡＳＭＥ、ＡＳＣＥ、ＡＳＴＭ、ＡＩＥＥ、ＡＳＭＭＥの5団体と政府機関によって、ＡＥＳＣとして設立されました。その後、多数の学会、協会、業界団体などが加盟し、

１９２８年にＡＳＡとなりました。１９６６年に、自主的な国家規格制定とその普及、消費者保護、国際標準化活動への参画を目的に大幅に改組され、ＵＳＡＳＩに名称変更をしました。１９６９年、名称を現在のＡＮＳＩに変更しました。現在、千四百ほどの企業、団体、政府機関、学会などが会員として活動に参加しています。ＡＮＳＩの特徴は、それ自体が標準作成機関ではないことです。

(7) 日本の標準化組織（ＩＳＯ／ＩＥＣ）

名称　ＪＩＳＣ（Japanese Industrial Standards Committee、日本工業標準調査会）

目的　ＪＩＳ（日本工業規格）の制定と、基準認証や管理システム規格を含む、国際標準化対応です。

立地　日本、東京

歴史　１９２８年に設立された万国規格統一協会（ＩＳＡ）は、１９３０年代の後半の戦時下、数カ国の会員が脱退したことを受けて、１９４２年になって公式活動を停止しました。しかし１９４４年になって、連合国十八カ国の国家標準化団体によって構成される国連規格調整委員会（ＵＮＳＣＣ）がＩＳＡの業務を引き継ぎ、臨時の戦時機関として活動しています。ＵＮＳＣＣは、１９４６年にロンドンで会議を開催し、工業規格の国際統一促進を目的にした新しい国際機関の設立を検討しました。そうしてＩＳＯの設置が決まり、１９４６年に第一回ＩＳＯ臨時総会がロンドンで開催され、１９４７年にＩＳＯの活動が正式に始まりました。その前年の１９４６年に設置された日本工業標準調査会（ＪＩＳＣ）は、１９５２年にＩＳＯに参加し、翌１９５３年にはＩＥＣに参加しています。ＩＳＯ／ＩＥＣ／ＪＴＣ１規格および日本工業規格（ＪＩＳ）を審議する経済産業省を事務局にして、民間委員主体で構成される委員会が中心に活動しています。しかし、そこは承認機関であり、ほとんどの国際標準化作業は、国内の審議引受団体で実行されています。

イギリス、フランス、ドイツ、アメリカの国家標準化機関の組織運営において、日本の国家標準化機関と大きく異なるのが収入源です。欧米四カ国の国際標準化機関は、その活動資金のほとんどを規格書販売収益に頼っています。英語を使う国は世界中にたくさんありますし、フランス語とドイツ語も同じです。したがって、自国で使われる規格書のほかに、他国へ販売する規格書の収入も得られます。また、歴史的に標準を必要とする国々ですから、規格書の重みが日本とは若干違います。日本の国家標準化機関の組織運営には、どうしても政府の資金援助が必要です。

その他にも、歴史的な特異性など地域の特徴をつかまなければ、戦略的な国際標準化は難しくなります。たとえば、国際標準化投票において、ドイツとオーストリアは同じような投票傾向を示しますし、フランス、イタリア、スペインも同じような投票傾向を示します。それに比べて、イギリスは論理的かつ中立的で、日本と意見が合うことが多々あります。ドイツとフランスの両国でビジネスを展開する企業には、同一国籍の企業が多く、ドイツの意見はフランスの意見と同じことが多くなります。この協調関係は、ユーロという共通貨幣市場を築いたドイツとフランスの経済協調姿勢にも現われています。また、フランスはＥＴＳＩ、Ｅｃｍａ、ＩＳＯ／ＩＥＣなど、フランス語圏の標準化機関と連携がうまくとれています。ただし、ドイツと同じで、ＪＴＣ１とＩＥＣの国内委員会の連携が極端に悪い国です。

欧州各国の標準化機関を、欧州の標準化機関としてまとめて理解してはいけません。個々の歴史があり、それぞれが違った特徴をもっています。日本企業にとって、そのような違いの知識が、国際標準化の舞台で自社技術の標準化を効率的に推進するために欠かせません。

３・１・５　中韓およびアジア諸国の標準化組織の特徴

中国と韓国の国際進出が目立っています。英米独仏日の国際標準化体制に加えて、中国と韓国の国際標準化体制の理解が必要です。同時に、アジア各国の標準化体制も、一応の知識として一度は調査しておくべきでしょう。

⑴　中国の国際標準化体制

ここでは、とくに情報通信関連の標準化組織を解説します。中国には三つの標準化組織があります。このほかに、ＩＳＯ／ＩＥＣの直接対応をするＳＡＣがあります。

・中国電子標準協会（ＣＥＳＩ）
・国家ＩＴ標準技術委員会（ＮＩＴＳＴＣ）
・情報産業省（ＭＩＩ）の特別標準化ＷＧ

国内の各地に独自標準を持つ中国は、米国に似た国家標準化体制になっています。ただ、そのまとめ役が、民間主導（ＡＮＳＩ）なのが米国で、国家主導（ＳＡＣ）なのが中国です。

(2) 韓国の国際標準化体制

日本と同様の組織構成です。従来、ＭＯＣＩ（商工省）が標準化政策の権限をもっていましたが、近年、ＫＡＴＳ（韓国知識経済部技術標準院）に大きく権限委譲しています。規格の販売をするＫＳＡ（韓国規格協会）は、規格作成委員会の活動にも関与しています。

(3) その他のアジア諸国の国際標準化体制

シンガポール、マレーシア、タイ、フィリピン、インドネシア、ベトナム、ＣＬＭ（カンボジア、ラオス、ミャンマー）に、それぞれ国家標準化機関があります。

これらの発展途上国では、標準化は国家主導です。シンガポールがＩＣカードやＲＦタグ、情報セキュリティー、バイオメトリックスなどの標準化に活発に参加しています。また、マレーシアが電気電子機器の生産拠点として、やや活発な活動をしています。

3・1・6　主要標準化機関の特徴

さまざまな国際標準化機関や国家標準化機関を紹介してきましたが、これらの標準化機関は、その標準作成プロセスが公正で透明でなければなりません。国際標準化の策定過程から見れば、標準化作業に参加する技術専門家が地域や国、団体や企業などで限定されるほど、その作業プロセスが不公正で不透明になります。

ＩＴＵ／ＩＳＯ／ＩＥＣの三大国際標準化機関の存在意義は理解できますが、それ以外にフォーラムやコンソーシアム、準国際標準化機関（Ｅｃｍａ）や地域標準化機関（ＥＴＳＩ／ＣＥＮ／ＣＥＮＥＬＥＣ）が存在しています。これらの標準化機関の存在意義とは、いったい何なのでしょうか。ここでは、ＩＴＵ／ＩＳＯ／ＩＥＣの三大国際標準化機関と、地域標準化機関（ＥＴＳＩ／ＣＥＮ／ＣＥＮＥＬＥＣ）および準国際標準化機関（Ecma International）の関係について説明します。

これら主要標準化機関は、ＩＴＵ／ＩＳＯ／ＩＥＣ国際標準化の前段階として使うことができます。自社の強み（欧米インサイダー度）に応じて、どちらかを選ぶべきでしょう。これらの主要標準化機関で登録された規格なら、ほぼ国際標準化を達成できます。図10をご覧ください。

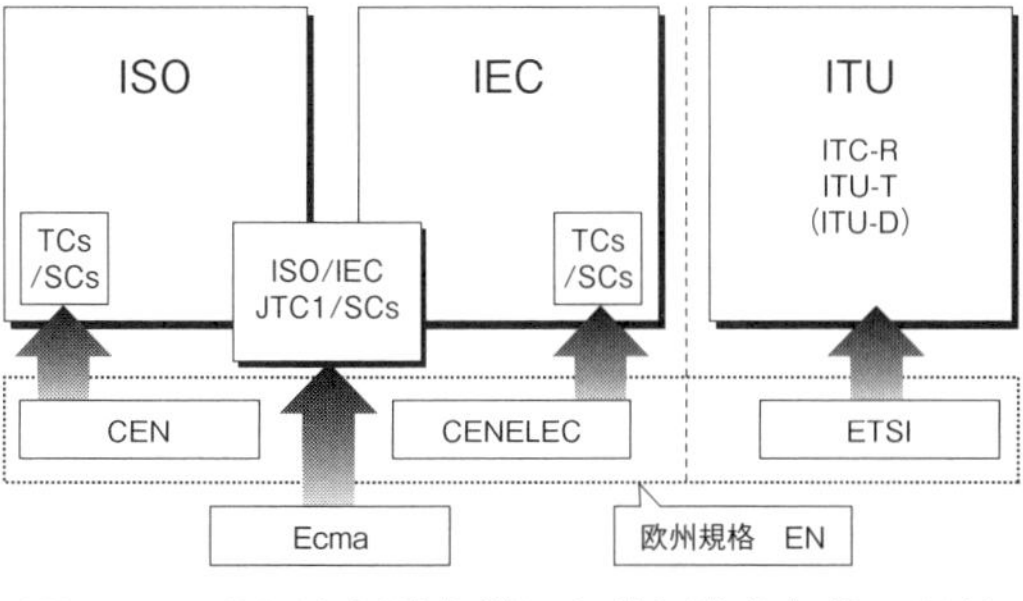

図10　三大国際標準化機関と他標準化組織の関係

(1) 欧州地域標準化機関および準国際標準化機関の概略

(a) 欧州地域標準化機関

ＥＴＳＩ　ＩＴＵ領域の欧州標準化機関

ＣＥＮ　ＩＳＯ領域の欧州標準化機関

ＣＥＮＥＬＥＣ　ＩＥＣ領域の欧州標準化機関

これらの地域標準化機関のおもな役割は、欧州指令（EU Directives）による強制規格の制定です。また、欧州で作成した欧州地域規格（ＥＮ）をＩＳＯ／ＩＥＣに持ち込んで国際規格にします。端的にいえば、欧州規格をロンダリングして国際規格に変えることになります。

(b)　準国際標準化機関

Ecma International　ＪＴＣ１領域の標準化機関

Ｅｃｍａ（エクマ）は、自団体で作成したＥＣＭＡ規格をＪＴＣ１へ迅速法（一回だけの投票で国際標準化できる提案法で、Fast Track Procedure と呼ばれる）を使って国際規格にする機能をもっています。Ｅｃｍａの会員企業は民間企業が主体ですから、民間企業規格をロンダリングして国際規格に変えることになります。

ＩＥＥＥ　通信、電子、情報領域の標準化機関

ＩＥＥＥ（アイトリプルイー）は、学会色が強い米国主導の団体ですが、通信関係の標準化にはＩＥＣ標準以上の強みを持ちます。

国際標準化は、各国の専門家が集まって二年以上かけて審議するという、公平で透明な審議プロセスをとりますが、そうではない地域標準化機関や準国際標準化機関を利用して作成した自己都合の標準を国際

標準に変えることができます。結果的には国際規格になっているので、公平で透明な審議プロセスを経た標準だとみなされます。

欧州各国の基本的な標準化理念は、一つの技術と一つの方式です。欧州各国は、犠牲を払いながら規格統一をしてきたので、日米もそれにならうべきだという考え方です。

(2) 欧州地域標準化機関

(a) ＥＴＳＩ (The European Telecommunications Standards Institute)

組織構成など　ＩＣＴ（Information and Communication Technology）分野を担当するＩＴＵ相当の欧州標準化団体です。メンバーは、ＩＴＵと同じで欧州各国の代表ですが、それに加えて民間企業や団体からも直接参加ができるようになっています。欧州以外の地域の団体ともリエゾン関係を結び、五十九カ国から六百五十七のメンバー企業が参加する大きな組織です。１９８８年に設立され、南仏ニースの近く、ソフィア・アンチポリスに本部があります。フランステレコムの影響を強く受ける団体だといえるでしょう。職員数は約百名になり、会議室などはプチＩＴＵといえるぐらいＩＴＵに似ています。すでに一万七千を超える規格を発行し、それが無料で入手できます。標準化機関としては理想的な形だと思います。

財政　三十億円弱の年間予算で運営されています。その内訳は、64％が会費から、21％がＥＵからの支援になります。

ＩＴＵとの関係　ＥＴＳＩは、ＩＴＵ-ＲおよびＩＴＵ-Ｔのセクターメンバーです。また、充実したパテントデータベースを公開しています。標準とパテントの関係の問題解決には、古くから精力的に取り組んできた団体ですが、他の標準化機関と実質的に変わるところはありません。ＣＥＮやＣＥＮＥＬＥＣに比べると、日米民間企業の直接参加が可能なのでオープンだという感じですが、それは民間企業主体で標準化が進められる可能性を意味します。また、標準化投票に重み付け投票（Weighted Voting）制度を取り入れています。重み付け投票は、標準のロンダリングに使われやすく、その制度化には十分な注意が必要です。

(b) ＣＥＮ (European Committee for Standardization)

組織構成など　電気電子分野以外を担当するＩＳＯ相当の欧州工業標準化団体です。本部はブラッセルにある民間組織で、１９６１年に設立されました。職員は百名弱です。メンバー国は欧州の三十カ国程度です。

Associatesとして、化学、建設、環境、薬品、労組、消費者、中小企業などに関係する以下の団体をメンバーに入れて協力しています。

・ＣＥＦＩＣ（European Chemical Industry Council）
・ＦＩＥＣ（European Construction Industry Federation）
・ＡＮＥＣ（European Association for the co-ordination of consumer representation in standardization）
・ＥＣＯＳ（European Environmental Citizens Organisation for Standardization）
・ＥＵＣＯＭＥＤ（European Medical Technology Industry Association）
・ＮＯＲＭＡＰＭＥ（European Office of Craft/Trades and Small and Medium-sized Enterprises

for Standardization）

・ＥＴＵＩ-ＲＥＨＳ（European Trade Union Institute for Research, Education, and Health and Safety）

カウンセラーとして、European Comission とＥＦＴＡ（European Free Trade Association）Secretariat を登録しています。２００８年で約一万二千五百規格を制定し、二百七十五の技術専門委員会を擁しています。

財政　事務局経費が約十七億円で、概略の内訳はメンバー国会費が55％、ＥＵからの補助が40％、ＥＦＴＡからの補助が２％になります。ＣＥＮ規格の販売は、ＣＥＮではなくてメンバー各国が担当しています。

ＩＳＯおよびＥＵとの関係　作成した規格の約30％がＩＳＯ規格と同一（Identical）です。約20％がＥＵ指令による強制規格（Harmonized Document）になっています。

(c)　ＣＥＮＥＬＥＣ（European Committee for Electrotechnical Standardization）

組織構成など　電気電子分野を担当するＩＥＣに対応する欧州標準化団体です。ＣＥＮに呼応してＣＬＣと略記されることがあります。本部はブラッセルにあり、１９７３年に設立された民間組織です。ＣＥＮＥＬＥＣの前身のＣＥＮＥＬＣＯＭとＣＥＮＥＬは、それぞれ１９５９年と１９６０年に設立されています。職員は約三十名です。

メンバー国は約三十カ国で、これはＣＥＮと同じになります。旧ソ連各国がAffiliatesとして控えています。Cooperating partnersとして、ＥｃｍａやＥＩＣＴＡなど三十六団体があります。２００８年で五千五百件程度のＥＮ規格を作成しています。そのうち、69％がＩＥＣ規格と同一（Identical）です。30％がＥＵ指令による強制規格（Harmonized Document）になっています。七十三の技術専門委員会を擁しています。日本企業でも、現地法人からの直接参加が可能です。

財政　年間予算が6億円弱で、その内訳は約70％が会費収入で、20％弱がＥＵからの支援になります。

ＩＥＣおよびＥＵとの関係　実質的にはＩＥＣの委員会と同一で、ＣＥＮＥＬＥＣのＴＣ議論から続いてＩＥＣのＴＣ議論が同じ部屋で行なわれることも多々あります。ＩＥＣのミラー委員会の場合、その末尾に添字「ｘ」が付きます。ＩＥＣ／ＴＣ１０８に対応するＣＥＮＥＬＥＣの委員会は、ＣＬＣＴＣ１０８ｘと表記されます。ただし、ミラー委員会を持たないものもあります。ＩＥＣや他の標準化機関との関係をわかりやすくするために、独自の規格番号体系を維持しています。

(3)　準国際標準化機関

(a)　エクマ・インターナショナル（Ecma International）

情報通信分野の日本企業は、古くからＥｃｍａの国際標準化活動に積極的に参加してきました。事実、Ｅｃｍａ会員企業の半数は日本企業が占めています。Ｅｃｍａは、１９６１年にＥＣＭＡ（European Computer Manufacturers Association）として誕生しましたが、１９９４年にEcma Internationalに改名し、国際標準化機関への脱皮を図っています。したがって、現在のＥｃｍａは略語でも頭字語でもありません。本部はジュネーブで、四名の職員で効率的な運営をしています。ＩＳＯ／ＩＥＣ ＪＴＣ１およびＩＥＣの一部のＴＣがリエゾンＡ団体として関係し、迅速法（ＦＴＰ）による国際規格提案が

Ｅｃｍａから可能になっています。

会員は世界中の民間企業と非営利団体で構成されています。また、規格作成は会員の手によって自主的に進められ、完成した規格はすべて無料公開されます。民間企業にとっては、企業標準を国際標準へと展開するための最高の標準化プロセスロンダリング機能をもっている組織だといえます。事務局長は、フィリップスからシーメンスへ交代するという欧州主導ですが、英語と仏語の両方が必要な地域なので、自然と言語に達者な人が選ばれます。正会員の年会費は一企業で六百万円を超えます。資金的なオペレーションに若干不透明なところがありますが、それは参加企業の責任でしょう。扱う規格の種類が情報通信分野なので、欧州に立地しながらも日本主導の標準化団体だといえます。

Ｅｃｍａはフォーラムと組織的な性質が似ていますが、臨時に設立されるフォーラムと違い、恒常的な組織です。したがって、討議メンバーが事前に確定されていて、メンバーを限定した討議が可能だという点で、民間企業の標準化目的に適っています。また、国内で国際標準化の正式な手続きで他社に負けた場合、その代替手法（バイパス）として使うこともできます。Ｅｃｍａの規約については、メメント（Memento）が発行されているので、それが参考になります。

(b) ＩＥＥＥ（The Insitute of Electrical and Electronics Engineers, Inc.）

「アイトリプルイー」と読みます。１９６３年にアメリカ電気学会（ＡＩＥＥ）と、ＩＲＥユニットというビデオレベル単位で有名な無線学会（ＩＲＥ）の統合によって、組織化された非営利の機関です。アメリカを本拠地にしていますが、世界各国から会員を集めて、この種の団体では世界最大規模になります。

今まで説明してきた地域標準化機関とは若干、性格が異なる組織です。ＩＥＥＥの関連分野は、通信・

電子・情報になります。基本的に学会活動を目的に設立されましたが、標準化にも積極的で、世界中で広く使われる実質の国際標準になっています。

ＩＥＥＥの会員資格には、次の六種類があります。フェローと名誉会員の二つの会員資格は、申請と審査を経て授与されます。

・学生会員（Student：S）
・準会員（Associate：A）
・普通会員（Member：M）
・上級会員（Senior Member：SM）
・フェロー（Fellow：F）
・名誉会員（Hororary Member：HM）

制定されたおもな規格としては、ＩＥＥＥ ４８８、ＩＥＥＥ ７５４、ＩＥＥＥ ８０２シリーズなど、ワイヤレスＬＡＮ関係の規格が知られています。最近、企業会員を募る動きがあり、標準化投票にもウェイテッド投票の考えを導入しようとしています。国際標準化で欧州に出遅れた米国の、最後の砦のような感じがします。ＩＥＥＥについては、個人参加の国際標準化の場だというよりも、米国の国際標準化の組織ツールだと理解するべきでしょう。

(4) ウィーン協定（ＩＳＯ-ＣＥＮ）とドレスデン協定（ＩＥＣ-ＣＥＮＥＬＥＣ）

欧州標準と国際標準の関係として、１９８９年にＩＳＯ-ＣＥＮウィーン協定が締結され、同じく

ＩＥＣ-ＣＥＮＥＬＥＣドレスデン協定も締結されています。実際の協定の中味（英文）を読むと一目瞭然ですが、該当するＩＳＯ／ＩＥＣ国際標準が制定されていない場合、そのままＣＥＮ／ＣＥＮＥＬＥＣ欧州標準をＩＳＯ／ＩＥＣ国際標準にするという特権を欧州に与えています。また、ＣＥＮ／ＣＥＮＥＬＥＣは、その標準を国際標準案として提案し、事前の委員会審議を省略して、全体投票（国代表投票）にかけることができます。欧州の参加国が多い現状では、実質的に原案審議過程における他国の関与が排除されています。図11をご覧ください。

　国際標準化にはイギリス英語が使われています。各種協定も標準化機関独特の言い回しのイギリス英語で書かれています。その解釈の難しさは、会話時にＹＥＳ／ＮＯも満足に正しく使えない日本人にとって問題です。ＣＥＮ／ＣＥＮＥＬＥＣは、欧州（ＣＥＮ／ＣＥＮＥＬＥＣ）規格制定において、日本意見を積極的に聞こうとします。しかし、聞くという儀式を行

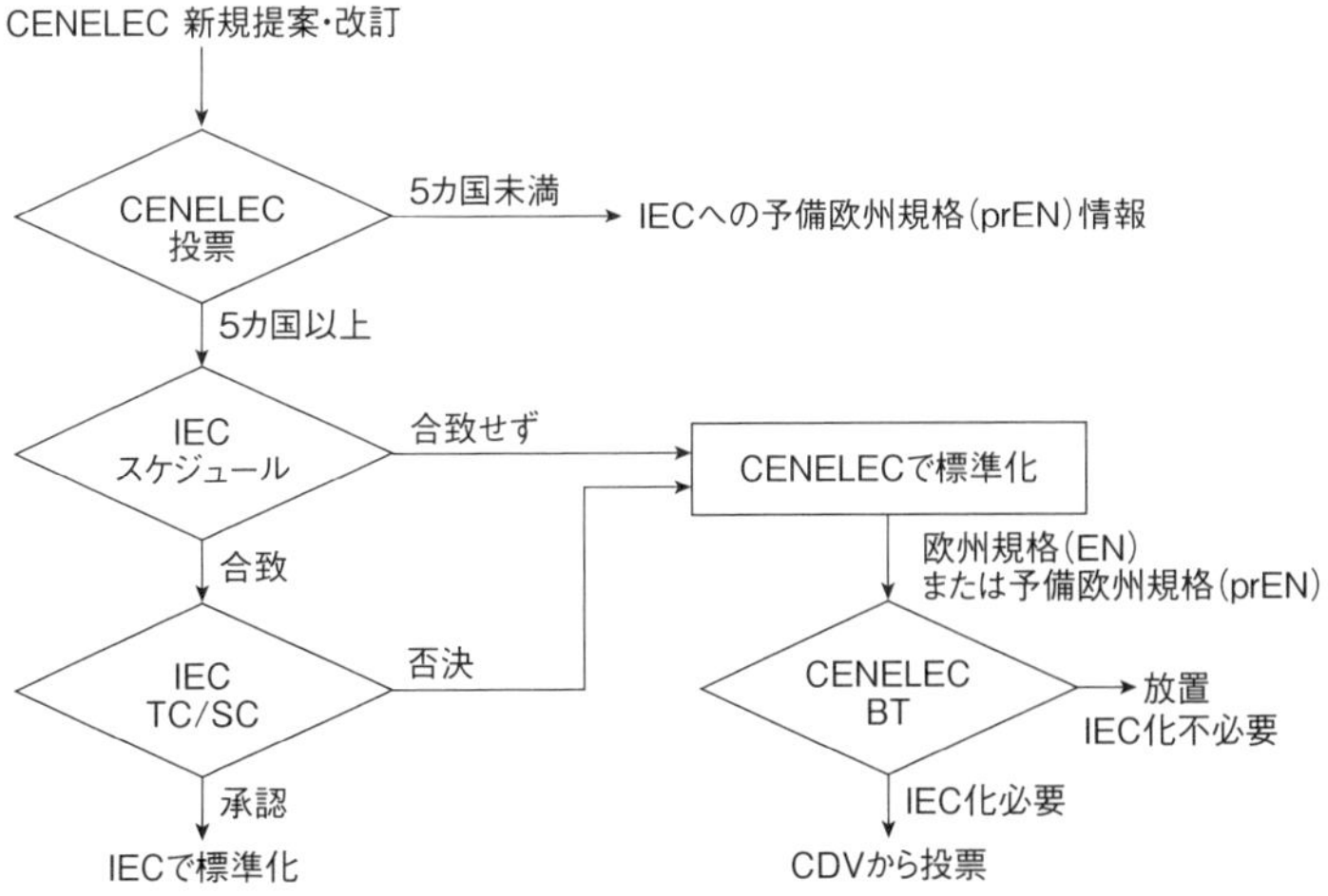

図 11　ドレスデン協定に従った IEC 国際標準化

なうだけで、その日本意見を受け入れて規格を修正することはありません。

3・1・7　準国際標準化機関の存在と国際標準ロンダリング

世の中に完全な白という状態は存在しません。しかし、完全な黒という状態（まったく光がない状態）は存在します。それと同じで、国際標準化の場に、完全に公平で透明なプロセスの標準化というものはありません。すべての専門家に、何らかの「無意識のバイアス」がかかっています。彼らが人間だからです。標準化専門家の多数が、灰色の状態（完全に公平で透明ではない状態）で国際標準化の作業をしています。ただし、完全に意図的な、不公平で不透明なプロセスの標準化というものもあります。欧米企業の国際標準化専門家のように、意識的にバイアスをかけて働いている場合です。

公的標準化には、限りなく透明で、かつ限りなく公平なプロセスが求められます。私的標準化には、限りなく不透明で、限りなく不公平なプロセスが求められるというのが本音でしょう。現実的には、法律や規約に違反しない範囲でという制約がつきます。もちろん、建前では、限りなく透明で、かつ限りなく公平なプロセスです。

ふつうのステップで進められる国際標準化には、その賛否について四回の投票が行なわれます。作業提案および委員会原案の規格素案段階で、それぞれ各国の専門家が賛否を投票します。次に、委員会原案の最終案段階（投票対象原案）と最終国際標準案の段階で、それぞれ国内委員会が賛否を投票します。これだけの回数の投票があると、年月もかかりますし、多数の専門家が参加するので、意図した標準をすんなりと決めることが難しくなります。

デジュール標準には、その標準化機関に属する技術専門委員会で年月をかけて審議されて標準になった場合と、他の団体で作成された規格が迅速法（ＦＴＰ）という手続き（通常、一回の最終国際投票で標準化の成否が決まる手法）で国際的な標準化機関に持ち込まれて標準になった場合とがあります。

標準化団体における規格作成審議に時間がかかることを理由に、そのバイパス機能としてＦＴＰの存在意義を説明する人がいますが、それは間違いだと思います。どのような規格でも、その作成に必要なだけの時間をかけて作成されています。ＦＴＰが普及している真の理由は、意図的ではないのですが、不透明で不公平な標準化プロセスを結果的に「ロンダリング」することだと理解できます。図12をご覧ください。

国際標準化は、作成手続きが透明で公平であることが、そのＷＴＯ対応存在意義の基本です。各国の代表機関が参加するＩＴＵ／ＩＳＯ／ＩＥＣ国際標準化機関は、その標準作成過程が透明で公平だとされています。しかし、民間企業の標準作成過程には、限りなく不透明で不公平な手続きが望まれます。

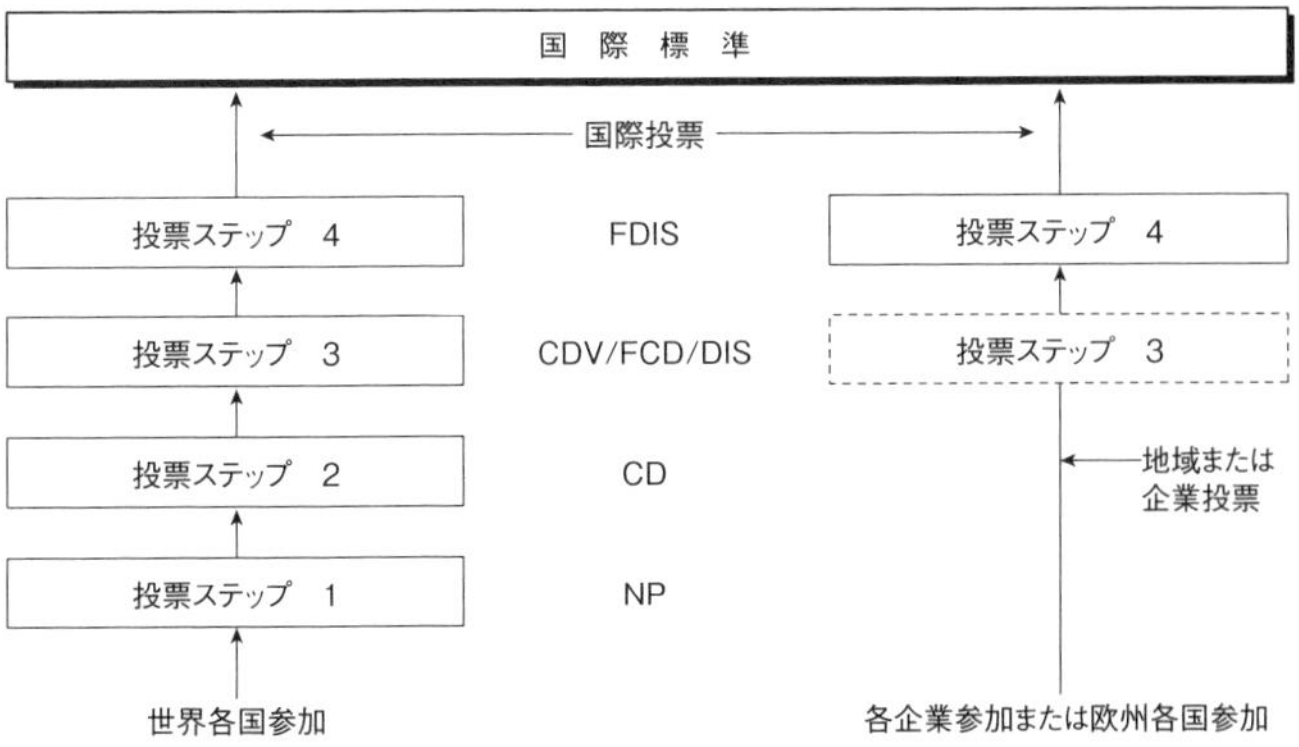

図12　通常のステップを省略した国際標準化

ＦＴＰを活用することで、不透明で不公平な標準作成過程を、透明で公平な標準作成過程に、結果的に置き換えることができます。その意味で、これらＥｃｍａのような下部組織の存在には必然性があるのです。つまり、開放的だと誤解されている閉鎖的な社会を利用する国際標準化ビジネスが展開されるのです。国際標準化機関における標準化を社会利益ととらえて、基盤技術はデジュール標準化し、応用技術はデファクト標準化するという方針の企業があります。また、差別化をデファクト標準化に結びつけて企業利益を考えている企業があります。そのような20世紀型の古い標準化を進める体質の企業では、ＥｃｍａのようなＦＴＰを持つ国際標準化組織の存在意義が理解できないかもしれません。近年のデジュール国際標準は、日米欧の一企業から提案されたものがほとんどであり、そのデジュール国際標準が世界市場を寡占化しています。デジュール標準こそ、市場差別化の道具なのです。国際貿易成立の保険という意味でも、デジュール標準はデファクト標準よりも優れています。

　多人数の議論はまとまりにくくなります。少人数の議論はまとまりやすくなります。全体像を理解しないと、標準化戦略が立てられません。標準化業務における自分の立場も的確に把握できません。これら下部機関での標準化では、民間企業が手を組んで設立するフォーラムやコンソーシアムよりも議論がまとまりやすいのです。標準化の場における相手企業が事前に特定できるし、その相手個人でさえも限定されるからです。つまり、簡単に委員会への参加資格を与えたり委員会の参加メンバーを代えたりすることはないのです。それに、デファクト標準化担当部署と異なり、デジュール標準化担当部署が唐突な敵対行為に不慣れで、うまく対応できないことが多くなります。

国単位の参加と民間企業単位の参加の違いなど、標準化組織の実態の理解も必要です。標準化組織の実態を極論で本質的に理解することです。本音で話せば、企業ビジネスに求められる標準作成プロセスは、そのプロセスに恒常的かつ積極的に参加していない限り、不公平で不透明になってしまうのです。

特定の企業が主体になって必要に応じて設立して運営されるアドホック型のフォーラムやコンソーシアムよりも、日常的な活動への参加が求められるスタンディング型の公的標準化機関のほうが、その標準作成プロセスに参加を希望する民間企業が簡単に参加できないので不公平で不透明だといえます。したがって、少数企業間のアライアンスを組み、公的標準化機関を利用しながらデファクト標準化とデジュール標準化を同時進行させること（デファクト型デジュール標準化）が、最近の国際標準化の最適解だと思います。

標準化プロセスのロンダリングという面で、日本主導のアジア地域標準化組織の設立も考えられます。実際、ＩＴＵ関係ではアジア・太平洋電気通信標準化計画（The APT Standardization Program : ASTAP）という名前でアジア標準化団体の設立を目指しましたが、なかなか本来の目的に到達していないようです。アジア諸国は工業発展途上国であり、その発展過程の途中にふさわしい役割を担ってもらうことです。最初から日本と同じレベルでアジア諸国を仲間にして地域標準化を強化し、先進諸国の欧米と互角に戦うことはできません。

地域標準化機関や準国際標準化機関の存在は、その標準を国際標準にすり替えるロンダリング機能だと理解するべきです。ただし、ロンダリング機能は、自社が使えば自社の攻撃ツールになりますが、他社が使えば他社の攻撃ツールになってしまいます。

3・1・8　国際標準化への日本対応の特殊性

先進国の中で唯一、国際標準化を自社のビジネスに関連づけてとらえ切れていない企業、それがほとんどの日本の企業です。しかし、ここ十年ぐらいの変化ですが、経済産業省や日本規格協会の地道な努力の結果でしょうか、ＩＳＯ／ＩＥＣに自主的かつ積極的に対応する工業団体が増えてきました。

国内のデジュール国際標準化対応体制には、政治的な面および技術的な面で、対応している組織が違います。この構造は民間企業でも同じで、政治面はおもに本社の国際標準化対応組織の役割になり、技術面はおもに事業部や研究所が担当することになります。ただし、双方が政治面と技術面の両方にある程度関与し、必要に応じてバランスをとりながら国際標準化に対応しなければなりません。本社が技術面の多くを代行することもあり、事業部門や研究所が政治面の多くを代行することもあります。

国内と国外を問わず、ＩＳＯ／ＩＥＣに比べてＩＴＵの体質は大きく違います。また、その活動参加方法も大きく違います。しかし、国際標準化の題材は、ＩＳＯ／ＩＥＣと重複する部分が多々あります。したがって、企業の国際標準化専門家は、これらの組織の全部を深く理解しなければなりません。

以下に、国内の主要工業団体の役割と特徴をまとめます。

⑴　ＩＴＵ（総務省）系の主要団体

⒜　ＡＲＩＢ（社団法人電波産業協会）

１９９５年に、旧ＲＣＲ（電波システム開発センター）と旧ＢＴＡ（放送技術開発協議会）を統合してできた団体です。ＩＴＵ-Ｒ（無線放送系）の標準を作成します。総務省の隣の日土地ビルに入居する団体で、非常に総務省に近い団体です。ＮＨＫや放送局、放送機器メーカーが会員になります。

(b)　**ＴＴＣ（社団法人情報通信技術委員会）**

２００２年に、旧電信電話技術委員会から日本名だけを変えています。委員会という名称ですが、社団法人の団体です。ＩＴＵ-Ｔ（有線通信系）の標準を作成します。ＮＴＴやＫＤＤＩが主力で、他に電話機器メーカーも参加しています。総務省とは一線を画した団体ですが、それだけ団体活動においてＮＴＴやＫＤＤＩの力が強いということです。

(c)　**ＣＩＡＪ（情報通信ネットワーク産業協会）**

２００２年に、通信機械工業会から改名しました。総務省系としましたが、ＣＩＡＪは特定の省庁に属さない団体です。その担当範囲が複数の国内省庁と関係するからです。

(2)　**ＩＳＯ／ＩＥＣ（経済産業省）系の主要団体**

(a)　**ＪＳＡ（一般財団法人日本規格協会）**

日本工業規格（ＪＩＳ）の作成と規格書の販売を主な業務にしていましたが、近年では標準化人材育成や工業団体の活動支援など、業務範囲を広げています。また、２０１４年からは、標準化活動の国内の取りまとめ役も期待されるようになりました。

(b)　**ＪＥＩＴＡ（一般社団法人日本電子産業技術協会）**

２０００年に、旧ＥＩＡＪ（日本電子機械工業会）と旧ＪＥＩＤＡ（日本電子工業振興協会）を統合してできた団体です。総合電機のうちでも白物家電（ＪＥＭＡの担当）を除いた分野を扱う団体です。半導体、電子部品、電子機器などを対象にする大きな団体で、電子産業の中心に位置します。ＩＥＣ国際標準化の多くの国内委員会を持つ団体です。経済産業省と近い関係にあります。２０１４年から、国際標準化強化に向けて内部改革を進めています。

(c)　ＪＢＭＩＡ（一般社団法人ビジネス機械・情報システム産業協会）

２００２年に、旧ＪＢＭＡ（日本事務機械工業会）から改名しました。ＩＥＣ／ＴＣ１０８という安全関係の国内委員会をもちますが、基本はＪＴＣ１の国内委員会の事務機分野を担当します。昔のワープロ専用機は事務機の対象で、パソコンとは区別されていました。ＩＣカードなど事務機とは無関係のような分野も、歴史的な経緯で担当しています。経済産業省とは非常に近い関係にあります。ファクシミリやプリンターの標準化を担当しているので、国際標準の重要性を十分認識している団体です。

(d)　ＯＩＴＤＡ（一般財団法人光産業技術振興協会）

光技術関係の標準化の一部を担当しています。新しい技術分野なので、それなりの国内委員会を設立して、ＩＥＣの標準化に対応しています。

(e)　ＩＴＳＣＪ（情報規格調査会）

社団法人情報処理学会の中に設けられた部署です。団体ではありません。ＪＴＣ１標準化のほとんどを国内委員会として引き受けています。また、事務局員が国際幹事を引き受けるなど、非常に作業レベルが高いという特徴があります。他の団体と違い、ほとんどの業務が標準化対応になります。

(f)　ＪＥＭＡ（一般社団法人日本電機工業会）

白物家電や重電を担当する工業会です。省庁から一歩離れて、独自色が強い団体です。ＪＥＭ規格という独自規格を作成しています。ＩＥＣ／ＴＣの国際幹事引受など、国際会議にも活発に参加しています。国際標準化活動に対しては、非常に高度に洗練化され組織化された団体だといえます。

(g)　ＡＥＨＡ（一般財団法人家電製品協会）

白物と茶物（黒物）の両方を扱う団体です。廃家電の扱いや家電製品総合の問題を扱います。標準化では、家電用のリモコンの基本的な部分を標準化しています。これは、他の団体では分野が限定されてしまうために、この団体で扱われたという経緯があります。経済産業省に非常に近い団体です。

　電気学会には電気規格調査会という委員会があります。情報処理学会には情報規格調査会という部署があります。このほかに、経済産業省には工業標準調査会という組織があります。これら調査会という名称は、もともと国の意見をまとめる組織に与えられたもので、国際標準化活動が今のように活発でなかった時代には、電気規格が電気（ＩＥＣ）、情報規格が情報処理（ＪＴＣ１）、工業標準がその他（ＩＳＯ）という分担になり、その国際標準化国内対応組織としてそれぞれに「調査会」が設けられていました。

　日本国内の標準化体制は、行政の影響を強く受けています。また、国際標準化を推進する国内団体も、行政の影響を強く受けています。行政と団体および行政と標準化の関係を理解をしなければ、国内の標準化体制の意味が理解ができません。

3・1・9　国内の技術専門委員会の存在意義

技術専門委員会へ出席する前に、標準化関連委員会の存在意義を確認しなければなりません。さまざまな委員会がさまざまな理由で設立されています。それらの委員会の中には、行政主導で設立された諮問委員会のように、日本固有の理由で設立された委員会もあります。また、外部要因によって必然的に委員会の数が増える場合や委員会会議開催頻度が増える場合があります。そんな事情を知らない企業経営者や業界団体幹部は、その数や頻度を単純に減らして、組織の合理化に成功したと思い込むことがあります。その結果で発生する将来のネガティブインパクトが想像できないのです。ここでは、それら標準化関連委員会の特徴について説明します。

(1)　アドホック型委員会とスタンディング型委員会の違いについて

委員会には、アドホック型（特設型）とスタンディング型（常設型）の二つがあります。通常、民間企業内で有用性が認識されやすいのはアドホック型委員会です。たとえば、ある工業団体で「21世紀の電子機器業界のビジョンを探る」というテーマが与えられたら、期限を一年と限定して委員会を結成して、そこで討議を進めてアウトプット（成果）を出し、その後に委員会を解散することになります。すでに用済みの委員会になるからです。

スタンディング型委員会は、常設型委員会として存在し、何かが起きたときの受け皿として機能します。標準化委員会の本質は、存在することに意義があるという一面を持つ常設型委員会です。標準化するべき仕事がない場合の委員会の理想的な状態は、メンバー登録された委員が存在するだけというアイドリング状態です。つまり、活動していないが存在しているという状態です。そうすると、その存在意義を問題にする人が出てきますが、それは標準化プロセスの本質を理解していない人だと思います。

毎年三月になると、来年度は何をしようかと必要性の低い作業を持ち込む委員会があります。決して間違ったことだとは思いません。新しい委員会の設立直後だったり、今までの標準化作業が一段落したりして、特段の標準化作業がない場合、数値のカタログ記載を目的とした各種性能仕様測定方法の標準化や用語の標準化を業務とするのがふつうです。どちらの種類の標準化も、緊急課題になるような標準化とは違い、日常的な業務として流せる標準化だからです。標準化委員会の存在意義と活動を外部にアピールするには、どうしても仕方がないことです。

(2)　ミラー委員会構成について

工業団体の構成が経済産業省の原課構成に基づいて決まるように、ある工業団体の標準化委員会の構成も、ＩＳＯやＩＥＣなどの国際標準化機関の技術専門委員会構成によって決まります。工業団体の標準化委員会構成を変えるには、先にＩＳＯやＩＥＣなどの国際標準化機関の技術専門委員会構成を変えなければなりません。

以上の理由から、工業団体の国際標準化対応技術専門委員会の数を簡単に減らすことはできません。旧ＪＥＩＤＡと旧ＥＩＡＪの統合によるＪＥＩＴＡの誕生も、先に経済産業省の電子規格課（ＪＥＩＤＡの原課）と電気規格課（ＥＩＡＪの原課）の統合が済まされたからこそ可能になったことです。ただし、国際標準化機関の複数の技術専門委員会に対して、工業団体の一つの技術専門委員会でまとめて対応することが可能なこともあります。

(3) 経済産業省からの受け皿となる委員会について

標準化団体の技術専門委員会には、その団体になじまない委員会も存在します。近年、複数の工業団体に関係する標準化題材が増えてきています。システム標準や安全関係標準、環境関係標準、新技術分野のナノテクノロジー標準など、複数の工業団体が関係する標準の国内対応委員会を設ける場合、経済産業省の立場としては、図体が大きい、経済力を持つ、説得しやすい団体を国内対応委員会の引受団体として指名することになります。したがって、規模が大きい工業団体は、自団体の活動範囲から少々外れる技術専門委員会を引き受けることになります。そのような委員会の引き受けを返上するには、官庁の原課トップとの交渉が必要になるでしょう。２０１４年になって、このような新分野の規格作成への対応が改善され、日本規格協会（ＪＳＡ）が主導するようになりました。

(4) 標準化文書の作成開発進捗状況との整合について

国際標準化プロセスでは、段階を追って標準化文書を完成させていきます。したがって、その段階ごとに文書審議をしなければなりません。つまり、技術専門委員会の活動が活発になるほど、またＩＳＯやＩＥＣの規則に基づいて作業を進展させるほど、技術専門委員会の会議開催回数が増えることになります。会議の数が多いからといって、その数を工業会の都合で削減することはできません。

(5)　ＷＧ（作業グループ）やＰＪ（プロジェクト）のような小委員会の必要性について

国際標準化には、「政治的な側面」と「技術的な側面」という二つの側面があります。上層の委員会になるほど、政治的な側面の性格が強くなります。つまり、上層委員会（ポリシーを議論する委員会）と標準作成委員会（技術を議論するＴＣ／ＳＣ／ＷＧ／ＰＪなどの委員会）に出席する標準化専門家は異なるのです。したがって、これらの政治問題と技術問題をまとめて審議することができません。その意味でも、委員会の数が増えてしまいます。それぞれの作業内容に精通した専門的な知識をもつ人が参加する委員会が必要です。委員会活動に参加する人については、両方の知識を持つ一人の人が、違うマインドで両方の委員会に対応することができます。

(6)　ＴＣ／ＳＣ国内対応委員会と、その国内工業団体内の対応委員会の二重構造について

国際標準化機関のＴＣ／ＳＣに対応する国内ミラー委員会は、標準化プロセスの透明性と公平度を確保するために、誰でも参加できる委員会になります。したがって、工業団体の完全な管轄下に置くことができません。工業団体の委員会なら、その工業団体の企業メンバーでなければ参加できないからです。さまざまな会社や学会、業界から広く参加を得るには、工業団体の外に形式的な国内のミラー委員会を設けなければなりません。もちろん、実質的な討議は、工業団体内の類似の委員会で行なわれます。この二重構造の委員会構成は、現在の国内行政と工業団体の関係では不可避の問題です。その意味でも、やはり委員会の数が増えてしまいます。図13を参照してください。

(7) 委員会活動のメリハリについて

標準化関連委員会は、基本的にスタンディング型委員会ですから、休眠に近い委員会が存在していても、そのメンバーを定期的に見直し、必要に応じて活性化できるように温存しておくことが望ましいと思います。工業団体や国際標準化機関にとって必要な委員会だけを活性化させて利用すればよいのです。しかし、その休眠と活性の見極めが難しくなります。全体像を把握できる人がいない場合、休眠するべき委員会も含めて、すべての委員会が擬似的に活性化された状態になり、無駄な活動が増えてしまいます。そうでなければ、休眠委員会の強制的な解散の余波を受けて、必要な委員会さえも解散させられてしまいます。

以上の事情から考察できるように、国際標準化関連委員会は、何かの目的をもって設立される通常の委員会とは性質が大きく異なります。これは工業団体自身でも同じことです。工業団体が担当する分野において諸問題が

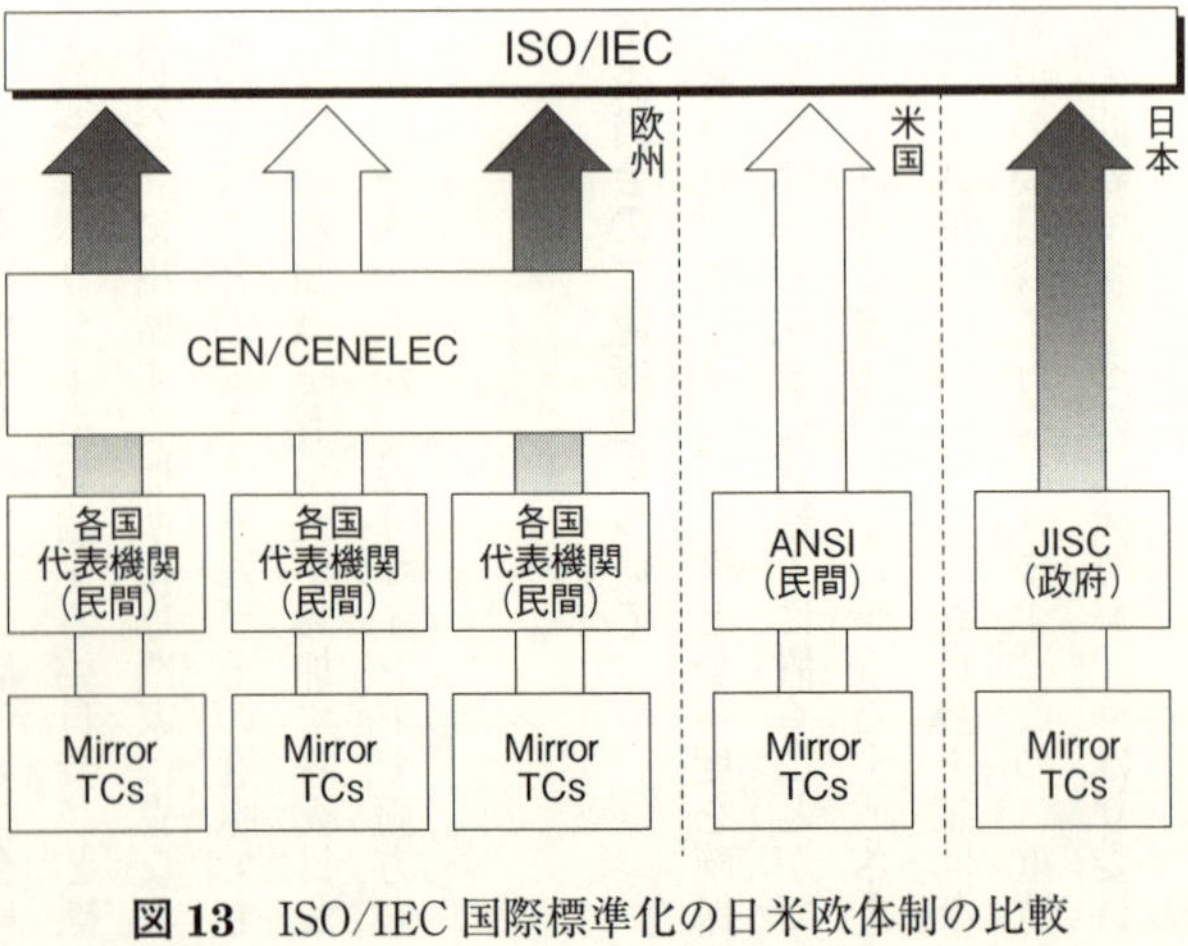

図 13　ISO/IEC 国際標準化の日米欧体制の比較

発生したときのために、常設型の団体として活動しています。近年、工業団体のスリム化に伴い、委員会数や委員会開催数を減らすことによって経済的な負担を軽減させて、業務の効率化を図るという動きが目立ちます。しかし、それは単純すぎる発想だと思います。現状の委員会数、委員会開催頻度を維持しながらも、経済的な負担を減らし、業務の効率化を図ることはできます。

たしかに、たまには組織改革に大鉈《おおなた》を振るうことが必要です。しかし、国際標準化に関係する国内対応委員会については、表層的な理解に留まらず、標準化作業の特殊性とその作業内容を深く理解したうえで組織改革を実施するべきでしょう。一般的にいって、工業団体の標準化関連委員会の組織構成および委員会開催頻度は、外的要因によって決まります。工業団体の標準化関連委員会の構成および開催頻度を変えるには、その外部上層機関の委員会構成と外部上層機関の標準作成プロセスを先に変えなければなりません。大多数の組織改革は、それをしないで自己満足のトップダウンで進められてしまい、矛盾した組織構造の下で作業効率の低下を招いています。工業会の会長会社が変わったときなど、何かをしなければならないというお題目の下に、困った組織改悪が頻繁に実施されます。

3・2　共通化のデジュール標準と寡占化のデファクト標準

国際標準には、行政や団体が国や業界のために決めていく標準と、民間企業が自社ビジネスに関連づけて自主的に決めていく標準とがあります。行政や団体が主体の標準化とは、デジュール標準化の発想に基づく社会基盤（協定または法律）対応の標準化です。民間企業主体の標準化とは、デファクト標準化の発想に基づくライフスタイル（個人嗜好）対応の標準化です。

当然のことですが、民間企業の目はデファクト標準に集中します。だから、協定や法律に対応する標準（デジュール標準）に自社は関知しないという態度をとりがちです。表7に、これら二種類の国際標準化の活動対象例を示します。これらのほかに、素材の強度や素材の材質など純粋な工業規格を規定する場合もあり、技術的な先進国が市場を独占するために標準を利用していることがあります。

表7　2種類の国際標準化の活動対象例

標準化	具体例
社会基盤（協定または法律）に対応する標準化	・WTO/TBT（貿易の技術的障壁に関する協定）への対応 ・WTO/GP（政府調達に関する協定）への対応 ・特許法（IPRやTMなど） ・著作権法（AVコンテンツの著作権、規格文書自体の著作権、規格に含まれるソフトウェアの著作権） ・独占禁止法（標準化プロセスまたは市場占有、パテントプールなどによる排他性） ・電波法 ・安全法 ・セキュリティーや暗号 ・管理システム規格（ISO 9000やISO 14000など） ・数値のカタログ記載を目的とした各種性能仕様測定方法（自社開発測定器の標準への組み込みも可能） ・規格に使われる用語とその定義
ライフスタイル（個人嗜好）に対応する標準化	・ビデオカセットおよび記録再生フォーマット規格 ・光ディスク物理フォーマット規格 ・USBやiLINK、PCMCIAなどのインターフェース規格 ・パソコンのブラウザーなどのソフトウェア規格 ・デジタルカメラの動画フォーマット規格、静止画フォーマット規格 ・ビデオやオーディオの信号圧縮フォーマット規格

3・2・1　国際標準化の二つの側面と、そのビジネス上の解釈

さまざまな法律というルールを使って需要と供給のバランスを人為的にいじくるビジネス、それが規制ビジネスです。国際協定は、紳士であれば国際法と同じ扱いになります。無法者であれば協定を締結していても無視することになります。罰則がない法律（遵守するべき慣行）はソフトローと呼ばれ、罰則がある法律のハードローと区別されています。

ふつう、標準は社会的な批判や経済的な不利益に対応する慣行ですから、企業や個人の善意の自主性に基づく遵守を基本にしています。しかし、その標準が電気用品安全法、建築基準法、食品衛生法など各種法律で参照された場合、法律と同じ扱いになります。とくに欧州のＥＵ指令では、欧州地域標準を参照する例が増えてきています。

協定は、加盟国にとって国際法に準じた扱いになり、国際貿易においては国内法よりも重要になることがあります。一方、法律はふつう国内法として成立するものですから、国別の対応が求められます。協定や法律を根拠とした標準とライフスタイル構築を目指した標準とでは、もともとの考え方が互いに異なります。しかし、標準作成過程ではその両方への配慮が必要です。

民間企業が得意とするアドホック（特設）型のポジティブなビジネスは誰にでも理解できます。ところが、公的機関が得意とするスタンディング（常設）型のネガティブなビジネスの理解は難しくなります。公的機関とは、即、規制（権益）機関だといえます。ネガティブなビジネスも、公的機関にとってはその存在意義を示すポジティブなビジネスだととらえられているのです。

民間企業の標準化ビジネスにとっては、それら公的機関が制定してしまった規制に対応する受動的なビジネス（ネガティブ）と、公的機関が制定しようとする規制の策定プロセスに参加する能動的なビジネス（ネガティブ中のポジティブ）という二面性があります。消防活動にたとえれば、ネガティブとは消火活動のことで、ネガティブ中のポジティブとは防火活動のことです。企業のビジネスコスト削減には、その後者が重要なのですが、それが企業内で理解されず評価もされていません。その活動が確実ならば、何の問題も発生しないからです。

標準化には、社会的な束縛（規制）を目指す標準化と、ライフスタイルの共通基盤構築を目指す標準化という、二つの側面があります。民間企業としては、これら両方の標準化への関与が必要です。なぜなら、どちらの標準化も同じ土俵で扱われる時代になっているからです。

3・2・2　デジュール標準とデファクト標準という二面性

今まで述べてきたように、国際標準化に限らず、標準化には二面性があります。それが、企業内においてデファクト標準化を目指す設計開発などのビジネス部門と、日常的な社内標準や品質管理を担当するサポート部門との相互理解を妨げています。本当は、ビジネス部門とサポート部門の両方が、国際標準化ビジネスの重要性を共通認識したうえで、互いに助け合いながら会社の業績を発展させていくべき存在なのです。しかし、大多数の企業で、その相互コミュニケーションがうまくとれていません。立場の違いを客観的に理解していないし、互いに協力するべき必要性も理解していないからです。

企業は利益を確保するために、社会的なルールに従ってビジネスをしています。しかし、それには利益の確保と義務の回避（利益）、それに義務の負担（損失）という二種類の側面があります。義務の負担とは、公的な規則や法律、社会常識に従うことです。

納税や環境配慮などと同じように、行政や団体から半強制的に参加を要請される国際標準化作業も義務の負担の一部だととらえることができます。しかし、義務を課す規則であれば、その規則の制定の場に参加し、規則作成に積極的に関与することが可能です。規則だけでなく、標準も同じです。そうすると、「義務の負担」を「損失の回避」に変えることが可能になります。

一方、自分が望まない義務の負担を回避することは、自分の「損失を回避すること」です。利益の確保は直接部門（ビジネス部門）の仕事です。その企業内部門はプロフィットセンターと呼ばれています。損失の回避は間接部門（サポート部門）の仕事です。その企業内部門はコストセンターと呼ばれています。それと同じ考え方です。

利益の確保には、その事業計画が立てられますから、誰にでもわかりやすいビジネスになります。反対に、損失の回避には、その事業計画が立てられません。損失の５Ｗ１Ｈは、絶対に損失発生前には確定できません。事前に確定できたら、その損失の発生を防止することができます。日常的な国際標準化業務は、基本的に損失の回避を目的にする業務です。したがって、利益の確保という計画的な仕事のように、社内での理解が得られません。損失の回避は、発生したら対応するという刹那的な仕事なのです。

ところが、損失の回避にも計画的なビジネスの一面があるのです。それは、意識的に競合相手に損失を与えることです。標準化とは一種の規制行為です。つまり、社会（複数の人間）が規則を定める行為であり、そこには規則を決める人と場所が必ず存在します。建前の行政は、部分最適（個性）を否定し全体最適（没個性）を求める一種の規制機関です。公的な規制によって個々の国民の個性を若干否定しながら、大多数の国民の幸福と利便性を求めるというのが建前です。

理想論の標準化では、その建前と本音が一致します。しかし、現実論の標準化では、それが一致しません。大多数の人の幸福は、一部の人の不幸になります。一部の人の幸福は、大多数の人の不幸になります。つまり、そこには常に不公平や不平等の要素が残ります。不公平や不平等とは、一般企業のビジネスのことだといえます。どの企業も、まんべんなく同じように儲けるわけにはいきません。

繰り返しますが、どのような規定や規制（標準）でも、それが合理的であろうと非合理的であろうと、人間が制定します。したがって、ビジネスの競合相手に不利益を与える（自社が利益を得る）という積極的なビジネスの一面を、標準化という規制行為が持つことになります。大多数の個人が自分で税金を支払う文化だからでしょうか、欧米人は利益の確保と損失の回避を同じ視点でとらえています。国際標準化審議の場で「デジュール標準化」の作業に参加しながら、それを必要に応じて「デファクト標準化」の作業にしてしまい、自社の利益を確保しているのが欧米の企業です。それが海外先進諸国の国際ビジネス戦略の常識です。

ところが、デジュール国際標準化は行政や標準化団体の仕事で、デファクト国際標準化はフォーラムやコンソーシアムの仕事だと勘違いして、海外企業からボテボテに叩かれながらそれに気づかないのが、大多数の日本企業の経営者です。本書で使う多数の標準化関連キーワードなどで、これらデジュール標準とデファクト標準の特質をそれぞれ民間企業の視点でまとめてみましょう。

(a) デジュール標準　共通化標準、組織権力標準、原因標準、規制標準、演繹標準、官製標準、損失回避標準、刹那標準、客体標準、警備団型標準、統制市場標準、技術原理標準

(b) デファクト標準　寡占化標準、市場教育標準、結果標準、競争標準、帰納標準、民製標準、利益獲得標準、計画標準、主体標準、窃盗団型標準、自由市場標準、政治原理標準

企業ビジネスにおける国際標準化戦略を考えるとき、これらの二種類の標準が完全に分離していないことを利用して、国際標準化の場を国際市場獲得ビジネス戦略の道具にすることができます。「デファクト標準化」を達成するために、「デジュール標準化」の場を利用するのです。つまり、国際標準化における自社の立場を、客体的な立場から主体的な立場に変えてしまいます。刹那標準化（警備団型標準化）活動を必要に応じて計画標準化（窃盗団型標準化）活動に意図的に変えてしまい、競合他社の似て非なるビジネスを攻撃して、自社ビジネスを成功させます。

その旨味に気づくと、民間企業もデジュール標準化作業に積極的に参加するようになります。自由市場においては、民間企業のどれもが自由に振る舞う政治家です。デファクト標準のキーワードの「自由市場標準」は、「政治原理標準」だともいえます。デジュール標準とデファクト標準の違いを理解する欧米の企業は、自社技術や自社製品の自由市場拡大を目指して、デジュール標準化の政治の場に積極的に参加しています。これまでの説明は、欧米企業にとってはすでに常識なのです。

椅子取りゲームを例にして、デファクト国際標準化を説明してみます。ふつうのデファクト標準化は、自由に椅子を置いて、自分が座るゲームです。椅子を置くことさえできれば、自分が座る椅子（独占市

場）を確保できます。一方、国際標準化機関をとおして達成するデジュール標準化はふつう、人数分の椅子を用意するように相談しながら進められます。しかし突然、誰かが椅子の数を減らしてしまうのです。ぼんやりしていると、自分が椅子に座れなくなってしまいます。意図的に椅子の数を減らして相手に損失を与えるのが、一般的な欧米企業の積極的な国際標準化戦略です。市場規模が一定なら、競争相手の損失は自分の利益と同じ意味を持ちます。

国際標準化の世界の理想は、「万人の幸福は自分の幸福だ」という一面です。そのように理解して標準化をとらえながら本書を読んでいるのが、国際標準化に関係する大多数の人だと思います。しかし、国際標準化の世界の現実には、「他人の不幸は自分の幸福だ」という一面もあるのです。そのように理解して標準化をとらえてビジネスをしている人がたくさんいます。それでも法律に違反しなければ、社会的に責められる理由はありません。

最近、国際標準化の重要性を企業経営者に説明するために、標準化の経済性を理論的に追求している人がいます。純粋な利益確保の視点で国際標準化の意義を説明することは、根本的に無理な話です。特定の他人の不幸度を測定（数値化）することはできません。また、万人の幸福度を測定（数値化）することもできません。利益の確保は、数値化できる「量」（quantity）の問題です。損失の事前回避は数値化できない「質」（quality）の問題ですから、どうしても想像の範囲になってしまいます。

法律や国際標準で何かが決まったら、それに対応しなければなりません。それは非常に簡明な論理です。しかし、日本企業の経営者には、その負の側面（対応コスト）に気づかない人が多いのです。でも、説明すれば、一時的には理解してくれることでしょう。

企業経営者や国際標準化専門家には、国際標準化作業は国を代表した仕事なので、仕事も人も国で面倒を見るべきだという人がいます。また、国を代表して国際標準化の政治の場に参加している人には、国（公共）のためだけを考えて作業している人がたくさんいます。

しかし、そこに企業人が参加している限り、その作業の優先順位は、自分のため、企業のため、団体のため、国のため、世界ため、という順番になると理解するべきでしょう。当然、民間企業の人間が国際標準化組織のトップの役職についている場合、その企業の都合に沿って国際標準化が進められる可能性が高くなります。

標準（規則）は本来、自然発生的な実体です。言語、貨幣、道具などは本来、自然発生的に標準化される性質の実体です。しかし、標準（規則）は人為発生的な実体として社会に組み込むことも可能です。言語から文法を見つけるのではなくて、文法から言語をつくるようなものです。人為発生的な実体とは、権力のことです。世の中のすべての事象は、この自然発生と人為発生の中間（in between）で起きています。標準としては、どちらが望ましいともいえないと思います。

企業ビジネスに関する標準の究極の二面性は、デジュールとデファクトの二つの側面で説明できます。その両方を同時に理解している企業人はめったにいません。企業内の担当者がそれぞれ違うからです。標準化の両側面を同時に理解しない限り、標準とうまく付き合うことはできません。

3・3　水面上のデジュール知財と水面下のデファクト知財

デファクトとは、非デジュールだということで、公的な承認を得ていないということです。したがって、標準と知財の両方にデファクトが成立します。デファクト標準は、その事例が多く、わかりやすくなります。一方、デファクト知財の事例も多いのですが、それがデファクト知財だと認識されていません。優れた技術を以って市場を独占している中小企業は、ふつうデファクト知財を保有しています。しかし、競合相手がいない限り、その技術を特許権利化（デジュール知財化）しようとはしません。本来の知財は、権利の対象ではなくて、活用の対象だからです。

デジュール知財とは、公的に登録され権利化された知財のことで、弁理士にとって理解しやすい知財のことです。権利化されていない知財であれば、それはデファクト知財です。デジュール知財には商標権や意匠権など、さまざまな種類があります。ただし、本書で述べる知財とは、文書で権利化された知財だけでなく、一般的な差異化技術（特許取得対象となる技術）だと理解してください。

ふつうのデジュール知財戦略は、あくまでも知財を使って収益を上げるための事業戦略です。しかし、場合によっては知財収入を捨てて事業の実として販売戦略を取ることもありえます。知財収入狙いの知財戦略とは一線を画して、知財開示の条件を総合的な事業戦略としてとらえます。

知財戦略は、弁理士など知財関係者主体で知財収入を確保するだけでなく、経営者として知財ビジネスを総合的にとらえなければならないのです。ただし、経営者が事業と技術の両方に精通し、技術経営や標準化のセンスを持っていなければ難しい話になります。

３・３・１　標準に含まれる知的財産権の扱いの常識

特許と標準は、企業ビジネスにとって同等の価値を持ちます。しかし、特許による利益確保は誰からも見えて数値化できますが、標準によって回避した損失は数値化できませんし、現場を知らない限り見えません。

国際標準に関係するパテントの扱いについては、その常識を理解してください。表層だけを理解すると、標準に含まれるパテントの扱いに関する不安が増してきます。企業内の特許部門と国際標準化部門は、相互理解が必要です。それは、相互に相手の仕事を理解するということです。国際標準に関する知財権については、いろいろな人が誤解しています。つまり、自社技術を国際標準にすると、自社特許の優位性を失ってしまうととらえているのです。また、標準化や知財権の途上国では、ＩＰＲ（知的財産権）に関する被害者意識が強く、国際標準化機関におけるＩＰＲ規約を細かく決めることが望まれています。たとえば、特許弱者の中国です。国内企業でも、特許を多数保有していない企業なら、同じ考え方になります。

国際標準に含まれる特許については、以下の規則が基本的に適用されます。

合理的かつ非差別的な条件（ＲＡＮＤ）で、標準に含まれる特許をライセンスすること

（RAND ; Reasonable And Non-Discriminately terms and conditions）

合理的な条件とは何でしょうか。非差別的な条件とは何でしょうか。その解はありません。つまり、国際標準化におけるＲＡＮＤは有名無実であり、ごく一般的なライセンス条件と何ら違いはありません。また、無償ライセンス（RF：Royalty Free）をＲＡＮＤと区別する人がいますが、ＲＡＮＤ条件に含まれると考えるべきでしょう。国際標準化機関は、特許問題に関知しません。その理由の理解が必要です。それに加えて、特許を多数保有している企業と特許をほとんど保有していない企業との、互いの立場の違いへの理解も必要です。

次に、さまざまな原理について考察しながら、特許を武器に国際標準化の方向を誘導するという、国際標準化戦略の場で使われる特許戦略について説明します。

(a) 遅滞なく標準化を進めるには……

規格に関する必須特許がすべて事前に明確になっていることが前提条件です。しかし、それは不可能なことです。

(b) 「規格に関する必須特許」の所有宣言は……

基本的に自由です。規格開発中に誰でも自由に宣言してかまいませんし、宣言しなくてもかまいません。標準化機関の規則に罰則はありませんし、罰則はつくれません。国際標準化の場で自社保有の標準関連必須特許を隠して国際標準化を進めていたとしても、それに意図的な行為（作為）があったかどうかは、裁判によって裁定されます。

(c) 「規格に関する必須特許」に該当するか否かは……

以下の行為のどちらかによって確認されます。

・規格開発に直接携わる専門家全員が規格に関する必須特許だと認めた場合。
・裁判によって規格に関する必須特許だと認められた場合。

(d)「規格に関する必須特許」には……

規格開発に際し、明確にされるものと明確にされないものとがあります。規格作成中に必須特許だと申告された特許には、「必須である特許」と「必須でない特許」とがあります。また、規格作成後に必須特許だと申告された特許にも、「必須である特許」と「必須でない特許」とがあります。いずれも、その真偽は規格作成の専門家または裁判所が判断し、標準化機関は関与しません。

(e) 現実としては……

必須であると申告された特許で、ＲＡＮＤ条件許諾拒否に限り、必須特許を含む新規標準作成作業を放棄するか、必須特許を含む既存の標準を撤廃するのどちらかになります。結果として、必須特許判断の能力を持てない標準化機関にできることは、以下の手順の実施に限られます。

・規格作成期間中に知り得た範囲で、必須特許だと申告される特許を集めて、
・必須特許だと申告された各特許に関して、選択されたＲＡＮＤ条件（ＹＥＳ／ＮＯ）を明示して、
・ＲＡＮＤ条件許諾拒否も含めて、それらの情報を添付して国際標準化を進める。

ただし、該当規格作成の最終段階までに、規格作成に参加する専門家全員が必須だと認めた特許で、そのＲＡＮＤ条件が得られない場合、当然、標準を作成しないことになります。それでも、専門家の一人で

も必須でないと主張する人がいたら、相当のリスクはありますが規格作成を進めるべきだと思います。その該当特許が必須だと、誰も法的に判定できないからです。実質的には、他の専門家全員が反対するので、規格作成が順調に進むことはありません。

国際標準化の場では、多大な時間と人を使って、標準と特許の扱いについて同じ議論が数年ごとに繰り返されます。特許と標準化の関係を十分理解していない人や標準化の新人が、毎年、国際標準化の世界に参加してくるからです。標準化に関係する特許の問題は、昔から議論されているほど重要な問題なのでしょうか。

標準を使う企業は、その標準に添付される特許宣言に依存してビジネスを進めることはありません。標準に添付される特許宣言は、企業にとって単なる参考にすぎません。実際には、企業は標準関連のすべての特許を可能な限り自社で調査してから標準を使い始めます。現実論としては、特許の存在を知りながら、それを無視してビジネスを進めるということもありえます。つまり、標準化に伴って提出される特許宣言は、企業にとって相手の手の内を知ることができる有利な参考資料にはなりますが、その標準を使うかどうかを判断するための重要な参考資料ではないのです。

もちろん、標準に特許が含まれていて、それが標準化完了後に判明し、ライセンスがＲＡＮＤ条件でなければ、その標準を撤回することになります。それは標準化ビジネスで避けられないリスクなのです。そのようなリスクは、ビジネスにおいて企業が負担する通常のリスクの範囲に入ります。特許を含む標準を使っても、それで得た利益以上の特許侵害補償金を払えという裁判所の判決は、一般常識として考えられません。標準の撤回が嫌なら、そのまま特許を使い続けて、裁判に持ち込めばよいのです。

各標準化機関で、標準化作業に必要とする特許宣言書の統一様式を決めても、それを使うかどうかは特許宣言者の自由です。何を宣言するかも特許宣言者の自由です。特許保有宣言は、標準化機関からのお願いにすぎません。標準作成をやめるかどうかは、すべて専門家の判断に委ねられます。知財を持たない企業と知財を持つ企業の立場の違いを理解し、かつ国際標準化機関で実施できる範囲の理解が必要です。どんな議論でも、相手の立場を理解しないと、相互の議論が空回りします。

ＷＴＯの各種協定と同じで、国際標準化機関の特許ポリシーや特許規約は非常に曖昧です。曖昧とは、無責任ということです。しかし本来、責任を負うべき実体ではない国際標準化機関に外部圧力で責任を負わせようとしても、どうしても曖昧な文言で済ませてしまうことになります。標準化専門家は、その文言の細部にこだわる傾向が強くなります。知財専門家は、実際の損益にこだわる傾向が強くなります。その両方を理解して、柔軟に標準化と知的財産権の両方の問題に対応できる人は、極端に少ないのが現状です。

標準に関係する国際標準化機関の立場は以下のとおりです。誰が何を働きかけようと、規約文書の細かい文言の変更はあっても、標準化機関や標準化専門家は特許ライセンスに関知しませんし、次に示す原理原則の立場が変更されることもないでしょう。

・標準化に関する特許の扱いに関しては、権利関係者間のビジネス問題であり、権利関係者どうしの話し合いに委ねる。
・特許のライセンス料に関しては、標準規格文書の技術内容とは無関係であり、標準化機関や標準化専門家は言及する立場にない。

最近、ＩＴＵ／ＩＳＯ／ＩＥＣのパテントポリシーを統一するという動きが盛んです。しかし、私が理解する限り、今もＩＴＵ／ＩＳＯ／ＩＥＣのパテント対応は何ら変わっていません。知財関係者や標準化専門家が問題にするのは以下のような点です。

・合理的な条件かつ非差別的な許諾の意味が曖昧であること。
・許諾条件の交渉を標準化機関外の当事者に委ねていること。
・許諾拒否の場合、標準を撤回するか、標準化作業をやめることになること。
・必須特許と周辺特許、非必須特許などの判断ができないこと。
・著作権やロゴなど、特許類似権利の取り扱いが規定されていないこと。

どの項目をとっても、国際標準化機関が特許との関係を避けるという意味で当然のことであり、何ら不自然ではありません。白黒がはっきりしない灰色については、裁判所が関与するのが当然です。国際標準化機関の特許関係のポリシーや規約の文言を変えて自己満足をしても何も変わりません。パテントプールも同じです。それをシステム的に標準化プロセスに取り入れようとする人がいます。やはり、理解が足りないと思います。パテントプールは、必要に応じて自然発生的に近い形で成立するものです。一定のパターンで、すべての標準化プロセスに組み込めるものではありません。

訴訟は法務部を抱える民間企業の仕事であり、標準化プロセス管理をする国際標準化機関の仕事ではないという明確な意識で、標準に関する特許問題に対応することです。国際標準化機関は、法的機関ではありません。

ある標準に含まれる技術に関して自社がライセンス許諾をした場合でも、その標準に含まれる別な技術を誰かがライセンス許諾拒否をした場合、自社もライセンス許諾拒否ができるというレシプロシティー（reciprocity）という考えがあります。これも、わざわざ明文化しなくても当然のことだと思います。

無償のライセンス許諾がＲＡＮＤ条件に含まれないので、それも明文化するべきだという人もいます。しかし、ＲＡＮＤが曖昧だということは当然、無償の場合も含まれていると解釈するべきでしょう。実際、そのように運営されています。実用上まったく問題がないことに、時間と人を費やして討議することは無駄なことだと思います。

英語になりますが、国際標準化機関の特許問題に関する姿勢について、参考までに以下の文章を掲載します。標準化機関の特許に対する姿勢（ポリシー）は、これ以上でもこれ以下でもありません。

The subject is not a matter relevant to the development of standards. Whether a licence is granted freely/reasonably or not is a purely commercial issue, which is to be negotiated between the parties concerned. The price issue is only one of many factors, which determine whether the licence conditions are "reasonable and non-discriminatory". Such information is not relevant in a standard, which is a technical document.

情報通信分野では、オープンスタンダードについて、さまざまな定義が議論されています。企業の技術開発部門で働く人も、独自規格にするか、オープンスタンダードにするか、という話をします。これらの二つのあいだに違いはないと思います。運用の問題であり、国際標準化機関で標準化されたようなオープンスタンダードでも、排他的な独自規格はたくさんあります。規格に含まれる特許には、無償（Royalty Free）にするか、無償にしないか、の判断が必要です。

自社が特許を持たない規格か、自社特許を無償公開すると判断した規格は、どのようにして国際標準化するべきかを考えます。産業インフラとして応用を拡大するべき規格や製品の市場展開（ビジネスモデル）を考慮して無償公開にするべき規格が対象になります。他社および／または自社が特許を持つ規格で、その特許を無償公開しないと判断した規格も、どのようにして国際標準化するべきかを考えます。どちらを選ぶにしても、それを決める要素は自社のビジネス戦略に関係します。

真性特許（必須特許）、仮性特許（必須でない特許）、既明示特許（標準化審議で明確にされた特許）、未明示特許（標準化審議で明確にされていない特許）という分類で理解すると、標準化における特許の扱いがすっきりと理解できます。

3・3・2　標準化における知的財産権の問題事例

標準化に関する特許紛争が続いています。しかし、その例は多くありません。最近でも事例がありますが、当事者どうしで解決して、表面化しないものが増えています。

古い話ですが、特許と標準化の問題事例に関して若干の有名な例を示します。

(a)　１９８９年ＩＴＵ系、サブマリーン特許

個人発明家のレメルソン氏が、Ｇ３ ＦＡＸの制御手順に関連して特許権を主張し、メーカー側がライセンスを受諾しました。

(b)　１９９０年ＩＴＵ系、標準化に参加しない機関からの主張

米アイオワ大学が、Ｇ３ ＦＡＸ関連で特許権利を主張しました。メーカー側が和解に応じました。

(c)　１９９０年ＩＴＵ系、標準化関連特許の対象拡大

モトローラ社が標準化過程で出したライセンス表明の技術分野が限定されるとして、それ以外での特許料支払いを求めました。ファックスに使用する特定のモデムに権利を主張し、ロイヤルティ支払いを受けることで決着しました。

(d)　１９９２年ＶＥＳＡ、標準化作業に参加しながら規格成立後に特許主張

米デル・コンピューター社がローカルバス規格 VL-Bus に権利を主張しましたが、独占禁止法違反を問われて、連邦取引委員会（ＦＴＣ）の同意審決を受諾し和解しました。

(e)　２００１年ＪＥＤＥＣ、標準化の過程で関連特許保有を公表しないことによる不実行為

米ランバス社が高速メモリーインターフェースに権利を主張しました。ドイツのメーカーがランバス社に不実行為があったとして逆提訴しました。一審でランバス社が敗訴し、二審でランバス社が勝訴しています。

その他、最初から規格審議に参加しながら、ＦＤＩＳ直前で提出した例があります。また、必須特許を主張するだけで、規格のどこが必須特許に該当するかが明示されない例もあります。最近では、鉛フリーはんだ成分のように、特許が複雑かつ巧妙に入れ込まれている例や、ＴＣに参加していながらも具体的な規格審議をするＷＧに参加していなかったので特許保有を宣言しなかった、という例などがあります。

標準化に関する特許問題については、国際標準化機関に過度の期待をしないことです。基本は、標準化と特許紛争に見識を持つ弁護士を使って話し合うことです。ただし、弁護士の選択に十分な注意が必要です。

ここでもう一度、特許と標準の違いについてまとめておきます。

特許　要素技術発明者の権利保護制度のこと

標準　一定の機能や性能を実現するための技術の集合を広く使えるようにした決まりのこと

特許と標準は、互いに独立で無関係です。標準に特許が含まれることがありますが、やはり扱いは標準化と無関係になります。特許は、原則的に発明者と発明利用者の二者間の協議でライセンス供与が決まります。一方、標準化された規格に含まれる特許技術は、特定の企業に限定して特許使用許諾を与えることが難しくなります。つまり、関係特許を非差別かつ合理的な対価でライセンス供与することに賛成しなければなりません。したがって、従来は国際標準化する時期に配慮が必要でした。

しかし、標準化すると、標準化された技術を使った機器の製造に関して、誰が特許使用者かということが容易にわかります。したがって、コストをかけずに特許料を請求する相手が特定できることになります。特許に関する民間企業の対応原則は、その特許の使用がわからない限り、自ら申告して特許使用許諾を求めることはないということです。

特許と標準は、どちらもビジネスのツールです。ネタがあれば、できる限り特許を権利化したり技術を標準化したりするべきです。しかし、このふたつは排他性という意味で似て非なる実体なのです。さらに企業の知財担当者が認識するべきことがあります。知財権の交渉は人と人との交渉なので、人間が生活する速度で交渉が進みます。一方、知財を活用した機器やシステムの寿命は、ドッグイヤーで進むようになりました。デジュール国際標準化では、排他性を念頭においてじっくりと知財権の交渉をしていると、その知財権を主張するべき製品の市場成熟期がライセンス成立前に終わっていることがあります。

１９９３年、ＥＴＳＩは革新的な知的財産権政策を“Undertaking”という名前で採択しています。標準化活動を遅滞させないために、知的財産権の過渡の保護を避けるという意味合いの内容です。ＥＴＳＩに参加する企業および関連企業に対して、当該標準の必須特許の開示を義務づけようとしました。しかし、ＥＴＳＩの行為に対する独占禁止法の疑いから、翌年にはUndertakingが廃止されています。標準化における特許問題は、そう簡単にルールで解決できるものではありません。

国際標準には、ロゴマークが含まれていることがあります。原則として、国際標準化機関は、発行する規格文書内にロゴマークが含まれることを嫌います。国際標準の理想は、排他性を限りなく排除することだからです。しかし、民間企業にとって、国際標準といえども、ある程度の排他性を維持したい場合があります。ロゴマークを標準に含むと、標準自体は誰にでも使えますが、その標準に準拠した製品を実際の市場で発売しても、ロゴマークがない製品では、互換性維持などの市場信頼性が失われます。ロゴマークは、国際標準の排他性を維持するためにも利用されます。

特許やロゴマークの建前は、その排他的な権利を認めることにあります。また、その排他的権利が本音（ビジネス）でも認められるので、建前と本音が同じになり理解しやすいのです。一方、標準の建前は、その排他的な権利を認めないことにあります。しかし、その排他的な権利が本音（ビジネス）では認められるので、建前と本音が違い理解しにくくなります。そのような建前と違う本音は、公の場で議論できませんし、議論してはいけません。

世の中には、ＩＢＭ、フィリップス、キヤノン、富士通、ソニーなどのように、社内知的財産権部門が充実し、特許裁判への対応体制が十分な大企業があります。一方、中小企業では、事業運営規模から見て自社内に知的財産権対応部門を置くことが難しくなり、特許訴訟になれば臨時に外国人弁護士を雇うことになります。弁護士といっても、特許紛争に不慣れなら、ほとんど役に立ちません。また、相手企業と通じている弁護士もたくさんいます。

標準に関する特許問題を抱えたとき、誰に相談するかについては、相談相手の知識と経験、立場への理解が必要です。標準化専門家には、標準化と特許については詳しいけれど、ビジネスマインドに欠ける人がたくさんいます。企業人の現場経験者で、標準化、ビジネス、特許のすべてについて詳しい人を選んで相談します。

企業内で働く特許関係の弁護士や弁理士は、特許問題が起きると喜びます。自分の社内の立場が重要視されるからです。また、退職後の仕事として、パテントプール組織を設立して、そこへの天下りを考えることもあります。つまり、定年間際の企業人は、企業人としての本来の立場を忘れて、行政人、団体人、学会人と同じような行動に走ることがあり、特許問題の相談相手としては注意が必要です。

標準に関する特許問題については、行政主体で国内にスタンディングな休眠状態の駆け込み寺を用意しておくべきでしょう。そのような場を必要に応じて利用すれば、標準に関する特許問題を抱えた中小企業へ、大企業から適切な助言が可能だと思います。

標準化バトル例と違って、特許の問題事例はパターン化できます。社内の知的財産権部門にパターン化を依頼し、それを参考に知財部門と二人三脚で対応します。ただし、社内の知的財産権部門の特許専門家は、国際標準化専門家ほど正直でないかもしれません。

３・３・３　標準化とパテントプールシステム構築

信号圧縮で知られているＭＰＥＧの国際標準化が進むまで、一つの標準に複数のパテントホルダーが関係していることは、国際標準化機関ではあまり問題視されていませんでした。通信関係のＩＴＵ標準の多くは官庁主導で作成され、ロイヤルティフリーが多く、パテントの問題はめったに発生しません。また、ＩＳＯ／ＩＥＣでパテント関与比率が高い民生機器標準はデファクト標準やコンソーシアム標準からの持ち込みが多く、国際標準化機関に提案される前にパテント問題が解決しています。

ＭＰＥＧの国際標準化が進められたＩＳＯ／ＩＥＣ ＪＴＣ１は、規格作成と製品化が同時に進むような性格の国際標準化機関です。とくにソフトウエア標準になると、標準化完了と同時にソフトウエア製品を製造することが可能です。そのMPEGには数十社のパテントホルダーが関係していました。そこで、MPEG標準関連特許を一元管理する“Patent Utilization Pools”という考えがドイツから提案されました。これが、パテントプール概念の具現化の始まりです。

パテントプールのシステム自体は、理論的に何の問題も抱えていません。しかし現実的には、次のようにさまざまな問題を抱えることになります。

・必須特許を判断できない。
・パテントプール会社自体にバイアスがかかっている可能性がある。
・特許の質が判断できないので、特許の数を基礎にライセンス料を配分することが多い。

パテントプールには、ワンストップ方式とプラットフォーム方式の二種類があります。両方とも集合ライセンスの概念の方式です。ライセンス窓口が一本化されるのが、ワンストップ方式です。特許権者が十社程度までなら有効な方式です。一定の合意の下に個々の特許権者が個別ライセンス交渉する方式が、プラットフォーム方式です。第三世代携帯電話のように、特許権者の数が多い場合に適用されます。この場合は、窓口会社というよりも調整会社が必要になります。

パテントプールの運営自体に経済的なメリットがあると、個人の利益を目指して意図的にパテントプール組織を設立しようとする人も出てきます。公正取引委員会から一応の指針が与えられていますが、やはり運営が非常に不透明だというのがパテントプールの実体でしょう。必須特許評価を弁護士に委ねたとしても、その弁護士が中立だとはいえません。パテント問題の解決の場として純粋にパテントプールが存在すると考えるのは、あまりにも無邪気にすぎると思います。

パテントプールのメリットを以下にまとめました。

・規格を使う者が、特許ライセンスを受けられないという不安を解消できること。
・規格を使う者が、個別にライセンスを受けるよりも安価なライセンスが期待できること。
・規格を使う者が、特許保有者の特定や個別交渉の手間と費用を省くことができること。
・規格を使う特許保有者自身が、ライセンスに必要なコストを削減できること。

パテントプールは、独占禁止法に抵触する可能性を持つので、米国司法省（ＤＯＪ）からの事前承認を受けて、それが各国で参照されるようになってきました。パテントプール形成については、それなりの指針が行政から出されています。

一つの標準に多数の必須特許が関係し、個々のパテントライセンス料金を合計すると、法外な価格になって、ビジネスが進まない場合があります。そのような場合に限って、パテントプールという方法が有効になります。パテントプールを制度化して広く適用しようとする動きがありますが、それはパテントプール会社の数が増えて、企業がデメリットを感じ出したころに検討する課題だと思います。

パテントプールは、どんな標準化プロセスにでも適用できるわけではありません。パテントホルダーのほとんどが既知であることや、常識的な企業であることが必要です。また、パテントプール機関が公正な組織だとは限りません。参加には工夫が必要です。

3・3・4　サブマリーン特許（潜水艦特許）

特許出願後に審査期間が長期に続き、そのあいだに対象となる技術が世の中で広く使われるようになり、その後に突如として成立する特許をサブマリーン特許と呼びます。アメリカの特許制度には、出願中の特許案件を公開する制度がありません。それなのに、特許審査に要した期間にかかわらず、特許の「成立日」から十七年間が特許有効期間だとされています。

特許出願者は、明細書の修正を繰り返して意図的に特許の成立を遅らせ、その特許技術を利用した製品が広く普及するのを待ちます。そして、さまざまな企業が技術採用したのち、突然特許を成立させて権利侵害を訴え、膨大なロイヤルティを要求します。このように、水面下に潜って時を待ち、突如出現して損害を与えることから、サブマリーン特許と呼ばれるようになりました。

アメリカでは、サブマリーン特許に関する有名な事件がいくつか発生しています。過去では、カラー映像を表示する技術について、任天堂とセガ・エンタープライゼスが個人発明家に特許権侵害で訴えられた事件が有名です。

アメリカ以外の国では、出願後一定期間を経たら、審査中の特許案件を公開したり、出願日から有効期間をカウントし始めたりするために、このような問題は生じません。他国から非難されて、１９９５年にアメリカは特許制度を改正し、有効期間を「出願日」から二十年に変更しました。しかし、この法改正以前に出願された案件については、以前の制度（成立日から十七年）が適用されます。

サブマリーン特許と同じように気づきにくい問題に、規格改定時に新たに追加で必須となる特許があります。規格改定においては、もう一度、関連特許を見直すことです。

３・３・５　パテント・トロールと企業買収ビジネスの考察

登録商標や特許など、知的財産権と国際標準化の関係については、数年ごとに同じ議論が延々と繰り返されます。それは国際標準化の場に数年ごとに新人が参入し、過去の事実や経緯を把握しないで、知的財産権と国際標準化の問題を表層的にとらえてしまうからです。ここでは、それらの問題について、根本から説明します。

標準に関する特許の問題では、まず近年の特許ビジネスの変化と特徴についての理解が必要です。それは近年流行している企業買収ビジネスと似ています。米国のＩＢＭは、パソコンビジネスを中国のレノボに売却し、自社ビジネスをパテント収入やコンピューターシステム運営の収入に特化させています。オランダのフィリップスも、従来のフィリップスからイメージチェンジをして、半導体部門を切り離し、家電ビジネスを縮小し、パテント収入に重点を置くようになりました。競合企業からの技術アライアンスの申し出にも、自社パテントが有効な場合には、条件しだいですが、すぐに首を縦に振ってくれるようになりました。

標準化と同じで、特許システムは人為的に構築されたシステム（規則）です。したがって、当初の純粋な目的が、時代とともに金儲けの道具へと変化していきます。また、人が構築する組織や規則は、最初は世のため人のためにという確たる目的の下、構築されていきます。しかし、その組織や規則を手中にした人々は、それらを個人の金儲けの道具に変えてしまいます。

技術革新に人材と資金を投入し、自社の競争力を保とうとする行為は、技術系の企業にとって当然のことでしょう。すでに製造系の技術開発をあきらめ始めた米国では、サブマリーン・パテントの活用やパテント・トロール（特許ゴロ）と呼ばれる米国流特許ビジネス企業の活動が目立つようになりました。その米国流特許ビジネスは、米国の国内法で保護されています。それに日本が対抗するには、同じ国内法や外圧で対抗しなければなりません。しかし、日本の国内法で米国は動かせませんし、日本の外圧で米国は動きません。

パテント・トロールというビジネスを進める企業が、とくに米国で増えています。それは特許権侵害に対して訴訟を起こし、高額の賠償金や和解金をせしめるビジネスです。ご存知のように、米国では医師や弁護士が余っています。まだまだ医師は高額所得者ですが、弁護士は日本と法律上の扱いが違い、日本の司法書士のような仕事をする人も弁護士と呼ばれています。

過当競争の渦中にある米国の弁護士は、１９８０年代の終わりごろ、パテント・トロールの原理を考え出し、そのビジネスを拡大してきました。その対策に苦労している日本企業がたくさんあります。パテント・トロールが経営する会社は、非常に小規模な特許ライセンス専門会社で、研究開発や製品製造というビジネスはしません。その企業資産のほとんどが特許です。

価値が低いと思われる特許なら、安く買い集めておいて、関連技術の開発が進んで高く化けるのを待ちます。価値が高いと確信する特許なら、それなりの値段で買って、新しい技術開発をする大企業が、そのパテントに抵触するのを密かに待ちます。そうして、市場規模が拡大したのち、突如として膨大な賠償金を求めてきます。

企業はヒト、モノ、カネで動きます。カネはモノですから、企業はヒトとモノでできているといえます。知的財産と呼ばれる特許も、モノ（無形物）です。したがって、企業の財産は自社保有特許も含めて単純にヒトとモノに分類できます。少し詳しく分類すると、人手（機械）、人材（頭脳）、知財（特許）に分けられます。ただし、従業員には、機械として働いている人（人手）と、人間として働いている人（人脳）の二種類がいて、それらを区別しなければなりません。つまり、人にはモノ（機械）とヒト（人間）の二種類の側面があります。

最近、外資の企業買収が盛んです。モノは簡単に買えますが、ヒトは簡単に買えません。企業買収は人手（機械）、人材（頭脳）、知財（特許）に向いてきますが、企業買収に成功するのは、そのビジネスのほとんどが機械的な要素で成立している企業です。研究開発などビジネスのほとんどが人間的な要素で成立している企業を買収すると、そこで働いているヒトが他社に移動してしまい、企業価値はゼロに近くなってしまいます。企業買収をする資本家は、いつもそのリスクを考えています。

特許ビジネスが成立してくると、そこにもう一つのモノが登場します。それが知財です。知財を生み出すヒトは買収できません。しかし、それらのヒトが生み出した知財はすでにモノですから、簡単に買収できます。日本企業がパテント・トロールに対抗するには、そのパテント・トロール自体の買収以外に方法がないのかもしれません。自社のパテント・トロールを米国に設けて、そこから知らぬふりをして日本企業を攻撃し、その利益で被害を帳消しにする方法も考えられます。

カネ、知財、機械（機械的な労働をする人間も含む）は金で買収できますが、頭脳的な労働をする人間は簡単に金では買えません。企業買収を仕掛けられて慌《あわ》てふためくのは、その地位を失うことを恐れる企業経営者であり、その企業が所有する人間、知財、機械ではありません。機械のような人が企業を経営していることが問題なのでしょう。優秀な頭脳労働者（人材）であれば、簡単に他の職場を探すことができます。

最近の日本も同じような傾向にありますが、ミリオンダラーを夢見る米国人の基本思考は、「自分は働かずに楽をして膨大な金を手中にすること」です。本来、カジノや宝くじが似合う国なのです。ビジネスでいえば、ヒトではなくて、モノ（機械や知財）を使うビジネスが似合う国です。米国独特のソフトウエア特許、ビジネスモデル特許、コンセプト特許の罠にはまり、数百億円単位の和解金を払っている真面目な国の真面目な企業がたくさんあります。標準化に限らず、あらゆるビジネスで、その事実を忘れてはいけません。小賢しい特許事務所なら、これはという特許を買い取り、自らがパテント・トロールに変身することも考えられます。

国内大学のＴＬＯ（Technology Licensing Office）はパテント・トロールとは違うという人がいますが、権利収益を目的にする限り結果的には同じようなものです。

３・３・６　標準化における著作権の解釈

国際標準化に関係する著作権には、規格書の著作権、用語や部品のデーターベースの著作権、標準に含まれるソフトウエアの著作権、音楽や映画などのコンテンツ著作権の四種類があります。国際標準化の専門家は、それぞれ自分の立場で著作権のことを考えているので、何の著作権の話をしているのか確かめなければなりません。

国際標準化機関や標準化団体の職員は、規格書の著作権の話をしています。そのような組織は、会員から徴収する会費と規格書の販売をおもな収入源にしています。とくに欧米の国家標準化団体は、規格書の販売益で豊かな財政を誇ります。英語やフランス語、ドイツ語を使う国はたくさんありますから、海外からの規格書の需要も大きいのです。日本の標準化機関は、その点で規格書の販売益よりも会費収入にウエイトを置くことになります。

用語や部品のデーターベースの著作権は、最近になって話題にのぼることが多くなりました。これも規格書の著作権と同じで、誰が著作権者なのかに注意しなければなりません。国際標準化団体が提供する用語やデーターベースについては、著作権を開放し無料閲覧を可能にする傾向にあります。

標準に含まれるソフトウエアの著作権は、データー圧縮やセキュリティー標準なので問題になります。規格作成途中で内容を開示すると、その内容をさらに改良したソフトウエアを他社が持ち込んで、標準化がうまく進まなくなったり横取りされたりする可能性があります。また、電子コピーも簡単なので、その著作権管理も難しくなります。ＩＳＯ／ＩＥＣ　ＪＴＣ１関係の委員会でとくに問題になります。

マルチメディア機器における音楽や映画などのコンテンツの著作権は、標準化というよりか、標準化の外の問題です。しかし、国際標準の制定には、コンテンツ著作権問題を先に解決しなければならない場合があります。ＩＥＣのＴＣ１００（マルチメディア）関係で問題になります。

国際標準を作成している標準化の専門家は、自分の領域の枠に閉じこもっていることが多く、著作権といっても、さまざまな著作権を想像しています。まず、相手の所属組織や担当分野を確認してから話をしましょう。

3・4　クローズドとオープンの標準化戦略

標準化をビジネスとしてとらえるには、その審議に参加する人の属性（人数の多少と所属組織の公私）および、その審議場所の公私の違いでとらえます。いずれも、審議の実態がオープンか、クローズドか、の違いになります。

オープンは、(a)技術共有による市場拡大化が必要、(b)市場に競合相手が存在していて自社の絶対優位に自信が持てない、(c)競合相手との共通インフラを持たないと市場が拡大しない、そういう場合に選びます。

クローズドは、(a)ニッチ市場のビジネスで競争相手がいない、(b)技術が極端に優れていて競争相手がいない、(c)自社の市場力が極端に強く競争相手が問題にならない、そういう場合に選びます。

3・4・1　オープンのデジュール標準化戦略

デジュール標準化は公的標準の作成プロセスです。公的な立場の多人数が公的な場所で作成します。すなわち、完全なオープンです。その基本的な特徴を次に示します。続いて、デジュール国際標準化の重要性を示す事例を挙げます。

デジュール標準化（公益優先→減少傾向）

標準　万人または万社の全部開放型標準。
技術　技術が劣っていれば、標準化して万人で共有。
事例　度量衡、商用電源電圧、ねじ、有線電話の標準など。

事例１　産業用スイッチの制御パネル取付穴の規格

まず、失敗例です。国際標準化というルールづくりの場への日常的な参加（迎撃）の重要性を看過したら、自社や自国の製品が国際標準にならず、市場が縮小するという典型的な例です。

各種産業用スイッチの制御パネルへの円形取付穴の直径は、大別して22.3 mm（欧州規格）、25.5 mm（日本規格）、30.5 mm（米国規格）の三種類が存在していました。ところが国際標準化機関で規格統一が審議された結果、米国と欧州の二つの規格が国際標準として登録され、日本の規格は除外されてしまったのです。それは国際標準化の場に日本から誰も参加していなかったからで、欧米の意図的な行為ではありませんでした。それからの国内企業の産業用スイッチ市場は徐々に縮小してしまいました。

国内の審議団体が関与していなかった、という問題もありますが、新しい技術の標準が海外から提案された場合、日本国内に受け皿となる団体がないということも大きな問題です。これについては経済産業省から、比較的大きな団体へ依頼されていましたが、それでも後手になります。とりあえず、日本規格協会のようなところが引き受けて対応することが望まれます。

事例２　制御機械用緊急停止スイッチ

成功例もあります。国際標準化というルールづくりの場への積極的な参加（攻撃）の重要性を認識したら、自社や自国の製品が国際標準になって市場が拡大するという典型的な例です。

大阪にＩＤＥＣ（旧社名は和泉電気）という、制御機器部品の開発、製造、販売をビジネスの中心にする会社があります。ロボットやマウンターなどの製造装置には、機械に動作を教え込む（ティーチングという制御プログラミング）行為が必要です。ティーチングは一種の試行ですから、機械の動作が正確に予測できず、オペレーターは非常に危険な状態に置かれます。したがって、必ずイネーブルスイッチという、握りが付いた緊急動作停止スイッチが、携帯用のハンド機器またはペンダント機器の形で製造装置に付属しています。

従来のイネーブルスイッチは、２ポジションスイッチで、握りを強くすると機械が動作を開始し、握りを弱くすると機械が動作を停止するという構造でした。しかし、突発的な緊急事態において、オペレーターが握りを強くするか、握りを弱くするか、どちらともいえません。それでは安全性（標準化に欠かせない大義名分）に疑問が残ります。

ＩＤＥＣは3ポジションスイッチ（握りを弱くしても、握りを強くしても、スイッチがオフ状態になり機械が停止し、次に握りを強くした手を緩めても、オフ状態を維持する）を開発し、その技術を自社努力で国際標準として登録しました。結果的に、イネーブルスイッチのＩＤＥＣの国際市場占有率は90％を超えたようです。２０１３年、ＩＤＥＣは外資系化学メーカー、バイエルの社屋を購入し、近隣の土地も購入して、新しく近代的な本社ビルを新大阪駅近くに建築し、そこへ移転しました。ビジネスは好調のようです。

3・4・2　クローズドのデファクト標準化戦略

デファクト標準化は私的標準の作成プロセスです。私的な立場の少人数が私的な場所で作成します。すなわち、完全なクローズドです。その基本的な特徴を次に示します。

デファクト標準化（私益優先↓増加傾向）

標準　一人または一社の全部閉鎖型標準。

技術　技術が優れていれば、囲い込んで一人で独占。

事例　ＣＤ、ウィンドウズ、ｉＰｏｄ、青色ＬＥＤ、ｉＰＳ細胞など。

デファクト標準は、市場で寡占化に成功し、結果として標準になった規格を意味します。市場の自然淘汰を待って成立した実質的な標準なので、閉鎖的かつ寡占化が基本です。「事実上の標準」という意味で、ソニーとフィリップスが開発したコンパクトディスク（CD）や東芝が主導したデジタルバーサタイルディスク（DVD）などの例がありますが、近年ではマイクロソフトが開発したウィンドウズやグーグルの検索エンジンなどIT分野で多く見られるようになりました。

デファクト標準は、その市場性から、間違いなく標準だといえます。その成立条件は、技術が極端に進んでいて他社が追いつけない場合、または何らかの寡占化手法により市場を独占し、そのネットワーク性（既成の互換性）から、消費者が用意に他の標準を選択できない場合です。過去のビデオテープレコーダー（VTR）のように、技術が普及している場合、デファクト標準化は企業間の熾烈な競争になることがあります。

事例1　VHSビデオレコーダー

先攻開発したベータマックスを推進するソニーと後発のVHSを推進する日本ビクターの競争になりました。国内の多数のメーカーを巻き込んだ競争だったのですが、松下電器（パナソニック）が日本ビクター側につき、最終的にはVHSがデファクト標準獲得競争に勝利しています。競合する複数企業の技術が拮抗している場合、デファクト標準化は消耗戦になるという事例です。

事例2　コンパクトディスク（CD）

ソニーとフィリップスが共同で標準化をしました。技術が突出していたために、競合相手はありませんでした。世間の目には「自社の高度技術開発の結果、特許を埋め込んだ自社技術の製品応用で独り勝ちをした」と映っています。一方、現場の目には「根幹の光ディスク技術はフィリップスが開発し、ソニーがデジタル記録技術で参加した」、「フィリップスは、ソニーの名を借りてデファクト標準を獲得した」と映っています。

　自社の特許を埋め込んだ独自技術が必要で、独自技術を応用した製品をデファクト標準にすると儲かるという世界がいつまでも続くという思い込みが業界に定着しています。既成の常識を否定してみることも必要でしょう。

　その昔、フィリップスはコンパクトカセットの技術を無償で公開し、息の長い世界標準にしました。しかし、フィリップスと親しかった関西系の某企業は、その特許交渉の初期段階で、カセット一個あたり一円の特許料の支払いに同意していました。世界中のコンパクトカセットメーカーが、カセット一個あたり一円の特許料を支払っていたとしたら、フィリップスはマイクロソフトを抜いて世界的な巨大企業になっていたはずです。その後に開発したコンパクトディスクでは、特許ライセンスの無償化をやめて、かつ市場の席捲《せっけん》にソニー一社を選んでいます。過去の経験からビジネス手法を学んだ一例でしょう。

　アップルのｉＰｏｄ、ソニーコンピュータエンタテインメントや任天堂のゲーム機、Windows、携帯電話、ＬＣＤテレビ、ＤＶＤなど最近になって広く使われている技術や製品について、どうしてデファクト標準になったのか、どのようなビジネスメリットがあるのか、今後も同じビジネスモデルが成立するのかなどを十分かつ正しく分析しない限り、次の時代のビジネスへと一歩踏み出すことは難しいでしょう。

3・5　半クローズドと半オープンの標準化戦略

標準化をビジネスとしてとらえるには、その審議に参加する人の属性（人数の多少と所属組織の公私）および、その審議場所の公私の違いでとらえます。いずれも、審議の実態がオープンか、クローズドか、の違いになります。ただし、民間企業が多数、国際標準化に参加するようになった結果、その様相が近年は変わってしまいました。純粋なデジュール標準や純粋なデファクト標準が見られなくなり、デファクト型デジュール標準（オープンに見せかけたクローズド）やデジュール型デファクト標準（クローズドに見えるオープン）が多くなりました。

これらの区別に関しては、標準制定の場が公共機関（開放）なら形式的なデジュール標準化で、非公共機関（閉鎖）なら形式的なデファクト標準化だと理解すればよいのです。また、標準制定に参加する人が、民間企業出身者が主体なら実質的なデファクト型標準（閉鎖）で、大学や行政、団体出身者が主体なら実質的なデジュール型標準（開放）だと理解すればよいのです。ただし、大学や行政、団体を出身母体として、民間企業出身者が参加していることもあるので注意が必要です。

開放性（オープン）の技術戦略なら、人とは万人のことで、場所とは公共機関のことです。閉鎖性（クローズド）の技術戦略なら、人とは一人のことで、場所とは私的機関のことです。人の開放性や閉鎖性は見えませんが、場所の開放性や閉鎖性は見えます。したがって、外部から非難されない、したたかな技術標準化では、人は閉鎖で場所は開放になります。

３・５・１　半クローズドのデファクト型デジュール標準化戦略

デファクト型デジュール標準化は、公的標準（オープン）の作成プロセスです。しかし、私的な立場の少人数が公的な場所で作成します。すなわち実質は、ほとんどクローズドになります。その基本的な特徴を次に示します。

デファクト型デジュール標準化（公益を私益へ属性ロンダリング→増加傾向）

標準　可能な限り少数の複数人または複数社のアライアンス。
技術　技術開放が原則なので、自社が閉鎖するべき部分を見極めて標準化。
事例　鉄道、通信、水、電力、ＩＣカード、バーコード、ＭＰＥＧ、携帯電話の標準など。

デファクト型デジュール標準の代表例としては、デンソーの二次元バーコード（ＱＲコード）やソニーの非接触ＩＣカードフェリカ（ＦｅｌｉＣａ）があります。しかし、どちらも欧米の政治力に屈した形で、海外ビジネスが進んでいません。苦戦しながら国際標準化に勝利しても、欧米の政治力の前に日本企業は無力なのです。

ルールづくりのビジネスには、経営者の政治力が必要です。１９９０年以降から、ソニーの政治力が失われました。ベータマックス訴訟で米国の司法と戦った、また保険事業への参入で国内の行政と戦った、過去のソニーの姿はもうありません。ヒトづくり、モノづくり、カネづくりの三つを縛るルールづくりのビジネスですが、それに欠かせない政治的なセンスが、今のソニーには見られません。

事例1　JR東日本のスイカ（ソニーのフェリカ）

JR東日本のスイカ（Suica）やJR西日本のイコカ（ICOCA）、JR東海のトイカ（TOICA）、地下鉄のパスモ（PASMO）、電子マネーのエディ（Edy）などに使われている技術です。ソニーが開発した製品（ICチップとアンテナ装置）ですが、とくに目新しい技術は使われていません。既存の技術を、回路設計ノウハウと製造ノウハウの工夫で実用化したものです。広く使われる可能性を秘めています。久々のソニーのヒット商品（部品）だといえます。しかし、このフェリカの開発企業がソニーだということは、あまり知られていません。

事例2　デンソーのQRコード

国内で二次元バーコードとして知られているQRコードも同じ例です。しかし、リニアバーコードの普及や欧米の二次元バーコード規格に押されて、優れているのになかなかビジネスが進みません。社会インフラ国際標準としての新規参入の難しさが影響しています。

過去、独占的な製造技術を必要とする部品と高度製造ノウハウ技術の両方を組み込んだ製品が多数発売されていました。企業間の技術格差が大きい時代だったからです。そのような複雑で高度な技術を必要とする製品は、誰にでも簡単に製造できるようにはなりません。しかし、製品デファクト標準のウォークマンのように製造ノウハウだけに頼ったり、ＤＶＤのように部品技術だけに頼ったりする最近の製品は、数を求めて高度技術の部品が市販されたり、その製造装置が市販されたりして、すぐに誰にでも製造できる製品になってしまいます。つまり、かつてのビデオテープレコーダーやＣＤのように高度製造ノウハウと高度技術を組み込んだデファクト標準の時代が終わっているのです。

差異化するか、標準化するか、という選択を問題にする人が企業内にたくさんいます。しかし、これらは二者択一の問題ではありません。いちばん賢いのは、差異化かつ標準化という方法です。差異化技術を標準化しても、差異化でなくなるということはありません。ビジネスの工夫の問題です。

技術力で強引に機器のデファクト標準を獲得し、それを維持して収益を得るというビジネスが通用しない時代になりました。機器のデファクト標準の獲得と同時に、社会基盤上に企業独自のビジネスモデル標準を展開すれば、そこから継続的な収益を得ることができます。

実例が不足して分類がわかりにくいならば、ＩＳＯ／ＩＥＣの標準化を参照例にすればわかりやすくなります。欧米企業の活動が停滞しているＴＣ（Technical Committee、技術専門委員会）が、減少傾向の標準化題材です。既存のＴＣのスコープ（作業範囲）を無視してまで中国や韓国が新規に設立しようとするＴＣが、増加傾向の標準化題材です。

私的標準を公的標準にロンダリングするデファクト型デジュール標準化では、開放するべき部分を全部からゼロへと減らす「自社の恣意」が働きます。だから、閉鎖するべき部分を論理的に特定するステップが必要になります。原則として、公益品などの公共物が標準化の主対象で、標準化初期から国際標準化機関を利用します。近年になって、開発途上国を相手にした社会インフラ技術の国際標準化が重要になり、民間企業が国際標準化機関で進めるデファクト型デジュール標準化が目立つようになってきました。鉄道や通信、水、電力などの社会インフラ技術は、典型的なデファクト型デジュール標準になります。公的標準化を私的標準化にロンダリングするデジュール型デファクト標準化では、閉鎖するべき部分を全体からゼロへと減らす「他社の恣意」が働きます。だから、開放するべき部分を論理的に特定するステップが必要になり、その関係でロゴや民間認証が付随するものが多くなります。原則として、嗜好品などの私有物が標準化の主対象で、標準化初期には国際標準化機関を利用しません。

近年、技術の飛躍的な進歩によって、社会インフラの置き換えが進んでいます。有線電話からスマートフォンへ、在来鉄道から新幹線へ、火力発電から太陽光発電や風力発電へなど、その例はたくさんあります。紙の切符から磁気切符へ、そして非接触ＩＣカードへと移行した交通用のパスも、その一例です。社会インフラは当然、公的機関で標準化されます。しかし、高度な技術を有する企業の数は限られています。したがって、社会がグローバル化した21世紀において、巨大な国際市場を背後に控えた社会インフラビジネスは、必然的にデファクト型デジュール標準の対象になるのです。

3・5・2　半オープンのデジュール型デファクト標準化戦略

デジュール型デファクト標準化は、私的標準（クローズド）の作成プロセスです。しかし、公的な立場の多人数が私的な場所で作成します。すなわち実質は、ほとんどオープンになります。その基本的な特徴を次に示します。

デジュール型デファクト標準化（私益を公益へ属性ロンダリング↓減少傾向）

標準　可能な限り少数の複数人または複数社のアライアンス。

技術　技術閉鎖が原則なので、自社が開放するべき部分を見極めて標準化。

事例　ＤＶＤ、Blu-ray Disc、Ｇ３／Ｇ４ファクシミリ、ＵＳＢ、BMLinkSなど。

デジュール型デファクト標準の代表例としては、東芝主導のデジタルバーサタイルディスク（ＤＶＤ）やソニー・パナソニック連合主導のブルーレイディスク（ＢＤ）が挙げられます。しかし、数百社を集めたフォーラムで標準化が進められているので、突出した利益を出している企業はありません。

事例１　ＤＶＤ（５規格が乱立）

東芝が先頭に立ってＤＶＤフォーラムを結成し、そこで標準化されたものです。しかし、五種類の異なるフォーマット（規格）が存在しています。書き込み可能なフォーマットに限定しても三種類の規格が乱立しています。ただし、光ディスク媒体の大きさが同じなので、一つの光ディスクドライブで複数のフォーマットへの対応が可能です。

事例２　ＢＤ（ＨＤ ＤＶＤとの規格競争）

一世代前のＤＶＤには赤色レーザーダイオードが使われています。青色レーザーダイオードが実用化されてから、大容量記録装置として実現可能になった商品です。ソニーや松下電器（パナソニック）などが推すＢＤ（ブルーレイディスク）と、東芝やＮＥＣなどが推すＨＤ ＤＶＤの二つに陣営が分かれています。似て非なる規格という意味では、過去のベータマックスとＶＨＳの規格競争に似ています。２００８年に表明された、米国の映画会社ワーナーのＢＤ陣営特化によって、その将来の方向が決まりました。ワーナーがＢＤ陣営に動いた理由は、ビジネスにドライな米国の会社ですから、当然、具体的な数値で将来の自社の独占的な利益が計算できた結果だと考えられます。ビジネスとして成立しやすい規格を選んだのではなくて、ビジネスとして成立しやすい価格を選んだのでしょう。

ビジネスにおける五分五分の企業間競争において、その勝敗を左右する要因は意外なところに存在しています。また、その勝因は将来の戦術強化材料になり、その敗因は将来の戦術反省材料になります。でも、「ソニーはなぜｉＰｏｄをつくれなかったか」という話と同じで、マスコミの話は表層的な想像の範囲内で終わります。

この規格競争では、過去に見られた機器のデファクト標準獲得競争に比べて、その競争の当事者と様相の二つが明らかに違っています。つまり、国内メーカー間（たとえば、ソニー対東芝）の規格競争ではなくて、ハリウッド企業（映画会社）間（たとえば、ワーナー対ディズニー）のパッケージメディア市場争奪戦としてとらえるべき競争です。考えることを忘れ、変化することも忘れたハードウェア産業は、過去からのハードウェア産業の世界に留まったまま、しだいにソフトウエア産業の奴隷と化していきます。

製品としての特徴がデザイン面でしか強調できない、技術力平準化の時代になりました。したがって、素材や部品の技術と標準化が重要になってきます。時代とともに、技術開発や標準化の題材が変化することを忘れてはなりません。いつまでも、同じ方法でビジネスはできません。

国際標準化ビジネスモデルの変化を示す最近の事例として、ＢＤ（ソニー陣営）とＨＤ ＤＶＤ（東芝陣営）の規格競争を例にして、ここで説明したことを具体的に考えてみましょう。この規格競争は、高品位映像録画機器間のフォーマット競争だったと一般的に考えられています。はたして、それは事実でしょうか。機器の製造に必要な基幹部品（光学ピックアップやシステムＩＣ）は外部調達が可能です。青色レーザーを使うので、光学ピックアップ製造に若干のノウハウが必要ですが、それでも複数のメーカーが部品として供給すれば、即座に外販につながり、誰でも製造できるようになります。中国メーカーでも、簡単に製造が可能です。そこに差別化の要素はありません。おもしろくないビジネスです。

しかし、記録機器に使われる記録メディア（光ディスク）については、メーカーが製造技術とスタンパーを外販しない限り、囲い込みのビジネスが成立します。つまり、このフォーマット競争の実際は、記録メディア間の差別化競争なのです。民間企業のビジネスの本質が差別化だということを忘れてはいけません。ＨＤ ＤＶＤの記録メディアに比べて、ＢＤの記録メディアは製造が難しいしコスト高だ、というところが民間企業のビジネスなのです。差別化するということは、技術力に優れた特定の企業が儲かるということです。それをビジネス展開において有利と見るか不利と見るかで、対応が分かれます。

まだ、話は続きます。このフォーマット競争の実体を記録メディア間の差別化競争だととらえることも間違っています。この競争の本質は、差別化された記録メディアをネットワークサービス部品として利用した、ネットワークサービス基盤の獲得競争なのです。この例でのネットワークサービス基盤とは、ハリウッド映画のパッケージメディア配信ネットワークのことです。単純に見れば機器間のフォーマット競争にしか見えなくても、その実体はワーナーとディズニーの競争かもしれません。

このビジネス競争事例では、機器メーカーと記録メディアメーカーがハリウッドの下請になる構図です。しかし、部品メーカー（この例では記録メディアメーカー）が、機器製造を担当し、映画製作と映画配信も担当すれば、その部品メーカーがネットワークサービスビジネスの頂点に立つことができます。映画会社は記録メディアを外部調達できますが、自分で製造するわけにはいきません。本来は下請体質の部品メーカーがネットワークサービスビジネスを牛耳っている典型的な例としては、ソフトウエア部品メーカーのマイクロソフトと半導体チップ部品メーカーのインテルの二社が市場を寡占化しているインターネットビジネスがあります。

エレクトロニクス製品に限れば、これからの標準化は半導体を使ったアプリケーション単位の標準化になります。過去の標準化は、デバイスや機器を中心に発達してきました。それが通用しない時代になっているのです。今後のビジネスの頂点に立つべきは、差異化部品の製造企業です。

標準化には範例がありません。それぞれの事例で、諸々の条件がすべて違うからです。したがって、個々の標準化の事例を参考にすることは難しくなります。標準化の事例は小説と同じで、物語として楽しめます。そして、それでわかったつもりになれます。しかし、標準化の事例を豊富に知ったとしても、そこからビジネス戦略としてシンプルな法則が見つけられない、では困ります。

3・5・3　日本企業の21世紀型国際標準化ビジネス戦略

今まで説明してきたように、さまざまな理由と制約から、民間企業は継続的なデジュール標準化活動を止めることができません。それなら、民間企業が積極的にデジュール標準化をビジネスに活用するべきです。どんなリスクでも、低コストで排除できるリスクなら、それを排除する（国際標準化する）のがビジネスの常識です。それなら、自社技術をデジュール標準にして、ITU／ISO／IECのお墨付きをさっさともらうべきでしょう。WTOの各種協定の本来の意義は、貿易の障壁の撤廃です。しかし、国際標準化でリーダーシップを握ろうとしない企業にとって、それが貿易の障壁になり、国際ビジネスへの参入が難しくなります。

民間企業のビジネスに直結する過去の国際標準化は、デファクト標準化でした。その対象は本来、デジュール標準化が不要な、純粋なビジネスベースの規格であり、物理フォーマットや電子フォーマットを決めていた互換性規格が主流でした。そのような規格でも、公的標準化機関に規格保守の実務作業を任せたり自社の規格作成プロセスの独占禁止法抵触を回避したりするために、ほとんどの規格が最終的にはデジュール標準化されています。

このような手法は、光ディスク関連規格の標準化競争例でもわかるように、すでに時代遅れの標準化になっています。さまざまな企業が、さまざまな規格に同時対応した機器を販売しようとします。それでは、何のための標準化なのかまったくわけがわからなくなってしまい、製造コスト無視の販売価格競争に突入する可能性が高くなります。

国際標準化機関は従来、信頼性や安全性を主目的として国際標準化作業をしてきました。しかし、その業務の活性化と組織存続を目的として、話題のデファクト標準化作業を取り込もうとして、試行錯誤による失敗を続けています。民間企業の国際標準化専門家にとっても、ここで一度、デジュール標準化の利点を企業ビジネス面で再確認することが必要でしょう。

ここで、自分が被害を受けないようにする「負のビジネスの未然防止」と、相手に被害を与える「負のビジネスの事前実行」の二つについて補足説明します。フォーラムやコンソーシアムなど活動目的が厳密に限定されたアドホック組織は、その性質上、活動目的を限定したアドホック組織としてしか使うことができません。一方、工業団体や国際標準化機関など活動目的が一定の範囲で定められたスタンディング組織は、必要に応じてその性質をアドホック組織に一時的に変えて使うことができます。市場統計や市場調査など定常的に何かに対応していれば、それはスタンディング組織です。しかし、そのスタンディング組織に何らかのネタを持ち込んでそれに一時的に対応すれば、それはアドホック組織と同じことになります。

国際電気標準会議（ＩＥＣ）でいえば、標準管理評議会（ＳＭＢ）や諮問委員会（ＡＣ）はスタンディング委員会です。一方、ふつうの技術専門委員会（ＴＣ）や分科委員会（ＳＣ）は、設立と解散が可能なアドホック委員会だと定義できます。さらに細かくいえば、技術専門委員会（ＴＣ）や分科委員会（ＳＣ）はスタンディング委員会で、その傘下に設けられるワーキンググループ（ＷＧ）やプロジェクト（ＰＪ）は、さらに容易に設立と解散が可能なアドホック委員会だと定義できます。

デジュール標準化は基本的に、スタンディング（常設）委員会で行なわれます。スタンディング委員会に参加していないと、不要な標準や不利な標準が作成されて、自社に火の粉が降りかかることがあります。しかし、その火の粉の素性を確認できる能力が必要です。自社と無関係な火の粉が発生しそうな委員会に懸命に参加しても、何の役にも立ちません。また、スタンディング委員会で恒常的に活動していれば、そのスタンディング委員会を自社ビジネスのアドホック（特設）委員会として必要に応じて利用できます。

協定や規制（標準）に受動的に対応すれば、ビジネスの阻害要因になります。能動的に対応すれば、ビジネスの促進要因になります。避けられない協定や強制的なビジネス規制の場が社会に存在するのなら、その制定の場に積極的に参加し、その規制を自社のビジネスツールにするべきでしょう。

ここまでデジュール標準とデファクト標準の違いを説明し、デジュール型デファクト標準からデファクト型デジュール標準への移行の重要性を説明してきました。そのまとめとして、日本企業が21世紀型ビジネスに対応して海外進出と国際標準化を達成するために、国家行政担当者や企業経営者、標準化専門家、知財権専門家が理解するべきことを「日本企業の21世紀型国際標準化ビジネス戦略」として箇条書きにまとめました。

日本企業の21世紀型国際標準化ビジネス戦略

・標準には、度量衡、品質維持、安全性保証、互換性確保、管理システム、ビジネスシステム、社会インフラなど、さまざまな種類の標準があるが、それらの標準のどれもが時代に関係なく使われている。

・しかし、それら各種標準の個々の重要性が時代の変化で変わる。基礎的な標準が充実してくると、基礎的な標準から応用的な標準へと標準の重要性が移る。アプリケーション標準が重要な時代になった。

・民間企業が重点を置くべき標準は、20世紀には共通化のコストダウン（部品互換性）標準と寡占化の市場獲得（機器互換性）標準だった。共通化は日陰に咲く花で、寡占化がスポットライトを浴びた。

・ところが、21世紀の標準は、もっとも標準が進化した形の国際社会インフラ標準が主体になっている。それは別な言葉でいえば、「デファクト型デジュール標準」というユビキタススタンダードだ。

・その国際社会インフラ標準を作成する国際標準化機関は、ゼロから規格を作成する場ではなくて、企業が持つ規格をできるだけそのままの形で登録し、国際標準の紋所をもらう場だ。

・１９９５年に発効されたＷＴＯの各種協定が、国際標準のビジネス上の意味を大きく変えた。国際市場参入リスク排除と国際的な宣伝という意味で、国際標準の紋所《もんどころ》を積極的に使うべき時代になった。

・業界各社の私的な集まり（私的業界団体）ほど、談合の性格を持つ。しかし、その結論に投票規約を持つ談合はない。つまり、投票規約を持つ国際標準化機関は、談合の場ではなくて競争の場なのだ。

・機器単体のデファクト標準は、20世紀後半に咲いた徒花《あだばな》（過渡現象）にすぎない。これからは、差異化技術を組み込んだ部品を社会インフラに使った、総合プラットフォーム標準が主体になる。

・つまり、機器に組み込んだ特許で利益を得るという従来の図式から、自社開発技術を組み込んだ総合プラットフォーム標準で利益を得るという新しい図式へと、企業ビジネスモデルが変化している。

・社会インフラ標準ビジネスには、新しい社会インフラ（インターネットが一例）が必要だ。新しい社会インフラは、既存の社会インフラの技術革新による変化によって、またバイパス機能として、構築される。

・日本企業は海外にビジネスを展開しなければならない。それには、日本の財閥系（官庁系）企業は、純民間系企業（積極的海外市場進出型）に体質を変えなければならない。

・日本企業は海外にビジネスを展開しなければならない。それには、日本の純民間系企業は、社会インフラビジネスに参入できるように、財閥系（官庁系）企業に体質を変えなければならない。

・日本の機器メーカーは、国内社会インフラ企業の下請体質から脱皮しなければならない。国内に市場を特化させた、従来からの閉鎖型社会インフラビジネスは滅びつつある。

・日本の素材・部品メーカーは、国内機器製造業の下請体質から脱皮しなければならない。技術ノウハウを組み込んだ、従来からの社会インフラ指向型機器製造業ビジネスも滅びつつある。

・日本の機器メーカーの多くは、自社が純粋な機器製造（ＯＥＭのような組立）専業ではなくて、素材開発・部品製造も兼業していた（そこに強みがあった）ことを利用するべきだ。

・巨大国際社会インフラビジネスを最終的に勝ち取れるのは、素材・部品メーカーだ。日本の素材・部品メーカー的機器メーカーにも同じような機会がある。機器製造にビジネスを特化させないことだ。

・部品メーカーが国際社会インフラビジネスを牛耳っている例は、マイクロソフトとインテルだ。彼らは、新しい社会インフラ（インターネット）を利用して、直接、アプリケーションビジネスを展開した。

・日本の素材・部品メーカーおよび素材・部品メーカー的機器メーカーの両方が、現在の社会インフラ独占企業（行政系、官公庁系）ビジネスの下請体質から脱皮しなければならない。

・それには、法律でガチガチに規制された従来からの国内鎖国市場を攻めるよりも、海外の社会インフラビジネス市場を攻めて、それから黒船として日本市場に逆上陸するべきだ。
・このような日本企業の海外進出ビジネスにおいてもっとも賢くて便利なツールが、ＩＴＵ／ＩＳＯ／ＩＥＣなどの国際標準化機関だ。しかし、このツールの21世紀的な新しい使い方を知る企業は少ない。
・デジュール国際標準には、その普及促進のために巨大潜在市場が同時に必要とされる。その意味で、社会インフラが未整備なＢＲＩＣｓが重要だ。中国一国標準だけで十分に国際標準だといえる。
・国際標準化機関は、国の代表が参加する場ではなくて、民間企業の個人が参加する場だ。そこでは組織と相手の両方を理解して、国際市場獲得（標準化）バトルを念頭に置いた戦術が必要だ。
・国際標準化バトルの戦士になるべきは、民間企業の人だけだ。行政、学会、団体の人は、戦う必要性がないので戦士にはならない。国際標準化審議の場は、民間企業どうしの戦いの場だ。
・ものごとの原理原則を意識して、理解に曖昧さを残さないことだ。たとえば、仕掛け人が曖昧な日本発国際標準は夢幻で、仕掛け人が個人に特定される一企業（一個人）発国際標準が現実なのだ。
・国際標準は、企業ビジネス戦略のツールの一つだ。民間企業の標準化の目的および国際標準化専門家が目指すべき仕事は、標準作成ではなくて、自社ビジネスに標準を活かすことだ。
・国際標準を活かして自社ビジネスを成功させるには、積極的に外部の標準化組織を使うことだ。組織における活動目的は、参加することではなくて、自分のために利用することだ。
・国際標準化には、自立的かつ自律的な人材、かつ、常に「なぜ」を考える人材を投入しなければならない。日本企業の海外進出ビジネスを担当する人材も同じだ。

・国際標準を利用した企業ビジネスの国際展開と成功には、企業トップの理解に加えて、資金と人材の裏づけが欠かせない。戦力（資金と人材）に欠けた戦では、どんなに優秀な指揮官でも勝てない。

・英語で考えて、英語でビジネスをしない限り、日本人は永遠に欧米企業と対等なビジネスをすることはできない。海外ビジネスに関係する企業本社と国家行政の公用語を即座に英語にすることだ。

特段の差別化ができない、並の技術の新製品を開発して、チャレンジ精神をアピールしても、たいした結果は出せません。標準や知財のビジネスには、優れた技術が必要です。技術への的確な先行投資（量から質への投資）は、技術の素性に関する独特の勘がなければ難しくなります。竹林を買ってタケノコを確保すれば、タケノコを売る現在の商売ができます。また、竹を売る将来の商売もできます。それは誰にでも将来が見える、竹への先行投資です。タケノコと竹は形が違いますが、それがどうなるかが、誰にもでわかっているからです。

それとは違い、何に育つのか、技術者でもわからない種を蒔《ま》くことが、技術への先行投資です。たくさんの種類の種を蒔かないと、ビジネスの宝は収穫できません。磁性体やトランジスター、ＣＣＤなどを開発してきた過去のソニーには、技術に関する独特の鋭い感覚を持つ人が多かったのです。

第4章　国際ビジネス交渉の技能と実際——実践論

ここまではルールビジネスの理論と応用を説明してきました。ヒト、モノ、カネのビジネスとは違い、ルール制定は必ず複数の人が関係するビジネスです。したがって、ルール制定のビジネスにはロビー活動が欠かせなくなります。そのロビー活動に欠かせない基礎的な実務技能、それがタイピング、英語、国際ビジネスマナーです。本を読んで頭で考えるだけでは仕事ができません。紙に文字を書くには、文字を覚える前に鉛筆の持ち方を身につけなければなりません。英語がうまく話せなくても話は通じる？　それは話す人の地位が極端に高い（給与決定権を握っている）場合、または話す人の技術が優れている（学ばなければならない技術を持っている）場合、これら二つの例外を除いて間違っています。

第4章では、英語を含めて国際交渉において欠かせない知識と技能について説明します。英語力はもちろんのこと、国際ビジネスの技能とマナーの欠如こそ、日本人の最大の問題点だと思います。政治家を始めとして、多くの日本企業経営者は、まだまだ国際ビジネスの場では欧米人から異端視されているように思います。もちろん、そのような偉い日本人の周囲には、日本人に優しい欧米人が集まっています。だから、日本人の行動について文句を言うことはありません。しかし、国際ビジネスの相手は、そのような日本贔屓《びいき》の欧米人ばかりではありません。国際ビジネスは、異文化の存在を否定する活動です。それには宗教と人種、言語、戦争など、文化的な歴史と環境への配慮が必要になります。

4・1　基本的な知識と技能

国際的な仕事をするときに欠かせない技能がいくつかあります。タイピングも、それらの技能の一つです。昔のタイプライターのタイピングと今のパソコンのタイピングは、打鍵の深さが違うなど若干の違いはありますが、基本的には同じです。国際会議では、紙と鉛筆を使うことはありません。ほとんどの記録がパソコンのタイピングで進みます。しかし、国際標準化会議だけでなく、日常の海外ビジネスでも、キーボードを見ないでタッチタイピングをしている人を見かけることはほとんどありません。

タッチタイピングの習得は難しいことではありません。また、タッチタイピングは、水泳や自転車乗りとは違い、練習して習得するものではありません。日常の業務のなかで習得していきます。英語の習得も同じことです。発音練習など、特別な訓練も必要ですが、ほとんどは日常の生活のなかで英語を使いながら習得していきます。

4・1・1　英語の習得方法

英語に限らず、語学の学習は、基本的に「聞く」、「話す」、「読む」、「書く」の順番で難しくなります。言語運用能力習得の手順も、そのようになります。聞けないと話せませんし、読めないと書けません。しかし、大人になってから、子供の成長と同じ過程を経ながら、日本語と同じように時間をかけて英語を習得することは、非効率的なことです。したがって、逆に「書く」、「読む」、「話す」、「聞く」という順序で英語を習得することも必要でしょう。

一般的に言って英語の習得は、発音が関係する会話能力を除いて、年齢が高くなってから始める方が、すでに社会常識が身についているので効率的です。どんなに英語が達者な中学生でも、中学生なら中学生レベルの英語しか、話したり書いたりすることはできません。だから、大学を卒業したばかりの英語ネイティブに、企業実務レベルの英語をチェックさせることはできません。

英語の上達方法は、多く聞き、多く話し、多く読み、多く書くことです。それも正しく話し、正しく書くことを心がけなければなりません。言語習得の基本は、発信よりも受信が先だということにあります。逆にいえば、発信できるものは受信できる筈だということになり、最終的にはライティング力が最も高度な能力だということになります。ＴＯＥＩＣの試験のように、リスニング能力でスピーキング能力を測ることは可能です。また、リーディング能力でライティング能力を測ることも可能です。

・リスニング（聞くこと）の上達方法

聞くこと。特に他人よりも多く聞くことです。多量の英語を聞くことも重要ですが、音楽の歌詞の聞き取りのように、少量でもよいので、冠詞や前置詞を落とさずに確実に聞くことも重要です。それには、こう言っている筈だ、という文法からの推測も必要になります。

・スピーキング（話すこと）の上達方法

まず、聞くことです。次に話すこと。それも特に他人よりも多く話すことです。聞けないと話せません。発音については、日本人を教え慣れている英語ネイティブの教師から習うことをお奨めします。

・リーディング（読むこと）の上達方法

読むこと。特に他人よりも多く読むことです。ただし、自分の興味がある分野の書物を読まないと学習が続きません。これは日本語でも同じことで、興味のないものを読むことは誰にとっても苦痛です。

・ライティング（書くこと）の上達方法

まず、読むことです。次に書くこと。それも特に他人よりも多く書くことです。読めないと書けません。日本語を使いながら育った人は、英語がそうとう上手になっても、複雑なことになると日本語で考えざるを得ません。深いレベルで思考できるだけの英語力が身についていないからです。したがって、複雑で高度な英語を使うには、英語で考える力、つまり高度の英語ライティング力が欠かせません。書いて表現できる内容なら、それを話すことはもちろん可能です。

英語力を一段と押し上げるキーとなるのは、英語で書かれた幼児向けの本を読むことだと思います。ふつうの人は、その段階を飛ばして英語を勉強しています。英語の深い理解には、幼児、小学生、中学生が読むレベルの英語の本を段階的に一度、多読する必要があります。また、聞くときにも読むときにも、名詞の可算と不可算の違い、冠詞の種類、前置詞の種類、主語と動詞の関係など、日本語にない英語特有の概念を注意深く観察し、そうなる理由を考えていないと英語力は伸びません。

4・1・2　タイピングの習得方法

パソコンを使った英文ライティングには、手元のキーボードを見ないでタイピングする技術（タッチタイピング技術）の習得が必須です。それはビジネスパーソンにとって、鉛筆を握って字を書く技術の習得と同じことなのです。パソコン活用の基本は、タッチタイピングです。それはパソコンを効率的に扱う上で、何よりも優先させて習得するべき技能だといえます。

タイプで打ちながら文章を書くと、手で文章を書くよりも速く楽に書けますし、慣れるとゆっくりと話す程度の速度で書けるようになります。積極的に情報を入力してパソコンを使うときに大事なことは、鉛筆を握って文字を書くように、手元のキーボードを見ないでタイピングができることです。タッチタイピングができないと、速くタイプしているように見えても、実際の入力速度は非常に遅いものです。また、手元と画面を交互に見るために、目や体が疲れます。

しかし、自ら「タッチタイピングをしよう」と決心しないことには、タッチタイピングができるようには絶対になりません。タッチタイピングができるようになるには、まず次の考え方を受け入れてください。そうして、タッチタイピングができるようになった自分の姿を想像し、タッチタイピングの達人になることを強く決意します。一度身につけた技能は、生涯にわたって活かせます。

タッチタイピングの必要性

・自分の手や目の肉体的な疲労軽減や精神的な疲労軽減などに非常に効果的であること。

・仕事に習熟すれば、考えている時間よりもキー入力にかかる時間の方が長くなること。
・どのような作業でも、時間の短縮が可能なら、短縮することが自分のためになること。

キーボード上のキーの配置を覚えるという作業が面倒だ、ということをタッチタイピングができない理由の一つにあげる人がたくさんいます。**タッチタイピングをするにあたって、キーボード上のキーの配置を覚える必要はまったくありません。**常識と思われていることでも、事実とは違うことが多々あります。以下のような思い込みは、大きな間違いだといえます。

入門者の誤解

・タッチタイピングができる人は、各々のキーの位置を覚えて打っている。
・キーボードを見ずに、画面だけを見てキー入力の練習をしなければならない。
・好きなように打っても、タッチタイピングをしても、ほとんど違いはない。

タッチタイピングができない人は、どのようにしてキー入力をしているのでしょうか。タッチタイピングができない人のタイプの様子を見ていると、次の(a)から(c)のステップの繰り返しでキーを打っています。

(a) 最初に、キーボードを見て、目的のキーを探す。
(b) 次に、できるだけ速く打つために、一番打ち易い指でキーを打つ。

(c)　最後に、正しく入力されたかどうかを画面で確かめる。

このような動作に慣れてくると、やがて数本の指を使って、（動作が大きいので）速そうに、かつ不規則にキーを打つようになります。また、実際は下目気味にキーボードを見ているのですが、首を振らずに目玉だけを上下に動かして、一見すると画面だけを見て打っているようなスタイルになっていきます。

タイピングには、「どの指でどのキーを打つ」という規則があります。それを知っていても、所定の指で所定のキーを打つと時間がかかるので、最も打ち易い指でキーを打ってしまいます。そうすると決まったキーを打つ指が毎回違ってしまい、いつまで経ってもキーボードから目を離すことができません。私たちは規則性のないものを覚えることはできないのです。ただし、キーの配置を覚えてからキーを打つと、キーの位置を思い浮かべるという、本来不要な翻訳ステップが入ってしまいます。だから、キーの位置を覚えない方が速く打てるのです。

最初にするべき基本を説明します。どの指でどの縦キー列を打つかという規則を覚えます。それは、キーボード上の各キーの位置を覚えることではありません。各キーを縦の列に整理して、それぞれの列を担当する指を覚えることです。だから、とても簡単なことです。その場ですぐに覚えられます。

縦キー列を担当する指を覚えたら、次にキーボードを見ながら、所定の指で所定のキーを打ちます。そうすると、担当する各キーを自然に指が覚えていきます。速く打つ必要はありません。でたらめな指で、でたらめにキーを打つと、いつまで経ってもキーボードから目を離すことができません。以下に知っていなければならないタイピングの基本をまとめます。

・どの縦列のキーをどの指で打つかという規則を覚えること。これは、キーボード上のキー配列を元にした規則なので、習えばその場ですぐに覚えられます。個々のキーの配置を覚えようとしないことです。図14を参照してください。

人差し指は縦二列を受け持ちます。小指は広い範囲で様々なキーを受け持ちます。その他の指は縦一列を受け持ちます。スペースバーはふつう、右手の親指で打ちます。しかし、タイプライターに比べて最近のパソコンのスペースバーは極端に短いので、右手と左手のどちらかの親指で、打ちやすい指を使うとよいでしょう。

・キーボード上の指のホームポジションを覚えること。キーを打たないときは、必ず所定のホームポジション上にすべての指を置くようにします。図15を参照してください。

左手の人差し指を置く「F」キーと右手の人差し指を置く「J」キーには、画面を見たままでもホームポジションがわかるように、ふつう、触覚的な目印となる突起が付けられています。両手の親指は、スペースバーの上に軽く置きます。シフトキーを押しながらタイプしてサブの文字や記号を打つときは、文字や記号を打つ手と反対の手の小指で先にシフトキーを押します。このときも、シフトキーを押している手の人差し指は、ホームポジションに置いたままにします。

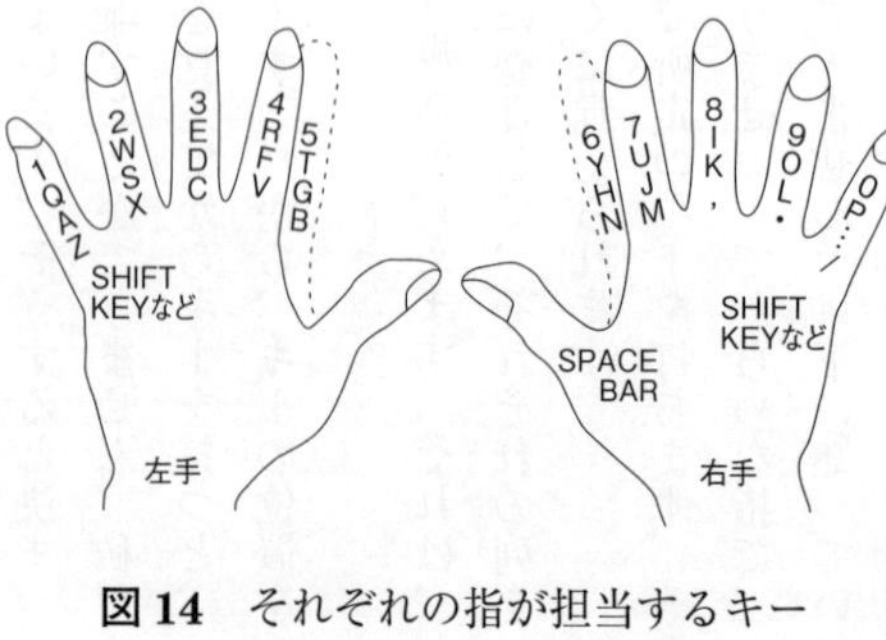

図14　それぞれの指が担当するキー

・片手のどれかの指がキーを打つときは（マウスを使うときも）、もう一つの手の指すべてがホームポジション上にあること。両方の手の指が同時にホームポジションを離れると、キーを見ないことには、離した指をホームポジションに戻すことができません。

・キーを打つときに、時間がかかってもキーボードから目を離さずに、キーを見ながら所定のキーを十本の所定の指で正しく打つこと。スペースバーは、必ず親指で打ちます。急がないことです。キー入力が終わったら、その都度画面を見て、正しく入力されていることを確認します。

・苦しくても、速く打たずに確実に正しく打つ作業を根気よく続けること。わざわざ無用なタイプ練習をしないことです。自分にとって重要な情報や文章、例えば日記や報告書などを入力しながら、自然に覚えていきます。ゴミになるとわかっている文章を真面目に打つことは、誰にとっても無味乾燥な作業です。練習とは、眠っている本能を呼び起こすためか、すでに身につけた芸を他人に見せるためにするものです。会社の仕事の練習をする人はいません。

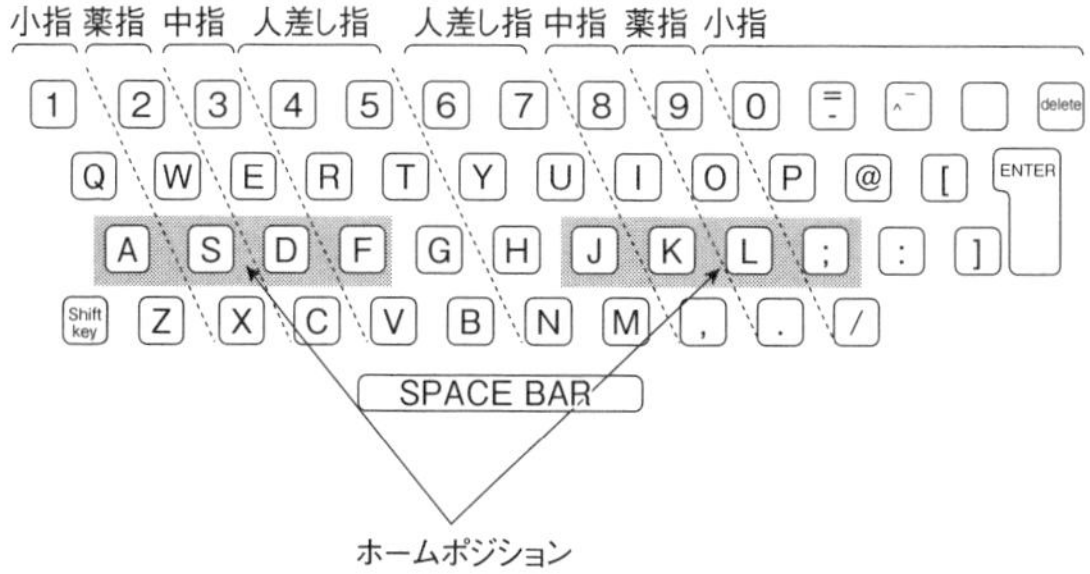

図15　指を休めるホームポジション

画面だけを見て格好良く打とうとしないことです。キーボードを見て、正しい指で正しいキーを打つようにします。そうすると、入力速度が必ず遅くなります。キーボードと画面を交互に確実に見るために、首も大きく振らなければなりません。しかし、じっと我慢します。やがて各々の指が自分の担当するキーの位置を覚えていき、自然とキーボードを見なくても打てるようになっていきます。最初は誰でも小指や薬指が痛くなります。タイプに慣れてくると、小指や薬指が鍛えられて、日常生活でも他の指と同じように独立して力強く働いてくれるようになります。

パソコンを使ったタッチタイピングは、呼び起こすべき能力ではありませんし、本番のための練習が必要な芸や技能でもありません。仕事に必要な技能は、職業訓練所や職業専門学校で習得するものではなくて、現場で仕事をしながら必要性に迫られて習得するものです。

タイピングには、文字記号の使い方や文中スペースの空け方など、細かい規則があります。それらのすべてを本書で触れることはできませんが、英文を読んだりタイプしたりするときに知っていることが望ましい知識を簡単に紹介します。

英文の形と英語感覚の問題

- **文は大文字の英字で始めます。** これは文の出だしを明確にするためです。したがって、項目番号と間違えるような数字を文頭に置くことはできません。
- **英語はラインで読みます。** つまり、英語は左から右へと読みます。上から下へと読むことはありません。したがって、文頭位置を除いて、日本語にありがちな縦方向のレイアウトを揃えることはしません。また、頻繁に改行（不要な改行）をしてはいけません。日本語に多い、枠の中に文字を入れるレイアウト（文字の表組）も、英語には馴染みません。ただし、英語は縦書きもできます。表中の縦長の枠内では、アルファベットを横に寝かせて書かずに、縦に並べて書くことも許されます。

・**英単語は、一つのまとまった形で読みます。**日本語、特に漢字は形で読むといわれますが、英単語も一つのまとまった形として読みます。スペルを追いかけて読むと、外国映画の俳優名テロップなどは、流れるのが速くて読むことができません。日本語ワープロでプリントアウトした英単語の多くは、i（アイ）やl（エル）などの文字の下の横棒を幅広にするなどの工夫をしないと、文字と文字との間隔がばらばらに広くて、一つの単語として認識することが難しくなります。次に例を示します。

Illustration（字詰めの英語フォントの場合）

Illustration（等間隔日本語フォントの場合）

Illustration（文字を工夫したフォントの場合）

英語に不慣れな日本人は、英語の単語をスペルで読んでいます。成人の英米人は、英語の単語をブロック（単語を構成する文字全体）で読んでいます。つまり、単語全体の形を認識して、即座に単語を理解しているのです。それでも、やはり英語は表音文字であり表意文字にはなりません。不便なのです。

最初に覚えることが多く面倒だ。しかし、その覚えたことを思考のツールとして日常的に使う。それが言語による高度な思考の条件です。毎日のように使えば、多数の規則でも忘れることはありません。しかし、洞察力と思考力に欠ける教育者は、最初に覚えるべきことを簡略化して減らそうとします。

4・1・3　日本人にとって特有な英語の問題点

できるだけ多くの人々の間で一つの言語を共有するには、その言語を使う誰もが、可能な限り標準に近い発音をするように心がけなければなりません。通じればよい、では通じません。レッドペンシルは赤鉛筆ではありませんし、フリーマーケットは無料で品物が手に入る自由市場ではありません。日本人にとって、CDから耳で覚えた英語の弱点は発音です。音は真似できても、それが日本語の口の動きになり、それらしい発音はできるようになりますが、なんとなく気持ち悪い発音になります。英語の口の動きが見えていないし、真似できていないからです。

(1) 発音の問題

日本語で育った場合、口が英語の発音に慣れていませんし、英語の発音を聞いても、日本語にない曖昧な音なので不安になります。次のような方法しかありません。

・日本人に英語の発音を教えることができる英語ネイティブに発音を習うこと。
・英語ネイティブの発音を口の形を見ながら注意深く聞き、音を真似ること。
・市販の英語発音練習テープを使って、耳と口で発音の練習を続けること。

・極端な、誇張した発声方法をしてみること。
・必ず辞書で発音記号を確認すること。

日本語にない音については、以下の方法で対応することもできます。

・ベクトル方法（曖昧音　is/as など）

is はイよりエに$\frac{1}{3}$程度、近づいた音で発音し始めます。as はアとエの中間に近い音で発音し始めます。図16を参照してください。

・セット方法（瞬間音　three/four など）

発音する前に口の形を一定の形にセットして、それから発音します。three は口を閉じた状態で舌を唇の外に突き出した状態にセットしてから発音します。four は前歯で下唇を噛んだ状態にセットしてから発音します。v も前歯で下唇を噛んでからヴィーと発音します。

・五母音方法（炸裂音　Because/Behind など）

単語を発音する前に、炸裂音にアイウエオを付けて（この場合はバビブベボ）発音してみます。炸裂音を出す瞬間を短くすると、どれも同じよう

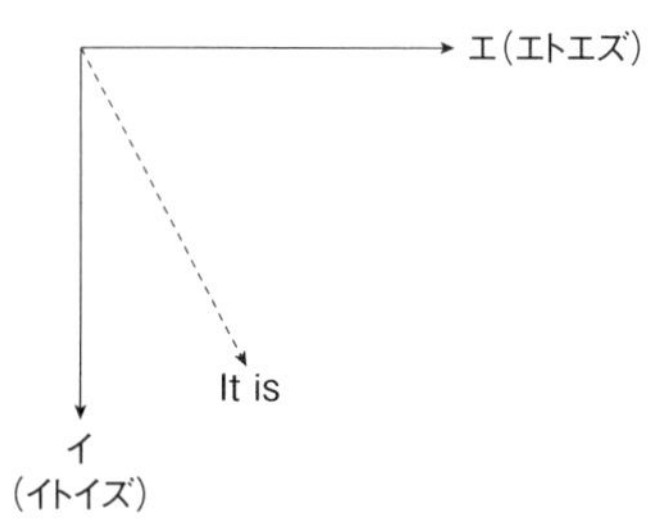

図16　ベクトル方法の解説

に聞こえてきます。頭にバビブベボを付けて、どれを聞いても区別できないように発音できれば充分です。

Because や Behind のような単語は、一呼吸置いてから「コウズ」や「ハインド」のように発音しても、有意の会話中であれば、英語ネイティブは理解してくれます。

バハインド
ビハインド
ブハインド → ゛ハインド
ベハインド
ボハインド

・弱点の克服

Rの発音　Rを発音する単語は、口を丸めてウを前に付けて発音します。（Lとの違いに注意）
Vの発音　Vを発音する単語は、先に下唇を噛んでヴと発音します。（Bとの違いに注意）
Fの発音　Fを発音する単語は、先に下唇を噛んでフと発音します。
Mの発音　口に抜ける音で、唇を合わせる瞬間があります。
Nの発音　鼻に抜ける音で、唇を合わせる瞬間がありません。

Rの発音は、以下のようにすれば良くなります。子音＋オゥのつながりになります。

Write（ライト→オゥーゥライト）

Lisensors（ライセンサーアーズ→ライセンソオゥーゥアーズ）

Interesting（インターアレスティング→イントオゥーゥワレスティング）

どのような単語でも、最後のｓやｔの発音を省略してはいけません。喋っている本人にとってわかっていることでも、聞いている側にとって何を言っているのかわからなくなるからです。**Restrant**（レストラン）という単語も、英語ネイティブの多くは「レストラント」と発音しています。フランス語ネイティブは、やはり「レストラン」と発音しています。

(2) 英語を日本語として理解する問題

英語を日本語で理解することに起因する誤解があります。英単語の本当の意味は、英語で理解しなければなりません。英語の単語を既存の日本語の単語に当てはめることはできません。特にカタカナ語で理解してはいけません。誤解されている例としては、以下のような単語があります。これらの例では、まだ意味の違いが日本語で充分に説明できていません。日本人にとって使い方が難しい英単語だからです。

(a) **Challenge**　自分が挑戦するのではなくて、相手に行動を求めることです。

(b) **Check**　調べることではなくて、妨害することです。

(c) **Claim**　苦情を言うことではなくて、賠償を請求する（預けたものを取り返す）ことです。苦情なら Complaint が適切な単語です。

(d) **Confirm** 既存の事実を確認することです。Make sure が適切な場合が多くなります。

(e) **Especially** 特に際立ったことです。何かを特定するなら Particularly が適切な単語です。

(f) **Pardon** 自分の不注意に対して、相手に対応をお願いすることです。

(g) **Pick up** 選ぶことではありません。拾うことです。選ぶなら Pick out が適切な単語です。

(h) **Support** 優位な人が劣位な人に援助することです。ふつうは Assist が適切な単語です。

(i) **Understand** 頭で理解することではなくて、相手に同意した行動をとることです。

サッカーのサポーターは、選手を金銭的に支援する偉い人です。国際会議で意見が違う相手に譲歩する場合、I don't agree with you but I understand. は成立しますが、I understand but I don't agree with you. は成立しません。

日本人にとって英語の数字や計算は難関です。英語に慣れてきても、計算は日本語でする人がほとんどです。なぜ、英語で計算ができないのでしょうか。計算するという行為を英語で習っていないから、つまり計算の英語表現を知らないからです。英語を使ってどのように計算式を表現するかを知っていないと、英語で計算することはできません。英語で書かれた数学のテキストを読んで理解しなければ、英語で計算ができるようにはなりません。

日本語にはない時制の概念にも注意が必要です。未来完了進行形、現在完了進行形、過去完了進行形など、いろいろな時制表現があります。“He has been travelling to Japan.” のような現在完了進行形の表現では、彼が飛行機の乗客であり、時間は特定できないが、数時間後には到着している（現在完了になっている）という場面を頭に描きます。

すべての表現について、例文とその使われる状況を覚えて、積極的に会話で使うことが英会話上達のコツです。英語の初心者には、“be” 動詞が上手く使えない人が多いようです。“going to do” は使えても、“going to be” が上手く使えない場合、“I am going to be a superstar.” を例文にして覚えましょう。“being” が上手く使えない場合、“I hate being a soldier.” を例文にして覚えましょう。

(3) ルールビジネスの助動詞

義務、許可、提案、要求、要請、可能性、強制など、動詞を補助する情報が必要となる場合に使うのが助動詞です。助動詞の理解には、まず助動詞を使った文例を覚えて、その場面を描写することが大事です。そうしないと、思ったような英語表現ができません。I should have done this.（これをしておくべきだった）のような表現や、Should it happen（= if it happens）のような倒置表現も、文法で考えるより先に表現形式を覚え、その使われる場面を理解し、その場面において自ら積極的に使うことが英語上達への近道でしょう。

(a) **can**　可能性を記述する場合に用います。速読性を高めるために、少なくとも同じ文章内では、may との使い分けが望まれます。

(b) **may**　許可を表わします。可能性を表わすこともありますが、その場合、速読性を高めるために一貫して can を使うことが望まれます。

(c) **must** 義務を記述する場合に用います。

(d) **shall** ふつう、強制や義務を意味する場合に用います。特に契約を背景とする仕様書、発注書、規格書などが該当します。

(e) **should** 提案、要求、要請（義務ではないが好ましいこと）を記述する場合に用います。まれに義務を記述する場合にも用いますが、速読性を高めるために一貫してshall/mustを使うことが望まれます。

(f) **will** 書き手の特定の意図や目的を記述する場合、単純未来（自然にそうなること）を記述する場合、装置や機器の持つ能力を記述する場合に用います。

(g) **could** canの過去形です。ほとんど可能性のないことをいう場合にも使われます。"It could be."は、あり得ないことだと、言外に否定している表現です。

(h) **might** mayの過去形です。

(i) **would** willの過去形です。

規格文書では、英語と日本語の間で助動詞の意味が確定されている場合があります。そのような場合、指定通りの使い方をしなければ、規格の解釈に問題が発生することになります。以下にＩＳＯ／ＩＥＣ（国際規格）およびＪＩＳ（日本工業規格）で使われている助動詞の例と和訳、その同等英語表現を示します。

(1) **必要条件（requirement）を示す場合**

(a) **shall（肯定）**

is to …

is required to …

it is required that …

has to …

only … is permitted

it is necessary …

（し）なければならない

する

とする

による

(b) **shall not（否定）**

it is not allowed（permitted, acceptable, permissible）

is requreid to be not …

is required that … be not

is not to be …

（し）てはならない

（し）ない

避け難《がた》い（unavoidable）状態を示す場合以外、must を使わないようにします。禁止を表現するのに、shall not の代わりに may not を使わないようにします。また、手順など直接的な指示の表現は命令形を使うようにします。

(2) 推奨（recommendation）を示す場合

(a) **should**（肯定）

it is recommended that …

ought to …

することが望ましい

するのがよい

(b) **should not**（否定）

it is recommended that … not

ought not to …

しないことが望ましい

しないほうがよい

(3)　許容（permission）を示す場合

(a)　may（肯定）

is permitted

is allowed

is permissible

（し）てもよい

差し支えない

(b)　need not（否定）

it is not required that …

no … is required

する必要がない

しなくてもよい

may の代わりに can を使わないようにします。また、possible および impossible を許容の肯定や否定に使わないようにします。

(4)　可能性（possibility）または能力（ability）を示す場合

(a)　can（肯定）

to be able to …
to be in a position to …
there is a possibility of …
it is possible to …
できる
可能である
可能性がある
能力がある

(b) **cannot**（否定）

to be unable to …
to be not in a position to …
there is no possibility of …
it is impossible to …
できない
不可能である
可能性がない
能力がない

may は許容（permission）を示します。can は可能性（possibility）または能力（ability）を示します。

4・1・4　量と程度の表現

範囲の表現を確実に覚えます。間違った科学的な記述表現は、大きな問題になることがあります。

(a) **表示の閾値を含まない場合**

未満　less than

超える　more than, exceeding

(b) **表示の閾値を含む場合**

以上　above, or more, and more, and greater, not less than

以下　below, or less, and less, and smaller, not more than

(c) **大体の値を示す場合**

およそ　about, approximately（about の方が簡潔です）

(d) **範囲を示す場合**

何々から何々まで　to または through（1 to 10 なら10を含むかどうか不明です）

何々から何々までという表現で to を使うと、後ろに記述されている数値を含むかどうかが不明になります。つまり、「1 to 9」なら「1から9まで」という意味になり、英語では9を含むかどうかが不明になります。したがって、toではなくてthroughを使うことが望まれます。「1 through 9」なら確実に9も含まれます。

4・1・5　時と期限の表現

「時」や「期間」に関する表現を確実に覚えます。そうしないと、契約書や案内文の記述などで、曖昧な表現をしてしまうことになります。

(a)　**確実に期日を示す場合**

on　一定期日を示します。

例　on May 30, 2000

日（date）が記入される場合、その前に月（month）が来ても前置詞はonになります。

(b)　**表示期日が含まれない場合**

from　期間の開始を記述する場合、表示期日は期間に入りません。

例　from May 1, 2003（２００３年5月2日から）

範囲を示す場合は、これと異なりfromの後ろの数値が含まれます。

before　期間の終了を記述する場合、表示期日は期間に入りません。

例　before January 18, 2003（２００３年１月17日まで）

(c) **表示期日が含まれる場合**

commencing　期間の開始を記述する場合、表示期日が期間に入ります。

例　commencing with August 5, 2003（２００３年８月５日から）

by　期間の終了を記述する場合、表示期日が期間に入ります。

例　by January 18, 2003（２００３年１月18日まで）

(d) **表示期日が含まれない場合と含まれる場合の二とおりがある場合**

after　期間の開始を示します。二つの場合があります。

after の後ろに具体的な日付がなくて、ある事実が発生した日が記述されている場合

例　after receipt of the order（その事実があったときが開始日になる）

after の後ろに具体的な日付が記述されている場合

例　after July 10, 2004（翌日の11日が開始日になる）

４・１・６　わかりやすい英語の書き方のヒント

簡単なヒントから、書く英語を飛躍的にブラッシュアップさせることができます。そのようなヒントで、日本人が日常気づきにくいものをあげました。

(1) 好ましい動詞形式の順番

動詞を品詞として持つ単語であれば、好ましい順番は、能動態形式、不定詞形式、受動態形式、ingで終わる名詞形式、ion／ent／enceで終わる名詞形式の順になります。

(a) **能動態形式（Active voice）**

例 The technician adjusted the heat.

(b) **不定詞形式（Infinitive）**

例 Do the following to adjust the heat.

(c) **受動態形式（Passive voice）**

例 The heat was adjusted by the technician.

(d) **名詞形式 1（Noun forms ending in -ing）**

例 Adjusting the heat eliminated the problem.

(e) **名詞形式 2（Noun forms ending in -ence, -ent, and -ion）**

例 Adjustment of the heat was easy.

単語には品詞があります。言いたいことを表現するには、名詞よりも動名詞を使います。さらに動名詞よりも不定詞を使います。最終的には、可能であれば不定詞よりも動詞を使うことが望まれます。次の文例で、行頭に?を付した文は改良されるべき文です。

・動詞から変化した名詞の場合、名詞や名詞形式よりも、動詞を使います。

? Allow seven minutes for the oscillator stabilization.

- Allow seven minutes for the oscillator to stabilize.

? This section contains a description of the components.

- This section describes the components.

? It was the findings of this panel that the shuttle should not have been launched.

- This panel found that the shuttle should not have been launched.

・名詞や名詞形式よりも、不定詞を使います。

? For reaching the couplers, remove the following parts.

- To reach the couplers, remove the following parts.

? To achieve alignment of the oscillator section, use a plastic screwdriver.

- To align the oscillator section, use a plastic screwdriver.

・名詞や名詞形式よりも、動名詞を使います。

? The elimination of prepositions makes sentences easier to read.

- Eliminating prepositions makes sentences easier to read.

? We have to discover reliable, economical, and automatic instruments for the collection and classification of traffic data.

- We have to discover reliable, economical, and automatic instruments for collecting and classifying traffic data.

(2) 日本語は受動態主体で、英語は能動態主体

受動態で書くべき文を能動態で書くことは可能です。能動態で書くべき文を受動態で書くことも可能です。しかし、そうするとわかりにくくなります。どちらを選ぶべきかを判断できるかどうかが、文章力の差になります。また、一つの文中で何回も関係代名詞を使わないようにすることも重要です。

? The meat was cut by a kitchen knife by a cook.
- A cook cut the meat with a kitchen knife.

? The meat, which was mine, was cut by a sharp instrument, which was a kitchen knife, by a cook, who is my Uncle Tom.
- Uncle Tom cut my meat with a kitchen knife.

英語には主語が明確な能動態が多くなりますが、受動態で書くべきものは受動態で書く、能動態で書くべきものは能動態で書く、というのが作文の基本です。ただし会話は違います。ほとんどの会話は能動態で成り立ちます。会話の流れの途中に突如、情景描写のような受動態を入れると、何を言いたいのかと相手からしつこく聞き返されることになります。また、会議の場で、言いたいことをパソコンに入力して、それを読み上げると、会話ではなくて説明文の読み上げになります。注意しましょう。

(3) PTA順の記述

日本語でも同じことですが、思考の順番どおりに記述します。以下の例のように、目的（Purpose）、手段（Tool）、動作（Action）の順に記述します。Parent-Teacher Association ではありませんが、〝PTA規則〟として覚えると忘れません。

例　To remove the panel, using a screwdriver, loosen the holding screws.

専門用語の存在には、それなりの意義があります。確実な表現と説明をするには、専門用語を使います。その専門用語の意味を正確に理解するのが読者の役目です。素人からわかりにくいと非難された結果、サービス精神で曖昧な用語を使うと、どうしても文意が不明確になります。

4・2　ロビー活動

経験からですが、中国人や韓国人には、政府のトップを除いて、国際マナーを知らない人が多いように思います。日本人には、政府のトップから現場の人まで、国際マナーを知らない人が多いように思います。国際会議の後には食事の場が用意されているのがふつうです。他人との食事の場は、ロビー活動の場でもあります。ここではロビー活動をするために欠かせないビジネスマナーについて主に説明します。

標準と知財の書物（本書）にビジネスマナーやテーブルマナーまで書かなければならないのには、それだけの理由があります。海外のロビー活動の相手は、少なくとも外交においては紳士や淑女です。筆者が見る限り、日本人が展開するロビー活動の最大の弱点が国際ビジネスマナーの欠如なのです。

4・2・1　ビジネスマナー

国際ビジネスには、紳士淑女としての振る舞いが求められます。公式なマナーを知って、それを崩すことは可能です。上を知っていれば、上から下へと降りられます。上を知らなければ、下から上へと昇ることはできません。公式なマナーを身につけていないと、さまざまな場面で個人の恥をさらすことになります。それは所属している組織の恥でもあります。恥をさらしている人は、恥をさらしていることに気づいていない、それが問題なのです。

文化や風習の違いに注意します。情報の流通や言語の学習で文化の違いは薄れていきますが、瞳の色、平均身長（男子トイレの高さ）など、身体の違いは文化の違いとして解決できない問題です。次に日本人が特に注意するべきことを列挙しておきます。

(a)　握　手

西欧人の握手には、その人の育ちや性格、それに地方や国によって、強い握手と弱い握手とがあります。相手の握手の強度に合わせて握手します。ただし、相手が女性の場合、特別な注意が必要です。女性に向かって、男性が先に手を差し出してはいけません。

女性が相手のときには、ふつう、相手が手を差し出すまで待ちます。相手が手を差し出さなければ、簡単に会釈して挨拶を終えます。相手が手を差し出した場合、その女性と握手をしますが、手に触れる程度の弱い握手がふつうです。強く握り返すようなことをしないでください。

(b) 名刺交換とクリスマスカード交換

もともと欧米に名刺交換の風習はありませんでした。名刺は名前と連絡先のメモだと理解してください。投げるようにして机の上に置いても、決して失礼ではありません。日本で構築された名刺交換儀式の方が滑稽な気がします。

クリスマスカードの交換は、海外の風習ですからきちんと対応します。相手がカードを送ってきたら、こちらもカードを送って返します。相手が電子メールを送ってきたら、こちらも電子メールを送って返します。相手が送ってくるということは、相手がコネクションの維持を求めているということです。日本の年賀状と同じ意味を持ちますから、めんどうでも習慣づけて対応しましょう。

(c) ホテルでのノイズ

欧州のホテルに宿泊したら、夜の十二時から朝の六時までは、原則としてトイレや風呂、洗面所で水を流してはいけません。夜中は徹底して静かにしていなければなりません。マナー違反が多い日本人は、低層階や別棟に部屋を割り当てられることが多いようです。ただし、アメリカ人や日本人、中国人、韓国人の観光客が多く宿泊するホテルでは、どうでもいいことかもしれません。

欧州の一部では、極端なマナー違反を嫌って、日本人を受け付けないホテルやレストランがまだたくさんあります。官庁の役人には、出張旅費との関係で極端な安宿に泊まる人がいます。それなりの格式のホテルに泊まらないと、相手によっては恥をかくことがあるので注意しましょう。

(d) 爪楊枝

爪楊枝は絶対に人前で使ってはいけません。ウェイターに爪楊枝を持ってくるように頼むと、何が要るのかと何回も聞き返される場合があります。そのときは、ウェイターが暗黙に要求を拒否しているのです。爪楊枝は、必ずトイレの中で使ってください。ウェイターに持ってくるように頼んでもいけません。

(e) ハンカチ

ハンカチは手を拭いたり汗をふいたりするものではなくて、チリ紙の役目をするものです。景気よくブーッという音を出して水洟《みずばな》をかむときに使います。トイレの手洗い後、ハンカチで手を拭いてはいけません。ペーパータオルかエアータオルを使います。欧米人から見たら、気持ちが悪くなるからです。水洟は食事中でも人前でも、どこでかんでも問題ありません。

(f) マスク

欧米のマスクは、何かの理由で顔を見せたくない人が着けるものです。最近、中国や香港で流行った悪性風邪のテレビニュースで、アジア人のマスク姿に馴染んできたようですが、できるだけ着けない方が無難です。

(g) タバコ

人前での喫煙はやめましょう。欧州の会議に出席すると、タバコを吸う場所がなくて困ります。レストランでも、タバコは吸わないようにします。

4・2・2　パーティー

国際標準化はもちろんのこと、海外ビジネスでは、いろいろな人と一緒に食事をする機会があります。それは人と人のコミュニケーションの場です。また、正式な会議は、必ずレセプションを伴います。そこでマナーを知らずに右往左往しているのが、ほとんどの日本人です。

欧米人でもマナーを心得ていない人はたくさんいます。正式なマナーを心得ていれば、それを崩すことは可能です。正式なマナーを知らなければ、マナーを必要とされる場に対応できません。特に食事の場面には注意してください。どこの国でも、どんな場所でも、食事をしている人の姿は、その人の育ち（知性と教養）を映す鏡だからです。

国際標準化は欧州を起源としています。したがって、米語ではなくて英語や欧州のビジネスマナーを最初に身につけることが大切です。ここではレセプションへの対応から説明していきます。

(1)　パーティーの種類と対応

パーティーは飲み食いの場ではなくて社交の場です。出席前に軽い食事を済ませておくことが望まれます。公式な場に出席するには、服装を含めて、それなりの対応をしなければなりません。レセプションとカクテルパーティーには、主賓と招待客が必ず居ます。その二者間の相互の挨拶が必要です。会場への入り口では、主賓が招待客の到着を待っています。そこで招待客が主賓と握手をします。

(a)　レセプション（reception）

社会的に地位の高い人を主賓とする公的性格を持つパーティーです。国家的行事の場や格式が高い場のパーティーであり、服装も燕尾服（ホワイトタイ）が指定されることがあります。どの程度、正式なものか、主催者側の意図を判断しなければなりません。

レセプションは、食事目的ではありません。出される料理はスナック程度です。雑談を楽しみ、いつの間にか閉会するというスタイルです。ドレスコードに注意が必要です。最低限度、ネクタイにジャケットが必要になります。入り口付近に主催者や主賓がラインを作って並び、来場する客の一人ひとりに握手をしながら挨拶をします。

(b) カクテルパーティー（cocktail party）

レセプションほど格式張らない、カクテル主体のパーティーです。ここで食前酒を楽しみ、そのまま自前のディナーに進みます。ここでも、入り口付近で主賓が招待客に挨拶をします。事前に告知された開催時間の範囲内であれば、招待客はいつ到着しても、いつ帰っても構いません。

(c) ビュッフェパーティー（buffet lunch, buffet dinner, cocktail buffet）

立って食べる立食は日本特有のものです。ホテルでの朝食や会議の昼食のビュッフェ（日本語ではバイキングと呼ばれ、英語ではバフェと発音される）は、ふつう、着席式のビュッフェになります。

海外では着席式のビュッフェ（seated buffet）がふつうです。客が自ら足を運んで、食べ物が置いてあるところから好きなものを取って来て、テーブルに着いて食べます。着席式のビュッフェには二種類があります。バイキングのように食事が一か所に準備されていることは同じなのですが、サービスする人が、カウンターの内側にいる（コックの役割に近い）か、外側にいる（ウェイターの役割に近い）かの違いです。

(a) サービスする人が料理カウンターの内（キッチン）側にいる場合

皿への盛り付けは、その人に頼みます。飲み物も置いてありますから、飲み物や食事をテーブルに持ち帰ります。飲み物は、テーブルに座った各自が自分で注ぎます。使った皿は、テーブルの上に残します。

(b) サービスする人が料理カウンターの外（テーブル）側にいる場合

皿への盛り付けは、自分でします。テーブルには飲み物が用意されていますが、サービスする人が飲み物を注いでくれます。また、使った皿は、サービスする人が引き上げていきます。

前菜とメインディッシュを間違えないようにします。大皿と小皿が置いてあれば、小皿が前菜用です。大皿がメインディッシュ用です。それぞれ食べ物が違います。大皿に前菜とメインディッシュを混ぜて入れたり、小皿にメインディッシュを入れたりする人が日本人には多く見られます。皿を取り違えないようにしましょう。

基本的には、アペタイザー、魚、肉、デザートの順番で食べていきます。冷たい料理と温かい料理を同じ皿の上に取らないようにします。皿の上に溢《あふ》れるほど料理を取ることも禁物です。食べ残すほど取ることも禁物です。ウェイターは、飲み物を注いでくれますが、食べ物を皿に取ってくれることはありません。食事が終わった皿を下げるだけです。

一度使った皿で、新しく料理を取りに行ってはいけません。料理の側には、充分な数の皿が置かれています。料理を取りに行くときは、ナプキンを椅子の上に置きます。テーブルの上に置かないようにします。

食べるという動物的な行為には、それなりの品格が求められます。席順や服装など、フォーマルな食事とインフォーマルな食事で、それぞれ若干の違いはあります。いろんな場所でいろんなパーティーや食事を経験し、場数を踏んで徐々に慣れてください。

ホテルの朝食では、並べられているものを何でも大皿に集めて、てんこ盛りにして食べる日本人が多いようです。しかし、並べられている料理は、アメリカ式、イギリス式、コンチネンタル式、日本式、中国式に分けられています。どれか一つの様式に決めて料理を取るようにしましょう。

コンチネンタル式では、ハムやチーズが付くこともありますが、基本的にパンとコーヒーだけです。イギリス式になると、それに卵、ベーコン、豆、トマト、ジャガ

小会議時の Seated Buffet Lunch

イモなどが付きます。ゆで卵を食べるときは、卵をエッグスタンドに立て、上から1/3程度の殻を割って、その割れ目から小さいスプーンで中味をすくって食べます。

テーブルマナー以外にも、食事に際して注意しなければならないことがあります。宗教上、口にできない食べ物があります。テーブルの着席順も、失礼にならないようにしなければなりません。パーティーの形式も重要です。場違いな行動や服装は歓迎されません。

(2)　宗教上の注意

肉類や魚類を食べない菜食主義者はベジタリアンと呼ばれます。ベジタリアンでも乳製品は食べます。ベジタリアンには、大別して“Lacto-Ovo Vegetarian”（肉類、魚介類は食べないが、卵と乳製品は食べる人）と“Lacto Vegetarian”（肉類、魚介類、卵は食べないが、乳製品は食べる人）の二種類の人がいます。

洋食の場合、「スープやソース、だしなどの添加物」に注意が必要です。和食の場合にも、「だし」の成分が問題になることがあるので注意しましょう。次に宗教上の食事制限について説明します。鶏肉料理が一番、応用が利きます。食事制限は「神」が決めたものですから、信者にとって変更することは許されません。ただし、仏教では肉食も許され、食事制限はありません。精進料理は「仏」が決めたものではなくて、仏の教えに従うにあたり、肉体や精神への食事の合理性を人が追求した結果として生まれた料理です。

(a)　ユダヤ教

肉類　牛、羊、ヤギは可ですが、馬、豚、犬、ラクダは不可です。ひづめが割れた草食の反芻動物は食べても構いません。食肉解体に際しても、動物が苦しまないように首の頸動脈を切り、肉から血を抜かなくてはなりません。

魚介類　鱗《うろこ》や鰭《ひれ》があるものは可ですが、海老、蛸、貝類は不可です。

その他　肉と乳製品を一緒に食べてはいけません。

(b)　**イスラム教**

酒類　アルコールは不可です。

肉類　豚は不可（不浄）です。豚以外の肉でも、メッカに頭を向けて祈祷してから食べます。

(c)　**ヒンズー教**

肉類　牛は不可（神聖）です。

(3)　着席順の注意

テーブルのどこに座るかも重要です。どうしても判断できないときは、座らずに立っていてください。そうすれば、ホストが案内してくれます。招かれた客がホストより先にレストランに着いた場合、入り口に近いサロンかバーで、カクテルなどを楽しみながらホストの到着を待ちます。食事の席の順序は、オフィシャルな場では大切なことです。次に原則を示します。

(a)　**西洋料理の場合**

主賓はホスト／ホステスの右手側（右隣）に座るのが原則です。男性主賓はホステスの右手側に座ります。女性主賓はホストの右手側に座ります。二番目の男性客はホステスの左手側に座り、二番目の女性客はホストの左手側に座ります。

それ以降は、順番に左右交互に男女の席を決めていきます。テーブルに端がある場合、そこにはできるだけ男性が座ります。したがって、男女同数でもテーブルの端では男性、女性、女性、男性と並ぶことがあります。これは集合写真を撮る場合でも同じことです。

複数のテーブルを使う場合、ホストとホステスは別々のテーブルに座ります。既婚の女性は未婚の女性よりも上位になります。また、同じテーブルに座る人の年齢、言語、趣味などにも配慮します。

長方形のテーブルで、狭い（短い）方に一脚ずつ椅子がある場合、ホストとホステスがテーブルで対面するように、それぞれの椅子に座ります。そこに椅子がない場合、広い（長い）方の中央にホストとホステスが、それぞれ対面して座ります。ホストとホステスのどちらかが欠けている場合、もちろんホストかホステスが一方に座ります。

以上が基本ですが、一つのテーブルを使う場合でも、複数のテーブルを使う場合でも、ホストとホステスが一つのテーブルの同じ側に並んで座り、その間に男性の主賓を入れて座る場合があります。複数のテーブルを使う場合、主賓が座るテーブルはゲストテーブルとして指定されているのがふつうです。自分が他の人の付録のような形で食事に参加している場合、良い席だからと、勝手に好きな席に座らないようにしましょう。

(b) 中国料理の回転式テーブルの場合

中国本土では入り口から遠いところから入り口へと、上位のホストと上位のゲストから順々に左右交互に座っていきます。台湾では入り口側に上位ホストが左右交互に順に並び、反対側に上位ゲストが左右交互に順に並びます。入り口に一番近いところに最上位のホストが座り、入り口から一番遠いところに最上位のゲストが座ります。

4・2・3　テーブルマナー

食事は社交の場の一つですから、それに二時間以上かけるのがふつうです。七時ごろから始めて、十時ごろに終わるという感じです。中華料理は量と仲間で食べます。しかし、フランス料理は、その量ではなくて、ワインと時間と会話で食べるものなのです。

ナイフ、フォーク、スプーンの使い方、それにテーブルマナーに慣れれば、緊張することもなく、いつでも、どこでも、だれとでも、食事と会話が自然に楽しめます。

ただし、宗教の話は禁物です。イスラム教やキリスト教などの宗教は、多くの日本人が一般的に考える宗教とは比較できない、まったく異質の概念だと理解してください。

- 食器類やナイフ、フォークで、不要な音を立てないこと。
- ピチャピチャと音を立てて、口を開けて食べないこと。
- ズズーッと音を立てて、すすりながら食べないこと。
- 立ち上がって、テーブルの上のバターや塩、胡椒を取らないこと。
- テーブルに肘をつかず、背筋を伸ばして座った姿勢で食べること。
- 箸と同じで、ナイフ、フォーク、スプーンを正しく持つこと。
- 遅すぎず、速すぎず、周囲の人の速度に合わせて食べること。
- 同じテーブルの人と会話を楽しむこと。
- ただし、口の中に食べ物を入れた状態で話さないこと。

テーブルマナーを守ることは、決して面倒くさいことではありません。テーブルマナーには、洋食、和食、中華などに共通する部分がたくさんあります。しかし、その食事文化の背景が違い、若干マナーが違う部分もあります。バリエーションの違いや、場所や国による例外もありますが、下に掲げた基本に従えば失礼になることはありません。

(a)　入口からテーブルに着くまで

まず、一流のレストランでは予約が必要です。予約なしに訪れるすると、席が空いていても断られることがあります。レストランの入り口では、コートや鞄などをクロークに預けて、貴重品以外は食事の席に持ち込まないようにします。ジャンパーなど、日本人から見てふつうの上着と同じように思えても、コートと同じ扱いでクロークへ預けるように指示される場合があります。

レストランのテーブルに着くには、ガイドが入り口から席まで案内してくれますから、その後ろに続いて進みます。あなたが男性で女性同伴なら、女性の前に立って歩きます。レディーファーストに反しているように思えますが、その行き先が同伴の女性にとって相応しい場所であることを先に確認するのが男性の役目なのです。後ろの女性を置き去りにしないように、ゆっくりと歩いてください。夕食の席に子どもを同伴してはいけません。また、ずかずかと勝手に店の中へ入って、テーブルや席を自分で決めないでください。

テーブルに案内されると、ガイドが椅子を引いて、女性から順番に座らせてくれます。椅子に座るときは、後ろから見て左側から座ります。テーブルに近づいて立ち、ガイドが椅子を引いてくれた状態で椅子とテーブルの間に立ちます。そうすると、ガイドが椅子を押してくれますから、その状態で座ります。椅子から立つときも左側から立ちます。

あなたが男性であれば、女性の席の椅子は、自分で引いてあげても構いません。自分で自分の椅子を引く必要はありません。充分、押し込んでもらってから座わります。日本人には少し浅いように思えることもありますが、慣れることが必要です。

(b) 注文に際して

全員が席に着くとメニューが配られます。洋食にはコースがあります。飲み物は必ず注文しなければなりません。どうしてもアルコール類を受け付けない人は、ソフトドリンク（ジュース類）や水を頼みます。水はジュースと同じ扱いになります。食事用としてワインボトルを頼む場合でも、食前酒としてシャンペンやカンパリソーダなどを先に頼み、アルコールを受け付けない人はジュースやジンジャーエールなどを先に頼みます。

注文する品を決めたら、メニューを閉じてテーブルの上に置きます。メニューを開いている限り、注文を聞きに来ないことがあります。注文するアイテムに番号が振ってあれば、その番号を覚えると便利でしょう。日本人の場合、注文する内容を外国語で覚えておくことが難しくなります。その場合は、メニューを開いたままで、ウェイターを呼びます。

(c) 食事の開始

注文が終わったら、最初に飲み物が運ばれてきます。その前に、テーブルの上にあるナプキンを膝にかけます。ナプキンが大きい場合、ほぼ真ん中から⅓にかけてのところを折って、折り目を自分の方に向けて二つ折りの状態で膝に乗せます。

食事のテーブルでは、全員のディッシュが揃うまで食べずに待つ必要はありません。半分程度の人に行き渡ったら、ばらばらに食べ始めても構いません。同じテーブルの$2/3$程度の人にディッシュが行き渡ったときが目安でしょう。ただし、格調高い席では、主賓が食べ始めるまでディッシュごとに待った方が良いでしょう。

ふつう、右利きの人が多いですから、飲み物は右手後ろから、食べ物は左手後ろから、それぞれサーブされます。ビールやワインは、ラベルを上にして、銘柄がわかるようにして注ぐのが原則です。飲み物のグラスは、正面の皿の右手向こうに置き、右手で飲みます。ナイフやフォークのセットは、ウェイターは右利きを前提にして置いていきます。左利きの人は、ナイフやフォークを使うときに左右を逆に持ち替えてください。

ワインや水は、ウェイターに注いでもらってください。ウェイターが待機している限り、自分で注いだり隣の人に注いであげたりすることはありません。テーブル上にワイングラスサイズの複数のグラスが置かれている場合、一番小さいグラスが水を飲むグラスです。ただし例外も多いので、係りのウェイターに任せるのが一番間違いのない方法です。ワインは、空気中の酸素を充分取り込めるように、大きいグラスで飲みます。

赤ワインと白ワインを同じグラスで飲むことはありません。赤ワインは常温で飲みますが、白ワインは冷やして飲みます。ワインの温度が大切ですから、ブランデーグラスのように、グラスを包み込むような持ち方をしないようにします。ワイングラスは、不安定に見えますが、グラスの細い軸を右手の指でつまんで持つようにします。

ワインは、変質がないかどうか、ホストが確かめてから注がれます。テーブルの人数が極端に多く、一時に何本もワインを出さなければならないような場合では、ウェイター（ワインを注ぐ人）が一本ずつワインを事前に味見しています。ワインなどの酒類は、デザートの前までに終了します。

水をもってくるように頼むと、炭酸ガスなしの水（スティル）と炭酸ガス入りの水（ガス）のどちらを飲むかと聞かれます。西洋人の多くが、炭酸ガス入りの水を飲みます。スティルと言わなければ、炭酸ガス入りの水が来ます。

(d) 食事の進行

正面のテーブル上の向こう側には、デザート用のフォークとナイフ（またはスプーン）が交互に逆方向に向けて置いてあります。炭酸ガスなしの水を注文した場合、フォークの柄が右側になるように、係りのウェイターが置き直すことがあります。ナイフ（またはスプーン）とフォークの柄を右側に揃えて置くことで、誰が炭酸ガスなしの水を飲んでいるのか、食事の途中でも自分の目だけで判断してサーブできるようにするためです。

日本料理はパラレルで出てきますが、西洋料理はシリアルで出てきます。手前の皿以外は、飲み物のグラスとパン皿しかテーブル上にはありません。パンは手で食べます。日本の洋食のようにライスの皿が別に出されたら、メインディッシュの皿にライスを移し替えて食べないと、ナイフとフォークでは食べることができないのです。

洋食のライスは、メインディッシュに添える野菜類と同じ扱いになります。日本人の主食はライスですが、西洋人の主食はパンではなくてメインディッシュ（肉または魚）だと思った方が正しいでしょう。欧州の家庭の夕食に招待されると、肉だけでパンが出ないことがあります。

パンが置かれている場合、飲み物が来たらパンに手をつけても構いません。自分の左手にパン皿がありますから、そこにパンを取ります。パン皿がない場合は、テーブルクロスの上にパンを置いても構いません。ウェイターが配る場合、バスケットから好きなパンを選ぶと、それをパン皿に置いてくれます。バスケットのパンを自分で取らないようにします。

パンは一口ずつちぎって、それにバターを付けて口に運びます。バターナイフは、パン皿を引き上げやすいように、皿の上に渡し箸の状態で横に置きます。ふつうのナイフやフォークと違い、食事中でもテーブルの上に柄を接触させないようにします。バターは必要なだけパン皿に取るようにします。イギリス以外では、バターが出ないこともあります。

パンはメインディッシュが始まるまでに食べてしまうのが基本です。遅くても、メインディッシュと同時に食べ終わります。だらだらとパンを食べているのを嫌う人がたくさんいます。欧米人にとって、夕食の主食とはメインディッシュの肉や魚のことで、パンはその添え物にすぎません。

スープやメインディッシュには、塩や胡椒が要ることがあります。自分の手が届く範囲にない場合、近くに座っている人に頼んで取ってもらいます。大きなテーブルで、バターがまとめて置いてある場合も同じです。英語なら“Would you pass me the salt?”（または salt の替わりに pepper や butter）と言って、取れそうな人に頼みます。相手に対して“Thank you.”の言葉を忘れないようにしましょう。

塩や胡椒の小瓶が不透明で中味が見えない場合、ふつう、口に穴が一つ開いているのが塩で、複数開いているのが胡椒です。穴の数が同じ場合もありますが、何らかの形（ＰやＳの文字など）で区別できるようになっています。

(e) ナイフ、フォーク、スプーンの使い方

左右に並べて置かれているナイフとフォークは、外側に置かれているものから順に使います。フルコースの場合、ふつう、ナイフが三セット、フォークが三セット用意されています。また、スープが出るので、右手の外側から一番目と二番目のナイフの間に、スプーンが一セットあります。スープ用のスプーンは、スープと一緒に運ばれてくることもあります。

向こう側に横向きに置かれているナイフとフォークはデザート用です。デザートがアイスクリームやケーキの場合、フォークの他に大きめのスプーンが置かれています。さらにコーヒー用の小さいスプーンが置かれていることもあります。デザートは食事の最後ですから、先に左右のナイフとフォークからペアで使っていきます。

ナイフやフォークを落とした場合、自分で拾ってはいけません。必ずウェイターを呼び、ウェイターに拾ってもらい、新しいものと交換してもらいます。ウェイターは、顔を見て目を合わせて手をあげれば、すぐに席まで来ます。一流のレストランほど、ウェイターは客を見ています。どうしても気づいてくれない場合、静かにWaiter/Waitressと尻上がりに声を出して呼びます。

前菜が出た場合、一番外側に置かれているナイフとフォークを使います。シュリンプカクテルのようなアペタイザーに前菜などと、メインディッシュの前に複数の皿が出てくることがあります。皿に小型のフォークやスプーンが添えてあれば、それを使います。何もないときは、外側に置かれている小型のフォークから使います。

ナイフやフォークの使い過ぎを気にする必要はありません。ふつう、必要なだけ準備してくれますが、余計に使って不足したら、ウェイターが次のディッシュと一緒に持ってきてくれます。フルコースの場合、オードブル、スープ、魚、肉、デザートの順番で出てきます。したがって、使うナイフとフォークの数も、それだけ多くなります。省略形では、前菜かスープ、それに肉か魚、次にデザートで終わります。

最初からすべてのナイフとフォークが置かれている場合、外側から一番目がオードブル用のナイフとフォーク、二番目に右側にスプーン、三番目が魚用のナイフとフォーク、四番目が肉用のナイフとフォークになります。レストランによっては、すべてのナイフとフォークを置かずに、必要なナイフ、フォーク、スプーンをディッシュごとに直前に準備してくれることもあります。

ナイフとフォークの使い方の基本は、ナイフは「必要なものを切り取る」道具であり、フォークは「必要なものを突き刺して口に運ぶ」道具だということの認識です。つまり、食べたいところを先にフォークで突き刺し、次に不要なところをナイフで切り離し、そのまま突き刺したフォークで食べたいところを口に運ぶということです。米や豆、野菜など、フォーク単独で突き刺しにくい場合、ナイフでフォークの先に寄せてから（ナイフの助けを借りて）突き刺します。

ナイフやフォークの柄は、できるだけ刃先に近いところを持ちます。つまり、フォークなら、フォーク部の付け根を親指と人差し指で挟みます。ナイフなら、刃と柄の境を親指と人差し指で握ります。慣れるまでは、このようにして握ると安定した持ち方になります。慣れてきたら、左手の人差し指はフォークの付け根に近いところの背に置くとよいでしょう。

日本人がナイフとフォークを使う姿は、箸を持つときと同じようにしてナイフやフォークの柄の端に近いところを持つことが多いので、使うときに不安定に見えるのです。洋画を見ると、子どもがジャンケンのグーのようにしてスプーンの柄を握ってスープを飲んでいることがあります。これも子どもの躾《しつけ》の問題で、日本人の子どもが箸を握って食べているのと同じことです。真似をしないようにしてください。

豪華なテーブルセットでナイフやフォークの数が多いのは、欧州の上流社会において、権力を見せつけるために豪華さを競い、用途によって種類を増やしていった結果なのです。欧州のふつうの家庭では、数種類の料理が出るときにでも、大きなナイフとフォークとスプーンの三点だけで食べていきます。そのために、汚れたナイフを置く、ナイフレストという、和食で使う箸置きのようなものがあります。

メインディッシュが来たら、肉または魚だけの省略コースなら外側から数えて二番目（一番内側）に置かれているナイフとフォークを使うことになります。魚と肉の両方が出るフルコースなら、外側から数えて三番目（一番内側）に置かれているナイフとフォークを使うことになります。いずれにせよ、少し大きめのナイフとフォークになるのがふつうです。

豆であろうと、ライスであろうと、フォークで突き刺して食べます。豆が突き刺しにくいときは、フォークの背でつぶしてから突き刺しても構いません。豆やライスが突き刺しにくい場合、できるだけ突き刺して、残りをナイフでフォークの背に寄せます。そうすると、三割ぐらいが突き刺されて、七割ぐらいがフォークの背に乗ります。

生野菜もフォークで突き刺して食べます。西洋料理の煎り卵やライスは、フォークで突き刺して食べ易いように料理されています。慣れれば、難しいことではありません。どうしてもダメなら、ナイフを皿に置き、フォークを右手に持ち、フォークの腹ですくって食べてください。

魚料理の場合、横幅の広い魚用のフィッシュナイフを使います。フィッシュナイフは、手のひらを上にして、柄を人差し指と中指の間に挟んで持ちます。魚を食べるときに出されるフィッシュナイフをスプーンの代用にして使わないようにしましょう。肉用のナイフが最初から置いてある場合、魚料理の注文が決まった後、ウェイターがナイフをフィッシュナイフに取り替えてくれます。

骨付きの魚の場合、そのナイフで身を少しずつ骨から離し、フォークで突き刺して食べます。魚の上側になる半身を食べた後、魚をひっくり返さないでください。ナイフとフォークで骨を外し、その骨を皿に残った半身の魚の向こう側に置き、残りの半身をそのままの形で食べます。

舌平目を食べる場合、魚の頭から尻尾にかけて背中を真ん中から二つに分けて、まず手前側の上の半身を食べて、次に向こう側の上の半身を食べます。上の身を食べ終わったら、やはり皿の魚から骨を外して、その身の向こう側に置きます。それから、手前側の下の半身を食べて、次に向こう側の下の半身を食べます。

肉料理の場合、カービングナイフという、刃の付いたナイフが出る場合があります。やや小さめのナイフですが、それを前菜用に使わないでください。カービングナイフは押して切ります。骨付き肉を食べる場合、ナイフとフォークで骨から肉を切り取って食べます。骨に紙を巻いて手で握れる柄になっていれば、ナイフで切り取れない残りは、その柄を手で握って肉を口に運んで食べても構いません。

このように、手で持って肉を食べるような料理の場合、手の指先を洗うためにフィンガーボールが出てきます。ボールに水とレモンが入っていたら、フィンガーボールです。フィンガーボールの水は、肉を手で食べる前と食べ終わった後の二回使います。

日本人には、ビデで頭を洗う人が多いようですが、同じような間違いをして、フィンガーボールの水を飲まないようにしましょう。グラスの中の飲み物と握りのついたカップの中の飲み物だけが、口から飲む対象物だと思ってください。どれがフィンガーボールか、どうしてもわからない場合、他の信頼できそうな人の動きを真似るようにしましょう。ただし、間違っていないという保証はありません。

肉や魚を注文すると、その焼き加減の好みを聞かれることがあります。英語では“How would you like it?”と聞かれるのがふつうです。焼き加減には、良く焼いたウェルダン、中間の焼き具合のミディアム、生焼きのレアがあります。“Medium please”のように答えます。

気取ってミディアム・レアという注文をする人もいますが、焼き加減の基準は国、地方、店、または店のシェフの感覚や肉の種類によって違います。店に慣れないことには、その焼き加減はわかりません。焼き加減が好みと違っている場合、高級レストランであれば、好みの焼き加減に調整したり、好みの焼き加減の品に取り替えたりしてくれます。

東南アジアの大衆レストランでは、ナイフがなくて、スプーンとフォークで食べる場合が多くなります。右利きなら、右手にスプーン、左手にフォークを持ちます。水気が少ない米などを食べる場合、合理的な方法だと思います。スプーンは、ライスや豆などをすくい、時にはナイフの代用にもなります。

メインディッシュが終わるまでは、お酒を味わいながら食事をするのがふつうです。食事の途中で手を休める場合、八の字になるようにナイフとフォークを皿の上に置きます。皿を時計に見立てて、ナイフの刃は手前（時計の針の進行方向）に向けて置きます。フォークは、食べるときの状態と同じように背を上にして置きます。くれぐれも、ディッシュごとに周囲に気を配り、同じテーブルの人と食べる速度を合わせるようにしてください。

(f) 食事中の注意事項

会話中も含めて、食事中にテーブルに肘をついてはいけません。ピチャピチャと口を開けて食べてもいけません。ラーメンをすするような音を立てて食べないでください。ここらは日本食のマナーと同じです。食事の間は、椅子に深く腰をかけて、首を突き出さずに、姿勢を正しく保ってください。

グラスを除き、食器類を持ち上げてはいけません。ただし、握りが付いた食器類は例外です。つまり、グラスとコーヒーカップや紅茶カップだけが、手で持って口に運ぶ容器です。スープは、ふつう、スープ皿に盛られています。しかし、握りが付いたスープカップは例外で、持ち上げても構いません。パン皿以外、二つの皿が同時にテーブル上に並ぶことは基本的にはありません。常に一つの器を相手にして食事をします。

フランス料理のアペタイザーで、アペタイザーの皿の上にカクテルグラスや細い円筒形のグラスに入れた簡単なスープが添えられていることがあります。その料理と一緒に小さいスプーンが運ばれてきたら、そのスプーンでスープを飲みます。スプーンがなければ、グラスを持ち上げて飲んでも構いません。メインディッシュにも、メインディッシュの皿の上に小さい容器に入れたクリーム状のポテトが添えられていることがあります。その場合も、運ばれてくる小さいスプーンで食べます。

会話に夢中になると、マナーを忘れてしまう人がいます。ナイフやフォークを振り回して話をしたり、テーブルに肘をついて話をしたりしないようにしましょう。食事の途中で口の周《まわ》りを拭く必要がある場合、膝の上に置いたナプキンの端でそっと拭いてください。もちろん、折り畳んだときに内側になるところで拭く方が、服が汚れずに済みます。

食事の速度には特に注意してください。一人だけ突出して速くなったり遅くなったりしないようにします。速すぎたら食べる速度を調整して、周囲の人の食べ具合を見ながら、みんなが同じ時に終わるようにします。全員が終わると、ウェイターが皿を引いていきます。

次にスープですが、音を立てないように飲みます。英語で動作を表現すると“Drink”ではなくて“Eat”です。英語の“Eat”という動作は、皿はテーブル上に置いて持ち上げずに、その中味をフォークかスプーンで口に運ぶ動作のことです。英語の“Drink”という動作は、テーブルからグラスやコップを持ち上げて、中味を直接、グラスやコップから口に運ぶ動作のことです。

音を立てずにスープを飲むには、カレーライスを食べている様子を想像してください。カレーライスをズルズルとスプーンから飲むことはできません。つまり、スプーンにスープを八分目入れ、スプーンの横ではなくて先の方から口の中にパクッと入れます。スプーンを歯に当てて、ガチガチと音を立てないようにしてください。

ただし、フォークは斜めにして口に運んでください。先の方から直角に口に向けると、喉を突き刺すような奇妙な感じがします。肉や魚をナイフで口に運ばないようにしてください。日本人には、ナイフを箸と間違えて、ナイフで食べる人が多いようです。特にフィッシュナイフは、形によってはスプーンのように見えることがあります。

スープは向こうから手前へとすくいます。欧州ではイギリス以外を大陸（コンチネンタル）といい、イギリスと大陸では風習がずいぶんと違います。イギリスでは、スープを手前から向こうにすくい上げ、スプーンの横から音を立てずに「飲む」人が多いようです。一種の芸でしょう。コンチネンタルでは、向こうから手前にすくい上げ、スプーンの先から口に入れます。これなら、絶対にズーズーという音は出ません。

洋食のテーブルで、多くの日本人が一斉にズーズーと音を立ててスープを飲み始めると、周囲の客が、何事が始まったのかと驚いてしまいます。パスタを食べるときも、ラーメンをすするようにズーズーと音を立てて食べないようにします。フォークを使って口の中に入れてから噛んでください。

皿の中のスープが少なくなれば、テーブルから皿を持ち上げないようにして傾けてすくいます。イギリスでは向こう側に傾け、コンチネンタルでは手前側に傾けます。スープを飲み終えたら、スプーンはスープ受け皿の上手前かスープ皿の中に置きます。皿の引き上げは、ウェイターに任せます。「下げてくれ」などと言ってはいけません。

蓋付きのスープカップでは、ふつう、蓋を縦にしてカップの中にしずくを落としてから、皿の上に置かれているスープカップの横に裏返しに置きます。ウェイターが蓋を取って、その蓋を引き上げてくれることもあります。

トイレに行くなど、食事の途中で席を立つ場合、膝のナプキンを折ったまま、椅子の上に置きます。これが中座の合図です。テーブルの上に置く習慣の国もありますが、一般的にはテーブルの上に置いてはいけません。メインディッシュの終了を意味するからです。

(g)　デザートから食事の終わり

食べ終わって皿が空いたら、皿を時計に見立てて、ナイフとフォークを三時から六時の間の位置に揃えて置きます。つまり食事の間、ナイフとフォークは左右に分けて置きますから、揃えるということはディッシュの終わりを意味します。

ふつう、ナイフが右手で、刃先側が手前（時計の針の進行方向）を向き、その手前にフォークがくるように並べて置きます。フォークは、腹を上にして置きます。五時位の位置に置けば良いでしょう。このとき、ナイフとフォークは皿の中に入れ、その柄がテーブルに着かないようにします。パスタの場合も、スプーンとフォークを並べて置きます。

メインディッシュが終わると、デザートになります。ふつう、向こう側に置いてあるナイフとフォークで食べます。フルーツもナイフで切ってフォークで食べます。スプーンを使う場合、右手で使います。デザートが終わると、ナプキンを机の上の左側に置いても構いません。もちろん、最後のコーヒーが終わるまで、膝の上にかけておいても構いません。

最後にコーヒーが出ます。ふつう、デミタスカップ（デミカップ）という小さいカップでコーヒーが出ます。小さいからと文句を言わないようにしてください。コーヒーカップやティーカップは、飲み口にホテルやレストランのマークがプリントしてあります。両側の飲み口にマークがあるカップもまれにありますが、ふつう、カップの握りを右にしたときに手前側になる飲み口だけにマークがあります。その反対側にはマークがありません。

カップ類は、そのマークが見えるように置かれます。まず、その状態で砂糖やミルクを入れてスプーンでかき混ぜ、スプーンを皿の上に置きます。それからカップを半回転させてカップの握りを左にして、マークのない側に口をあてて飲みます。つまり、コーヒーや紅茶は、カップの握り部分を左手で持って飲むことになります。

食事の進行ペースは、ホストの速度に合わせて、ウェイターが決めています。メインディッシュが済んだら、直ぐに「コーヒーはまだか」などと聞いてはいけません。煙草は、コーヒーが出るまでは厳禁です。コーヒーが出たら、周囲の人の許可を得て吸ってください。原則として、吸わない方が無難です。

食事が終わったら、ホストが何らかの食事終了の合図をします。ナプキンがテーブルの上にあることを確認し、ホストに続いてゆっくりと席を立ちます。

(h) 勘定と支払い

勘定は席で払う場合と出口で払う場合とがあります。ふつうは席で払います。右手を挙げて、紙にサインするような真似をすると、係りの人がテーブルまで来ます。

チップが必要な場合は、常識の範囲内で置きます。アメリカでは重要なことです。チップの金額は、飲食代の15％程度です。極端に少ないチップを置いた場合、高級レストランでは、理由を聞かれることはあっても、文句を言われることはありません。しかし、観光客相手のレストランでは、しつこくチップの追加を要求されることがあります。

クレジットカードで支払う場合、サインを求められたカード料金明細に、チップの金額を記入してからサインします。欧州では、料金にサービス料が含まれていることが多くなっています。その場合、チップを支払う必要はありません。

4・2・4　ロビー活動の道具

手紙と電子メール、ギフトについて簡単に説明します。国家の行政機関や国際的な民間企業では、業務の種類に関係なく、海外に向けて頻繁に手紙を書かなければなりません。最近では、手紙だけでなく電子メールも活用されるようになりました。そのような手紙文では、相手の身分（職位）によって、手紙の書式の体裁を整えなければなりません。その敬称も、英語と米語で違うので、使い分けなければなりません。それが企業の品位です。

基本的には、Mr.またはMrs.（Miss.かMs.の場合もある）の後に相手の名前を書きます。そして、その下に相手の役職や地位を書きます。ただし、階級社会として発達してきた欧米で使われる言語では、呼び掛けの言葉と結びの言葉に、一応の階級的な儀礼があります。結辞については、原則として米国ではRespectfully yours,を使い、英国ではYours faithfully,を使います。以下の説明の@マークには、フルネームが入ります。公式な手紙では、Family Name（名字）だけにしないように注意します。

植民地支配の歴史などから、英米以外の英語圏の多くの国が英国式を使っています。それ以外の言語を使う国の大統領、首相、閣僚などに英語で手紙を出すには、次のような英国式または米国式に従います。親しい間柄なら、そう気を使うこともありません。ただし、Mr.の複数形（Messrs）やMrs.の複数形（Mmes）ぐらいは使いこなしましょう。

英国式レター

手紙宛先　His（Her）Excellency @
　　　　　職名
文中敬称　Your Excellency,
文中結辞　Yours faithfully,

米国式レター

手紙宛先　His（Her）Excellency @
　　　　　職名
文中敬称　Your Excellency：または Excellency：
文中結辞　Respectfully yours,

手紙や電子メールのほかに、ささやかなギフトも欧米人相手では有効です。気持ちだけで大丈夫です。よほどの敵対関係でないならば、それで良好な関係が築けます。中国など、発展途上国相手では、それとは別の意味でギフトが有効です。日本では安価なものでも、たいへん喜ばれます。

4・2・5　ロビー活動のQ＆A

ご参考までに、ロビー活動のQ＆Aを紹介します。ロビー活動の前に標準化や知財権の現場経験が必要です。現場経験のないロビー活動は自己満足に終わります。

Q　日本企業がグローバルビジネスを推進するにあたり、有効なロビー活動の方法はどのようにあるべきだと考えられますか。

A　ケースバイケースになります。相手との共存共栄が原則ですが、相手の特徴を的確にとらえて対応する必要があります。たとえば政府、企業、団体などの特徴です。まず、政府や団体の特徴（個人も組織も無責任）を理解することが基本です。また、ロビー活動は組織が相手ではなくて個人が相手だと認識する必要があります。

Q　世界でロビー活動をうまくしている企業をいくつか挙げて頂いて、その企業がどのような活動をしているのか、教えてください。

A　電機関係ではＡＢＢ、シーメンス、ロックウェルなど、軍需産業や社会インフラを相手にする企業です。欧米企業は、基本として政府との関係以外にロビー活動をしないと思います。企業とのロビー活動は、必要なときに必要なだけする交渉になります。国内でいちばんは富士通です。行政を相手にする富士通の渉外部門を研究してみてください。次が三菱電機です。それに日立や東芝が続きます。関西系企業のシャープやパナソニックは渉外部門を東京に置いていますが、東京在来の各社ほど機能していないと思います。

Q　これまでに、ロビー活動が成功した事例を教えてください。

A　私は国際標準化の専門家でしたから、国際標準化しかありません。デンソーウェーブのＱＲコード、東京電力のＵＨＶ、ソニーのフェリカ、ソニーのＵＭＤ（ＰＳＰに搭載）などです。政府、団体、企業が相手でした。すでに形勢不利になっている新規提案や敗者復活には、ロビー活動が欠かせません。

Ｑ　ロビー活動は、どういった点で日本企業の競争力強化に資するものとなり得るでしょうか。

Ａ　政治的な決着が簡単になります。たとえば、ＴＰＰ交渉ですが、オバマ大統領が尖閣列島の所属について具体的に日本寄りの発言をしたのは、日本にＴＰＰで譲歩せよ、と言っているとしか私には見えません。ギブ・アンド・テイクがわからない、それが相手の立場を考慮できない日本人の特徴です。会話が英語になり、相手が外国人になると、落としどころがまったくわからなくなる、それが日本政府です。政府ができないのなら、大手の民間企業が出ていくべきでしょう。国際社会インフラの構築に日本企業のビジネスチャンスがあるとすれば、卓越したロビー活動こそが、日本企業の競争力強化の源泉になります。

Ｑ　ＮＧＯやＮＰＯとの理想的な関係は、どのようなものでしょうか。

Ａ　ＮＧＯやＮＰＯは、もともと政府がするべきことを有料でする、慈善団体がするべきことを有料でする、そういう団体だというのが私の理解です。理想的な政府の下では社会に不要なものです。行政がするべき仕事を行政が外部に丸投げして予算を使うための方便ではないでしょうか。有料ということは、自分が給料を得るということです。参加している人は気づいていないと思いますが、ビジネスでつきあうべき相手ではありません。利用できるときには利用する。しかし、深い関係は持たない、そういうことでしょう。

Q　先進国と新興国のロビー活動ではどのような違いがあるのでしょうか。

A　先進国は民主主義ですから、組織のOKをとる必要があります。つまり、組織のトップ（または下層でも実力者）のOKをとり、その所属組織の多数の了解も同時に得なければなりません。新興国は権威主義ですから、国のトップのOKをとるだけで構いません。ただし、中枢のなかで働く人が相手の場合、その上司が誰かを把握する必要があります。交渉のOKの結果が、上司によって簡単に覆されるからです。

Q　米国議会や欧州委員会とのパイプ作りに有効な手段としては、どのようなものがあるのでしょうか。

A　欧州との関係なら、外交官の利用でしょうか。また、欧州委員会関係で幅広く活躍している人も候補に挙がります。欧米の基本は、偉い人が話を決める、です。したがって、自分のポジションを徐々に上げていかなければなりません。さまざまな場所で偉い人のカバン持ちをして、米国や欧州の要職の人とパイプをつくることです。ただし、現在の偉い人（老人）と将来偉くなる人（若者）の二つのパイプが要ります。自分の社会的な寿命を勘案しておかなければロビー活動は成立しません。ロビー活動とは、努力と時間の積の結果です。

Q　自社内でロビー活動を推進していく際には、どういった体制がよいのでしょうか。

A　渉外部を精鋭で強化します。国内や海外の行政からの天下りも、相手の能力と影響力を判断した上で受け入れます。ロビー活動の目的を明確にします。その目的は時間とともに変わりますし、活動を取り巻く環境も時々刻々と変わっていることを認識します。グループではなくてチームで対応します。グループとチームの違いについては、本書の兄弟本『本質と現象の両輪経営戦略』を参照してください。

Q　自社によるロビー活動とロビイストを通じたロビー活動、それぞれのメリットとデメリットは何でしょうか。

A　職業ロビイストは利用できるときに限り利用するものです。重要な仕事を外部に委託してはいけません。自社で恒常的に発生する仕事は自社で処理します。自社の守備範囲を縦と横に広げておき、それでも対応しにくい題材が発生したときに限り、一時的なものとしてカネで付き合うべきでしょう。短期的な付き合いに完全な信頼関係は構築できない……注意するべき真実です。

Q　ロビイストを活用する場合に、どのような注意が必要でしょうか。

A　相手が二股をかけている、落としどころを変えて、こちらに不利な条件で対応している、というところです。楽に早期決着をしたければ、そのようなことをします。達成条件を二段階に分けて文書化し、その二段階で報酬に差をつけるべきでしょう。国内で特許紛争のロビー活動をするなら、弁理士や弁護士は仲間同士だと認識するべきです。相手を手のひらの上で踊らせるだけの力量と、相手の能力の有無の判断能力が自分に必要です。

Ｑ　現地の日本大使館を活用するには、どういった場合が有効でしょうか。

Ａ　欧米の大使、特に米国の大使はビジネスマンとして各国に派遣されています。それは軍事よりも商事の方が優先される経済大国に成長しているからです。欧州の大使は、国と国との付き合いを大切にします。日本から派遣されている大使は、飲み食いをして、高級を得て、名前を売る、それが主体のような気がします。大使は、他人からもらうこと（便宜を受けること）に慣れています。手土産を忘れないようにします。結論として、相手の国の要人とパイプ（話のきっかけをつくる）ために使う、ということです。簡単に済む話は例外ですが、大使館（組織）に何かを期待してはいけません。大使（保守的な人）に何かを期待してもいけません。

Ｑ　ロビー活動を行なう際に、どのようにＰＲ会社や現地メディアを活用すればよいでしょうか。

Ａ　現地メディアなら新聞です。宣伝で利用します。ただし、そこに本音の活動を出すのか、建前の活動を出すのか、その選択が重要です。メディアを使った結果、どうなるのか、それを事前に確実に把握していない限り、メディアを使ってはいけません。やはり、基本は自分が影響力を持ち、自分がロビー活動をする、ということです。

Ｑ　日本においてロビー産業が根づく可能性はありますか。また、そのためには、どのような方法がありますか。

A　ほとんどありません。必要性を感じる人が少ないからです。ただし、成功事例を積んで、それを宣伝すれば、可能になるでしょう。ロビー活動は個人の力です。企業内のロビー活動は、専業でするべきものではないと思います。ほかの仕事と兼業でするからこそ、ロビーの本質がわかってくると思います。ロビー活動はアドホックな活動です。それはチームの仕事です。ロビー活動の下地はスタンディングな活動です。それはグループの仕事です。

4・3　会議と民主的な交渉

技術会議の場で新しい技術を採用するために技術者同士が似て非なる技術の優位性を話し合っていたとします。技術Aは誰が見ても劣っていて、技術Bは誰が見ても優れているとします。もちろん、建前では技術Bが採用されて当然です。しかし、現実では技術Aが採用されることもあります。それは技術Aまたは技術Bの採用の議論が、技術ではなくて政治になっているからです。

技術には技術で対応する——それは純粋な技術者の良識かつ常識です。しかし、相手が政治家（策略家のこと）であったなら、技術と技術の議論が技術と政治の議論になってしまいます。それでは話が噛み合いません。政治には政治で対応しなければならないからです。したがって、こちら側も議論の内容を技術から政治に切り替えなくてはいけません。

この場合の政治とは、技術Aまたは技術Bを推す人の考え方のことです。自分や自社が推す技術が劣っていても、ともかく採用させなければならない……それが裏の本音であれば、優れた技術を使うという表の建前は本音に負けることになります。

このとき議論の当事者が、技術と政治という二面性を理解していれば柔軟に対応できることでしょう。しかし、技術のことしかしらず、技術を議論するべき場に政治が入り込むことなど念頭にない人だったらどうなるのでしょうか。目指す結果を相手が賄賂で直接的に達成しようとしているときに、いつまでも純粋な技術論で対応し、その結果として敗北することになるのです。

4・3・1　技術論議と政治論議

会議において技術論議が政治論議に変質したら、完全に技術理論武装したうえで、技術寄りから政治寄りへと自分の立ち位置を変えなければなりません。すなわち、二面性に関しては、時代や環境の変化に対応して、その中間の立ち位置を意識的に変えることが重要なのです。

よく鶏と卵の議論で、どちらが先に存在していたかを問題にする人がいます。正解は「両方が同時に存在していなければならない」になります。また、卵と鶏の中間には雛鳥と若鶏がいます。そのどれもが同時に必要なのです。どちらか一面だけしか知らない、どちらか一面だけを認める——それが最大の問題点です。事象の二面性を知り、環境や時代の変化に応じて、その中間の適切な立ち位置を意識的に選ぶことで、人や組織は柔軟に生きていくことができます。

事象の二面性については、思いつくものをすべて書き留めておくことが必要です。そうしないと、概念として常時、二面性を意識することが難しくなります。人間の活動の基本は、質を量に変換することです。高質の食べ物を腹に入れて、それをエネルギーに変換します。ビジネスを語るときや人と組織を語るときに欠かせないのが、質と量の違いを認識することと、質を量に変換することになります。しかし、質と量を混同している人は多いのです。

重要なことは、人や組織の二面性の立ち位置が、時間軸とともに変化していくことです。たとえば、若者はひたすら建前論に走りますが、老人は建前論を横に置いて本音論に走ります。そこには老人の本音論が勝つという、一定の社会的な力関係の原理原則があります。若者は老人に負けます。すなわち、建前は本音に負けるのです。理論は理性ではありません。だから、理論は感情に負けるのです。そして技術は政治に負けるのです。突き詰めていえば、人間は空腹に負けるのです。

経営学や経済学では、企業の決算報告書の数値を基にした理論が展開されます。しかし、決算報告書に書かれた数値を信じるのも、どうかと思います。人間が経営する企業は、理論よりも感情で動いているのです。人が動かす企業や組織の経営説明は、理論的ではなくて感情的である——それが正解です。

ただし、老人の本音論が極端に走ると、その建前論との矛盾が若者の怒りを誘発し、若者の手で政治改革が進められます。無知悪行の若者は、ものごとに一途なのです。若者の本質は無知と革新ですが、老人の本質は有知と保守です。しかし、大多数の老人の現実は無知と保守になります。どちらにせよ老人は、ものごとを改革しません。

4・3・2　プレゼンテーション

会議や交渉の場では、プレゼンテーションをすることが多くなります。プレゼンテーション資料で最も重要なことは、もちろんその内容です。しかし、見る人や読む人に内容を理解して貰うには、表示時やプリントアウト時の見易さも重要になります。

表示したりプリントアウトしたりする文章には、文字表示要素（文字デザイン）とレイアウト要素の両方を使った、読み易さへの対応が求められます。文字に関する表示要素には、大きさ、字幅、字高、フォント、全角、半角、大文字、小文字などがあります。また、レイアウト要素には、文字や行の間隔、網掛け、縦横罫線の使用などが考えられます。

(1)　プレゼンテーションの基本

説明を聞く人の思考回路を考慮して、説明を聞く人が自分なりに論理を構築できるように説明します。プレゼンテーションは、他人を相手にしたものなので、自分勝手な説明は許されません。順序を考えて、基礎的な背景説明から始めて、最終目標に向けて説明していきます。背景説明が不要な場合は、結論を先に提示して、それから補足説明をします。

ただし、そのような細かい配慮をせずに、ふんだんに色や図、動画などを使って華やかなプレゼンテーションをしたり、目標や結論だけを大きく表示したりすると、その根拠や方法などの裏づけがなくても、受け手から高く評価されることがあります。ビジネスとしては好ましいことではありませんが、そのような受け手を相手にする場合、方便として仕方がないことでしょう。

それには相手のインテリジェンスのレベルを確認します。内容が理解できる相手なら、文字中心にＡ４の用紙一枚程度で説明し、時間をかけずに質疑応答に入ります。内容が理解できない相手なら、華やかなカラーの図や写真、動画のパワーポイントなどで、時間いっぱいプレゼン資料を見せて、質疑応答に時間をかけないようにします。そうして、自分の意図どおりに相手を動かします。

ＯＨＰ（オーバーヘッドプロジェクター）やＰＪ（液晶プロジェクター）を使ったプレゼンテーションには、以下のように「見る人」への配慮も必要です。

・指棒やポインターは固定させて説明箇所を指し、むやみにぐるぐると回さないこと。回すと、見ている人の目が回ります。

・資料は白黒の無彩色表現を基本とし、必要に応じて、その一部に色を付けて強調すること。有彩色（カラー）表現を基本として作成した資料は、人によっては迷惑になります。

・大した必要性もないのに、文字を罫線（セル）の中に入れて表示しないこと。特に縦の枠のつながりが、英語では理解しにくくなります。

・コピーは事前配布か事後配布すること。事後配布のときは、事後に配布することを事前に説明すること。そうしないと、ほとんどの人がＯＨＰ／ＰＪの内容を転写し、それに時間を使います。

・説明の順序を理論的に展開し、その順番に沿った全シートの総合目次を別紙で提供すること。そうしないと、何が説明されているのか、総合的に理解することが難しくなります。

(2) 升《ます》や罫線の利用

縦にでも横にでも書ける漢字という象形文字を使う日本人は、レイアウトに枠や升（縦横罫線）を使い、その中に文字を入れることを好みます。一方、英語は左から右へと流しながら書くものであり、枠や升には馴染まないものです。しかし、最近では日本的表現の影響を受けて、枠組み（セル）を使った表計算ソフトウエアが文字表現やデーターベースに使われるようになってきました。それでも、ふつうの英語の文章では、枠や升を多用しないことが望まれます。

(3) 文字の大きさ（級数とポイント、フォント）とレイアウト

まず、文字の大きさ（Q／級数とP／ポイント）の知識が必要です。次に、文字の種類と形（斜体、直立体、Helvetica、Times Roman、明朝など）の知識が必要です。最近のパソコンでは、日本語文字の大きさをポイント（P）で表現していることがありますが、その場合、日本語本来の級数（Q）とは無関係な大きさになります。また、読み易いレイアウトには、いろいろと守るべき原則があります。

・できるだけ行頭を合わせて、異なるインデントをむやみに多用しないこと。
・見出しの表現や文字のサイズ、フォントに一貫性を持たせること。
・内容と関係ない、不必要なイラストや色を入れないこと。

> ・日本語文字の大きさは、級数（Q）で表わします。
> ・英語文字の大きさは、ポイント（P）で表わします。
> ・文字間スペースと行間スペースも、読み易さの要素の一つです。
> ・それぞれの文字に開発者が意匠登録権を持つフォントがあります。ワープロ（パソコン）の表示文字も例外ではありません。

(4) 色の使い方

プロジェクターのような直射光を利用する加色混合では、赤（Red）、緑（Green）、青（Blue）が基本原色（RGB）として使われます。この場合、３色とも発光すると白になり、３色とも発光しないと黒になります。印刷のような反射光を利用する減色混合では、シアン（Cyan）、マゼンタ（Magenta）、黄色（Yellow）の３色に加えて、白や灰、黒の無彩色の基調色（Key）が基本原色（CMYK）として使われます。液晶プロジェクターや液晶ディスプレイが一般的に使われるようになり、日常的にカラー表示が楽しめる時代になりました。しかし、安易に多色表現をして、自分のプレゼンテーション資料に自己満足をしていませんか。色を使って文字を表示するときには、以下のような配慮が必要です。

・無彩色では、黒の背景に白文字を入れること（逆も可）。
・有彩色では、暗色（青）の背景に明色（黄）を配置すること（逆も可）。

早朝にテレビを見ると、画像調整用のカラーバーパターンが放映されていることがあります。このパターンは、明るい色から暗い色へと左から順に並べられています。白と黒の無彩色は除いて、黄、シアン（水色）、緑、マゼンタ（紫）、赤、青の順で色が暗くなります。

日本人では統計的に３％の人が色覚異常だといわれています。色覚異常でも、明暗の判断はふつうにできます。したがって、カラーで作成する資料なら、それを白黒で印刷したときに明確に区別できる色の対比を使う配慮が望まれます。

パソコンを使ったプレゼンテーションなどで、以下の色の対比を使わないようにします。色覚異常でない人でも、読み辛くなるからです。

- ・ピンクと白（長波帯の第１色覚異常と中長波帯の第２色覚異常で識別困難）
- ・ピンクと青（長波帯の第１色覚異常で識別困難）
- ・赤と黒（長波帯の第１色覚異常で識別困難）
- ・赤と緑（長波帯の第１色覚異常と中長波帯の第２色覚異常で識別困難）
- ・緑と茶（長波帯の第１色覚異常と中長波帯の第２色覚異常で識別困難）
- ・緑と灰（長波帯の第１色覚異常と中長波帯の第２色覚異常で識別困難）
- ・橙と黄緑（長波帯の第１色覚異常と中長波帯の第２色覚異常で識別困難）
- ・青と紫（長波帯の第１色覚異常と中長波帯の第２色覚異常で識別困難）

まとめると、ピンク、赤、緑、橙、青の五色のどれかを使うときに、注意が必要だということになります。また、明暗のコントラストを常に保つことにも、同じように注意を払わなければなりません。その点、黄が唯一、広く対応できる色だといえます。無彩色文字に対する背景色は、白い文字に対しては黒または青に、黒い文字に対しては白または黄にします。

4・3・3　国際標準化のノウハウと戦術

標準化戦略に優れた一部の民間企業にとって、国際標準化に参加する国々の国際標準化体制の内情がわかると、国際標準化過程や国際標準化投票の場で、国単位の投票を意のままにうまく動かせることになります。ふつうの国際投票は、組織への主要参加メンバーの⅔以上の賛成および全参加メンバーの¼以下の反対で成立します。したがって、事前のロビー活動で、その国際投票結果を投票前に決めることさえも可能なのです。

欧米諸国を相手にした国際標準化では、相手国のインサイダーに変身することも重要です。自社の出先機関を使って相手国の国際標準化インサイダーになれば、標準化国際投票において、必要な国の票を集めることができます。

会議の目的は、自分の思いどおりの結論を議事録に残すことです。ここでは、国別に対応した国際標準化戦略の特徴から、技術専門委員会出席のノウハウまで詳細に説明します。国際標準化をうまく進めるには、通常のビジネスと同じで用意周到な準備と戦術・戦略が必要です。とくに重要なことは、どのような場面でも、以下の三要素（２ＱＴ）に配慮することです。

・Quality（質）　技術や交渉材料
・Quantity（量）　日数や人数
・Timing（時）　タイミング

ものごとの本質が理解できないと、人間は質の問題を量の問題にすり替えて考えるようになります。どんなことでも、最大限度に努力して理解したうえで結論づけることです。理解とは、質であり、量ではありません。調査報告にしても、「５Ｗ１Ｈ」を基本にして自分で考えた内容が質であり、調査した件数や日数、他者の発言の報告などが量なのです。ただし、質は最高の質を知る人にしか評価できません。量は誰にでも評価できます。質は自立型かつ自律型の人間だけが理解する概念です。量は誰にでも理解できる概念で、とくに他立型かつ他律型の人間が依存する概念です。

民間企業で重視される企業間技術アライアンスと国際標準化は、それぞれがまったく別な業務だと多くの企業内でとらえられています。標準化を始めとして、複数の人数で何かを話し合いながら決めていく過程は、ある意味での談合だといえます。技術アライアンスや市場アライアンスは、一種の自主談合（民生談合）だと考えられます。協定や規制を利用する国際標準化は、一種の強制談合（官製談合）だと考えられます。

どのような標準化バトルも、二極間バトルにしてはいけません。勝ったら相手が強い遺恨を持ちます。負けたら何も残りません。企業間のビジネスバトルも同じことです。国際標準化に柔軟で臨機応変に対応できる国・組織・企業を入れて、三者間の話し合いに落とします。そうして、味方（意見のない第三者）を増やし、競争相手を孤立させると、戦術も立てやすくなります。

(1) 他社対応の鉄則

企業間アライアンスを組む場合、自社が強い技術をもっていれば、小さい企業を数多く味方につけることです。自社単独でほぼ確実に市場を握ることができるので、後は数を頼めばよいことになります。自社に特別に秀でた技術やマーケティングスキルがなければ、大きな市場を持つ大企業とアライアンスを組まなければ勝ち目はありません。また、国際標準化への協力や賛成を頼む場合、大企業は小回りが利きません。その点、中小企業は小回りが利き、国際標準化投票など賛成メンバーの数だけを問われるような場合、非常に役に立ちます。

デジュール国際標準化担当者は比較的正直で、信義を守ってくれます。また、デジュール国際標準化担当者を簡単に交代させることはできません。現場経験が必要だからです。しかし、デファクト標準化（企業のビジネスアライアンス）の場合には相手に注意が必要です。場合によっては、それまでの担当者を代えることで、過去の約束を反故《ほご》にすることができます。したがって、必ず相手企業の違う部署の責任者二名と接触を続けます。二カ所（または立場の違う二人）から情報をとって意見が同じなら、それはその企業の意見だと思えます。しかし、その二人の意見が違う場合、十分な注意が必要です。

(2) 会議対応の鉄則

どのような会議でも、その規約を事前に調べて覚えていなければなりません。もっとも重要なことは、その会議の結論（自分にとって必要な部分）を先に頭に描いて会議に臨み、その自分が描いた結論どおりに実際の会議の結論を導くことです。標準化の専門家のなかには、会議で誰かが発言すると「そうなんですか」と言ってひたすら何ごとでも受け入れる人がいます。最初から自分の意志がまったく見えません。

会議運営のスタイルは、欧米人にとって常識です。しかし、日本人でそれを心得ている人は非常に少ないと思います。国際標準化審議の場の議事運営は非常にスマートです。話し合いで何かを決めようという前向きな姿勢が感じられます。日本の国会の議事運営に比べると、とくにそう思います。会議に出席するにあたり、ロバートのルール（会議運営の規約）の理解が必要です。

ロバート議事法の精神

博愛精神を基本として、会議の「公平」と「平等」を守るルールです。そこには、四つの権利と四つの原則があります。原則ですから、厳密に守られてはいません。

四つの権利とは以下をいいます。

・多数者の権利（過半数の賛成）
・少数者の権利（少数意見の尊重）
・個人の権利（プライバシー擁護）
・不在者の権利（不在者投票）

四つの原則とは以下をいいます。

・一時一件の原則（一時に一つの案件審議）
・一時不再議の原則（決定した議案は再度掘り起こさない）
・多数決の原則（多数決による決議）
・定足数の原則（会議の開催、決議のための出席数）

4・3・4　会議進行ルール

会議進行ルールを身につける前に、会議における基本があります。会議出席前に以下の注意点を頭に入れます。

(1) 会議出席の一般的注意事項

・出席メンバーリストと個人の背景（出席母体）を紙で用意しておくこと。
・会議開始三十分前には着席すること。
・会議の結論は前もって用意しておくこと。
・会議での主張はわかりやすい英文の文書で用意しておくこと。
・トイレに立ったり電話をかけたりして、会議の席を中座しないこと。
・会議のルールを使うこと。つまり、会議のルールを確認し、必要に応じて守り、そして変えること。
・自分が決めて望んだ結論に対して、その到達度を会議途中で確認すること。
・席が決められていなかったら、発言力の大きい人の側に座ること。つまり、助けてもらうこと。

(2) 会議開始後の一般的注意事項

(a) **出席者リストの確認**　誰が出席しているのか、人物、年齢、勤務先、所属グループ、家族構成など、できるだけ詳しい情報を入手します。

(b) **挨拶**　会議開始三十分前には会議場に入ります。かつて名刺交換は日本人の特徴でしたが、今では海外でも一般的になっています。会議開始前には、時間的に無理してまで名刺交換をする必要はありません。ただし、出席者全員への挨拶と握手は必要です。議長やキーパーソンだけに挨拶する人は、出世志向だと理解できます。ここでも、各メンバーの特徴を把握します。

(c) **開会とロールコール**　議長が開会の挨拶をします。出席者全員が簡単な自己紹介をする場合があります。名前だけ程度にとどめて、一人だけしゃべり続けて極端に時間を占有しないようにします。詳しい自己紹介は別な場所でします。

(d) **決議規則** 事務局が決議の規則を紹介します。また、発言の規則も紹介します。議長が発言をメンバー（フロアーという）に求めたら、挙手または机上に置かれている自分のネームプレートを掲げて議長に発言許可を求めます。発言は、タイミングよく簡潔にします。他のメンバーから賛意発言をしてもらえるように、事前のネゴが必要です。また、味方にしたい人が発言し終えたら、間髪を入れずに挙手して、賛成（“I second.” または “I agree with him/her.”）と発言します。特に米国では必要です。そういう発言で、会議の流れが決まることもあります。

(e) **議題確認** 事前に議題が配布されています。その変更や追加は、できるだけ事前に要求するべきです。しかし、事前に追加した議題には、各メンバーが注目します。したがって、会議の場で唐突に提出するという戦略もとられます。メンバーの了解の下、議題の変更や追加、削除が認められて、最終議題が了承されます。注意するべきは順番の入れ替えです。時間的に会議を通して出席できない人には、優先的に時間帯が配分されます。朝一番、午後一番、会議終了間際には、出席者の注意力が欠けて、難しい議題を簡単に通すことができます。

・**動議の出し方** できるだけ事前に出しますが、どうしても間に合わない場合、会議開始時の議題案承認の直前に動議を出します。議長や事務局に事前に話をしておくべきでしょう。誰かから動議が出されたら、賛成支持が必要です。それを「セカンド」といいます。“I second.” のように発言します。つまり、何か動議を出す予定があれば、会議前に誰かに賛成を頼むべきです。

・発言の種類の確認　発言については、質問、意見、動議の区別をします。動議については、決議が必要になるので、十分意見を聞きます。しかし、質問や意見は発言だけで終わるので、発言者に簡潔な発言を求めます。

・発言許可　議長に発言許可権があります。発言許可を求めるに際しては、挙手や机上のネームプレートを立てるなどの方法があります。議長は発言を公平にするために、まんべんなく発言を許可していきます。誰かが発言しているあいだ、他のメンバーの発言は許されません。自分の発言を許可されたら、手元のマイクのスイッチを入れ、“Thank you Mr. Chairman”と言ってから発言します。発言が終わったら“Thank you”と言ってマイクのスイッチを切ります。発言に対する全参加者の反応を見る余裕も必要です。

(f)　**その他のビジネス（Any other business）**　ふつうの議題に割り当てられない問題を討議します。とても便利な項目で、どんな会議でも準備されています。会議の終了直前に審議されることが多く、事前に議長と話を決めておけば、ここで自由に会議を動かすことが可能です。

(g)　**決議確認**　決議は書記や幹事が書きます。誰が書くかとくに規定がない場合、会議の始めに議長が指名します。決議の確認には、決議ごとに全員が確認します。それをまとめて、会議終了にあわせて再確認する場合もあります。後日、書記から回覧されて、コメントを求めて修正したうえで、議事録が確定される場合もあります。

(h)　**編集委員会**　会議によっては、議事終了後、編集委員会が設けられて、そのメンバーが議事と決議を確認しながら、議事録（決議案）を作成することがあります。このような会議には、必ず審議内容に詳しく英語が達者な人を出しておかなければなりません。議事録を作成できるということは、会議参加の大きな特権だと認識するべきでしょう。

（i）**閉会**　議長が閉会宣言をします。

他社の人間が混じる会議と、自社の人間だけの会議とは違います。他社の人間が混じる会議では、自然な発言が多くなります。しかし、自社の人間だけの会議になると、どうしても自分の社内の立場を考えてしまい、反対するべきことに反対できなくなる人がいます。十人が出席する社内会議で、九人が反対意見の場合、たとえ残りの一人であっても、自分の信念に基づいて説得するのがリーダーの役目です。民主的な会議になるほど、少数意見も尊重されます。国際標準化会議に限らず、さまざまなビジネスの場面で、さまざまな策略が用いられます。ノウハウですから、体系としてまとめることはできませんが、参考までに国際標準化会議出席や交渉などのヒントを数例、挙げておきます。

(3) スタンディング型委員会への参加姿勢

・自社ビジネスへのメリットを常に考えます。撤退するべきときには撤退します。上司の理解には限界があるので、該当委員会業務を知る専門化が自分の意思で決めます。

・常に火種を見つける努力をして、火種を早期消火します。方法としては、提案規格に反対する、似非なる規格を提案する、討議を遅延させるなどがあります。

・唐突な提案には反対します。内容や提案の背景が理解できなければ、とりあえず反対します。事前コンセンサスを得ない提案は、素人の思いつきの提案か、背後に何か思惑を抱えている提案です。

・委員会討議の常識と戦術を身につけます。投票規約を確認します。最後まで意見を通します。会議の途中で退席してはいけません。事前ネゴをします。

・自分だけが孤立して周囲から絶対に受け入れられないと予想される反対意見を出してはいけません。その場合、賛成に回り、自分に有利な条件を通します。

・委員会討議に関する独占禁止法規定を理解します。特許と標準の関係を理解します。

・関連の社内部門への適切な報告を怠ってはいけません。報告先の選択は、本社の標準化部隊にも助言を求めます。

・標準化のネタがあれば、そのビジネス価値を国際標準化の面で検討し、必要に応じて積極的に国際標準化します。

国際標準化に関する社内関連部署の情報共有は必要なことです。ただし、情報共有は、上司に何かを問われたときに答えるために必要なことではなくて、自ら気を利かして自律的に仕事をするために必要なことです。部下からの情報だけを必要として、何のアクションもとらず、何の指示もしない上司は、部下どうしの単純な情報共有活動を黙認する傾向があります。それでは当事者ではなくて、オブザーバーです。

業界団体における標準化関係技術委員会の存在には、それなりの意義があります。しかし、効率化を目指す組織改革では、真っ先にリストラの標的にされます。その数年後の不利益がわからないからです。そのような横暴に抵抗するには、ふだんからの理論武装が必要です。

(4) 会議運営のノウハウと交渉の鉄則

(a) 会議では最終日の最後の時間まで残る

欧州近辺で開催される会議の最終日が午前中で終了する予定で、議題（会議案内書）にも、そう書かれていたとします。そうすると、欧州からの出席者のほとんどが、午後の航空便で欧州に帰国する予定になります。ところが、欧州メンバーが会議室を去ったあと、米国と日本が会議の場に残り、米国が新しい議題を提案し審議して決定した実例があります。このような場合の規定はありません。正メンバーのほとんどを欠いた会議での決定事項は無効だと主張することは可能ですが、文書化された規約を調べても、会議開催時の定数が満足されている決議が無効だとする根拠はありません。一つの戦略ですが、どんな会議でも最後まで残ることです。会議の最終日は、とくに重要です。欧米に出張しての会議設定なら、その日は泊まるように予定するべきでしょう。

(b) 反対を問い、挙手を止めて、意見を通す

どうしても少数意見を通したいときは、議長であれば反対の数を問います。「賛成の人は挙手してください」と言うと、ほとんどの人が手を挙げません。「反対の人は挙手してください」と言うと、やはりほとんどの人が手を挙げません。前者は否定したいとき、後者は肯定したいとき、の賛否を問う方法です。また、多数決という投票規約がない委員会なら、最後まで粘って意見を通す根性が必要です。

(c) 子会社や会社の同僚を悪人に仕立てる

どうしても多くの会社を敵に回すときは、自社の子会社や同僚を代表にして戦います。戦いが勝利に終わったら、あれは子会社の責任だ、あれは誰々の間違いだ、と言って、過去の遺恨を水に流させ、自分が

企業の代表として残ります。

(d) 会議を時間切れにさせて結論を出させない

国内の企業グループで意見が二つに分かれている場合、行政としては一方に加担することはできません。あくまで当事者どうしの話し合いの結果に結論を委ねます。しかし、会議の場で意見を求められると、何か話さなければなりません。自分の意に反する発言をしなければならない立場に立たされることもあります。このような場合には、会議の時間切れをねらいます。国会の与党と野党の議論を見ていると、真面目な議論では、与党は野党の質問に正論で答えようとしています。しかし、すでに自分が不利な立場だと自認している場合、与党は野党の質問に関係ない回答（回答にならない回答）をしています。そうして、討論の持ち時間が終わるのを待ちます。

(e) 会議には結論を決めて臨み、そのとおりに結論を決める

会議の結論は、事前に自分で決めてから、会議の場に臨みます。場合によっては、一歩引いた妥協案を腹案として、主と副の二つぐらいの案を用意しておきます。会議中には、討議の流れを読みながら、議事を誘導します。また、他社の支持や賛成票が必要な場合、必要な人は引っ張ってでも連れて行きますし、それが他社の人でも旅費負担を考えるべきでしょう。議論が政治問題なら、政治で対応します。技術の話でも、すでに政治問題化している場合、技術論で対応してはいけません。

(f) マスコミへのリークは時と場合で決める

アライアンスで多いケースですが、企業間合意のマスコミリークがあります。ほとんど白紙から何かに合意する場合、タイミングを選んだリークが合意過程の加速剤になることがあります。しかし、対立から

合意へと調整している過程なら、合意の調印完了までリークしてはいけません。妥協案に基づく合意では、誰かが不利益を被ることが公になり、それまでの話し合いが無駄になる可能性が高くなるからです。

(g) 自社が保有する必須特許宣言時期は、できるだけ遅くする

審議対象標準に関する必須特許保有宣言の提出時期は、審議のできるだけ早い時期とされています。しかし、そうすると、審議している規格の内容が変更されることがあります。規格審議の場に競合相手がいる場合、規格審議が最終段階（ＦＤＩＳ投票）になる直前に、必須特許保有宣言をするのが常識です。早めの必須特許保有宣言は、自社の手の内を周囲に見せることになります。つまり、規格審議プロセスにおいて、規則で許される範囲内でサブマリーン・パテントの考え方を導入します。

(h) ルールビジネスには先手必勝と積極性が欠かせない

政治的な標準化の場とは、交渉の場のことです。標準化交渉には、注意するべきことがたくさんあります。他企業と競合する標準化では、議論に情をはさんではいけません。相手からの逆襲を受けるだけです。言語の問題や文化の問題だと思いますが、欧米人相手の国際標準化ビジネスで、相手に日本人的な心情派を期待してはいけません。国際標準化を避けて通ると、自分が楽になります。標準化に負けて、起きた問題に対応するほうが楽な仕事です。しかし、企業ビジネスでは問題です。戦を仕掛けてきた相手に逆らうと、自分は苦しみますが、ビジネスにおける不利益は防げます。ところが、戦を仕掛けてきた相手に従うと、自分は楽になりますが、ビジネスで不利益を被ります。

(i) 訊《き》くべき人、考えるべき人を的確に選ぶ

困ったときに相談する相手を間違えてはいけません。国際標準化専門家には、行政に頼る人がたくさんいます。しかし、行政は業界の声を代弁することはあっても、一企業の声を代弁することはありません。情報提供は必要ですが、当時者として議論の場に参加してもらうことはできません。ものごとを知らない人は、誰がものごとを知っているかという判断ができません。それらしい人を選んで訊いて、そのあやふやな意見を信じています。

(j)　経営者の技量に期待しない

社内のオピニオンリーダーの意見を吟味する能力を、経営者が持つことが必要です。側近の数人の意見を聞いただけで、重要な事業戦略の判断を下す経営者が増えています。側近は、自分が見つけてきた、自分にとって美味しい仕事を経営者に推薦します。それは企業が必要としている仕事だとは限りません。

(k)　外部委員会のポジション獲得を選んで確保する

政治の場は、技術専門委員会内でも国際標準化組織内でも、その上層委員会の場になります。標準化審議がこじれたときに役に立つ委員会です。能力と金銭で取れる（もちろん相応の経歴は必要）ポジションなら、日常からポジションを確保しておきます。自社にとって有用な委員会なら、議長職や幹事職は積極的に確保するべきです。

4・3・5　標準化作業プロセスの独占禁止法対策

デファクト標準化の過程、フォーラム活動やコンソーシアム活動では、その規格作成プロセスにおける独占禁止法への配慮が必要です。その規約を十分に知らないと、独占禁止法の海を自由に泳ぐことができません。知財部門との連携が必要になる標準化関連特許対策と違って、独占禁止法対策には法務部門との連携が必要になります。

標準化プロセスは本来、競合関係にある業界各社が一つの結論を得ようとする行為（端的にいえば談合）なので、そのプロセスによっては独占禁止法に抵触する可能性があります。ただし、独占禁止法から見れば非常に不透明でも、国際標準化機関の標準化プロセスが独占禁止法に抵触すると指摘されたことはありません。ただし、国際標準化機関は、このようなプロセスに無知な場合が多くなります。以下のような独占禁止法上の注意も、国際標準化機関ではまったく遵守されていないことがあります。

(1) 標準規格作成の留意点

複数企業のあいだや利害関係の異なる専門家のあいだで標準規格を作成する場合、次のような注意が必要です。

・標準化技術と関係のない事柄について話し合わないこと。
・提案する最終規格に、互換性確保に必要のない情報を盛り込まないこと。
・他社が独自の規格を設けようとしていることを妨害してはならないこと。
・他社に規格の採用を強制したり、他社の他規格採用を妨害したりしてはならないこと。
・決定規格を業界に提案するとき、作成と配布に関する必要経費程度の対価は徴収してもよいが、希望者全員に規格の入手を可能にすること。
・標準化作業を業とする団体（国内標準化団体など）を通さずに、任意機関で標準化しても構わないこと。

(2) 標準化機関（団体）の設立・参加による標準化の留意点

他企業と技術アライアンスを組んで標準化機関を設立したり、そのような技術アライアンスの場に参加したりする場合、次のような注意が必要です。

(a) 標準化機関への参加および参加の呼びかけ

・標準化機関への参加希望者を拒絶してはならないこと。
・標準化機関への参加者から、開催と運営に必要な経費相当額を参加費用として徴収してもよいこと。
・標準化会議開催前に、当該機関の「運営規則」を作成し、最終規格決定へのプロセスを明確にし、参加者に対して開催前に書面で通知しておくこと。

(b) 標準化会議の開催および運営

・商品の価格、商品化の時期、特許および製造ノウハウのライセンス条件など、標準化技術と関連のない事柄に関する話し合いをしないこと。
・上記のような市場談合予防策として、マーケティング担当者や商品企画担当者を標準化機関の審議の場へ参加させないこと。
・標準化機関において最終規格についての技術提案を行なうことを希望する者に対して、必ず発表の機会を与えること。
・標準化機関において行なわれた話し合いの内容が証拠として残るように、必ず参加者全員が承認した議事録を作成すること。

(c) 業界への提案

・標準化機関で決定された最終規格を業界に提案する際にも、希望する者（参加者以外も含める）なら誰でも入手可能にすること。

(3) ライセンス作業の留意点

(a) 特許およびノウハウのライセンス

・特許およびノウハウのライセンス条件について、他社と協定しないこと。

・自社特許のライセンス条件に関する他社からの相談は、専門部署へ直接連絡するように伝えること。

(b) 商標ライセンス

・最終規格との互換性を示す商標を作成するとき、当該商標のライセンス方法は、標準化機関、数社の共同、代表一社のどれによるライセンスでも構わないこと。

・他社に対して、当該商標の使用を強制してはならないこと。

・商標ライセンスにあたり、実費相当額を「互換性確認費用」として各ライセンシーから徴収してもよいこと。

・商標ライセンスについては、商法意匠専門家に事前に相談すること。

以上が一般論のガイダンスになります。ただし、独占禁止法の常識や特許の存在などを知りながら、それを無視すると、違反に対する追徴金の額も増えるので注意が必要です。個々のケースでは、自社の法務専門家と共同して当たらなければなりません。独占禁止法は一つの法律ですから、やはり判断に曖昧さが残ります。実際論では、いかに安全に黒に近い灰色になるかが、民間企業のビジネスになります。どんな行為でも、未来永劫、誰にも知られなければ、法律上、その行為はなかったことと同じです。

　フォーラムやコンソーシアムで作成した標準で、デジュール標準にする必要がまったくないと判断できれば、そのまま市場独占権を享受すればよいのです。少し前まで、独占禁止法の見張り番の公正取引委員会は総務省の管轄下にありました。最近では内閣府の管轄下になっています。独占禁止法の査察に、司法、行政、立法が自ら動くことはありません。どこかの企業やどこかの誰かが、独占禁止法違反ではないかと訴えるから調査が始まるのです。

　しかし、そのような場合でも、フォーラムやコンソーシアムへの参加企業数が少ないと、標準化プロセスが不透明だとして独占禁止法抵触の疑いがもたれることが多くなります。デジュール標準化関係の外部委員会に頻繁に出席していれば、市場独占への恨み節が他社の委員から聞こえ始めることがあります。そのときには、すでにデファクト標準であっても、早急にデジュール標準化を開始しなければなりません。微妙なタイミングですが、訴えられる直前にアクションを起こすのです。

　標準化プロセスに関する独占禁止法への注意のほかに、最近ではパテントプール形成における独占禁止法への注意も必要になりました。パテントプールの設立と利用が公平でなければなりませんが、それに加えてパテントプールに登録する必須特許に、非必須特許をうまく抱きあわせて登録することも問題になります。

大手企業は、特許部に契約渉外という契約の専門家を抱えていますが、契約渉外に弱い企業は、対外折衝への配慮が必要になります。特許が絡んだ標準化には、契約、知財、技術、法務、渉外の専門家のチームワークが必要になります。パテント問題や独占禁止法問題については、相手が行政、学会、団体、企業と異なっていても、常に相手の立場になって対応することです。自分勝手な考え方で相手を非難したり、自分勝手な考え方を相手に押しつけたりしてはいけません。

4・4　闘争と専制的な交渉

人は無意識のうちに本質と現象のバランスで動いています。現象の判断は五感で十分できるので、瞬時に判断できます。本質の判断には知識と経験が必要です。だから、時間がかかります。交渉は個人の力に負うところが大ですが、それには本質と現象のバランス感覚が鋭くなければなりません。

4・4・1　個人の資質と闘争の基本

何が正しいのか、何が最適な規格なのか、そんなことを人間が簡単に決められるものではありません。また、その判断に絶対性を求めることもできません。本書では、国際標準化の二面性を強調してきました。国際標準は、世のため人のために、公平で透明な審議を経て決めるべきものです。国家行政レベルで見れば、そうするべき規格が存在します。しかし、そういう公平で透明なプロセスに従った審議の場だと理解されている国際標準化機関を使って、自社のため自分のために、不公平で不透明な審議を経て国際標準を決める場合もあります。民間企業レベルで見れば、そうするべき規格も存在します。

いかなる場合でも、法律や協定に違反してはいけません。しかし、どんな法律や協定（国際標準化ルール）でも、人間が決めたものなら、その改定は可能ですし、その解釈にも幅があります。その解釈の曖昧さが、裁判所やISO技術管理評議会（TMB）、IEC標準管理評議会（SMB）の存在意義になります。日本の国際標準化専門家には、これらの事実を十分理解し納得して、国際標準化の表舞台で活躍することが望まれます。そうすれば、きっと欧米の国際標準化専門家と対等に対峙できます。つまり、国際ビジネスの場で、欧米人と同じレベルで語り、欧米人と同じレベルで理解し、欧米人と同じレベルで戦う——そういう日本人に変身できます。

民間企業経営者が、国際標準化が重要だと判断するのなら、そこに交渉力、言語力、技術力、政治力などに優れ、企業ビジネスマインドを持つ人材を充てることになります。そんな人材はめったにいませんが、意識的に育てることは可能です。ただし、人材育成には、それなりの時間が要ります。

人間は欲で動きます。交渉とは自分の欲と相手の欲とのぶつかり合いのことです。動物には食欲と性欲の二欲があります。人間には、それらの二欲に加えて、雑欲が加わり、全部で三欲になります。雑欲とは、言語と暇（食餌活動以外の余裕時間）の産物で、人間に特有な欲になります。食欲は短期の欲です。性欲は長期の欲です。雑欲は日常の欲です。これらの欲について、相手の優先度を理解しながら交渉を進めていきます。

国際標準化の場で誰かが何かを提案してきた場合、表8に示す組織で働く人の特徴（個人の本音と建前）に加えて、その人が所属する組織の特徴（組織の本音と建前）も考慮すれば、それが企業にとって不要な仕事なのか必要な仕事なのか、どういう理由で提案してきたのかという疑問に対して、さらに的確な判断が下せます。

ただし、どんな交渉でも、最初から政治交渉に走ってはいけませ

表8　標準化に関係する4種類の組織人

組織人	表の活動目的	裏の活動目的
行政人（官公庁で働く人）	公益のために働く人	組織の中で昇進ステップを踏むために活動する人 【極論】失敗しない仕事（結果が判明している仕事）を外部で探してそれに十分な予算を使い、行政組織としての成果を出すこと（予算消化）が仕事になる。
団体人（業界団体で働く人）	業界のために働く人	自分と組織の存在意義のために活動する人 【極論】必要性が低い楽な仕事を選んでそれを団体組織に持ち込み、日常の作業にすることが仕事になる。また、国費などの事業予算獲得も組織ベースの大きな仕事になる。
学会人（大学や研究機関で働く人）	学究のために働く人	自己満足と売名のために活動する人 【極論】自分の理解が明るくて深い分野で活躍し、その業績と成果をできるだけ大きく見せることが仕事になる。また、国費などの事業予算獲得も個人ベースの大きな仕事になる。
企業人（民間企業で働く人）	企業のために働く人	個人の利益のために活動する人 【極論】自分の居場所を企業組織に求めて、それをすべての世界にしてしまって自己の繁栄を求めることが仕事になる。また、国費などの事業予算獲得も個人または組織ベースの大きな仕事になる。

ん。理論的に正しく、優れていることが前提です。大義名分も必要です。技術と技術の交渉、理論と理論の交渉が行き詰まったとき、初めて政治交渉に移ります。技術が先、政治が後、という原理原則を忘れないようにしてください。

4・4・2　懇願、取引、恐喝

国際標準化に限りませんが、ビジネスには交渉が多くなります。交渉上手と交渉下手とでは、その結果が大きく違ってきます。そこには、年齢と経験、それに加えて個性と洞察力が大きく影響してきます。交渉の基本は取引です。その取引の前にあるのが弱者に特有な懇願で、後にあるのが社会的に認められていない恐喝です。ふつうの目的達成の手段は交渉です。敵と味方と傍観者を明確にしておくことから、交渉の第一歩が始まります。

敵対する相手との対応手段

・懇願
・取引
・恐喝

交渉の結果を勝利にする人がたくさんいます。会議の目的は決定することです。闘争の目的は勝利することです。交渉の目的は成功することです。これらを勘違いしないでください。残念ですが紙数の関係で、交渉術については本書では深く触れません。

闘争には理性が必要です。自分の感情は相手の理性に負けます。自分の理性は相手の感情に勝ちます。懇願は短時間に終えます。それで終わらなかったら、懇願は意味がありません。闘争も短時間に終えます。時間との勝負です。時間をかけると自分と相手の両者の損失が大きくなります。

交渉には必要なだけの時間をかけます。取引（ギブ・アンド・テイク）が、いちばんまともな交渉方法です。取引には効果的な取引材料が必要です。交渉のコツを要約すると、次のようになります。

・相手の素性を探り、相手の建前と本音の両方を知る。
・本音に即した効果的な取引材料を使って、本音で相手を動かす。
・相手の立場を尊重して、相手に直接、恥をかかせない。

二番目は、相手が自分の理性を自ら否定するような材料を用意することです。標準化の専門家は社長ではありませんから、標準化の場で負けて帰っても、そう決まりましたと報告すれば済む場合があります。つまり、どんな交渉の場でも、組織の意志（建前）よりも個人の意志（本音）が優先されてしまうという認識が重要です。

永田町の衆議院議員会館に行くと、廊下に並ぶ陳情者の長い列が目立ちます。そんな陳情は、票田との引き換えなら取引になりますが、具体的な票田を示さない限り、ただの陳情に終わります。日本人は、懇願と取引を区別していません。さまざまな立場の人に日本提案の採用を一律に呼びかけて、それで話が終わってうまくいくと思っている人がたくさんいます。標準化の世界に「認めてください」というお願いは通用しません。

4・5　人と組織の考察

人と組織は、企業ビジネスにとってもっとも重要な問題です。組織をつくって安心している人がいます。しかし、人材に欠けた組織は機能しません。組織の形態と人材の質への洞察が欠かせません。国際標準化に必要な人材とは、何でもできるスーパーマンだともいえます。

食べられなければ、人は生きられません。その潜在的な死への恐怖を動機にして動くのが人や組織です。人や組織の行動において、その経済性（生存欲＝金銭欲）という動機づけの要素を忘れないことです。世のため人のために働くことを理想にして政治や行政の世界へ飛び込んだ若者も、やがて利権の確保や出世と渡りという現実の日常に流される老人になってしまいます。しかし、その変身ぶりを非難してはいけません。優れたビジネスパーソンなら、相手の二面性の時間的な変化を理解して、その理想と現実という両極端の間で揺らぐ人や組織をうまく使います。

4・5・1　フラグメント化している国際標準化組織

どんな組織でも、その組織全体を把握しないと、そのなかで働く自分の位置がわかりません。国際標準化の全体像を把握しないと、国際標準化戦略は立てられないし、戦略的な国際ビジネスもできません。国際標準化業務への理解が一般的に低い理由は、複数のフラグメント化（細分化・断片化）している標準化組織構造にあります。標準化組織を構成するフラグメントの一部で働く人には、その組織全体が見えないので、自分が関係する組織全体のしくみと必要性をうまく説明できません。

標準化は分野ごとに縦割で進められています。同時に、上層委員会や下層委員会といった階層的な構造も存在しています。縦割横割ピラミッド型の構造だといえます。頂点ではＩＴＵやＩＳＯ、ＩＥＣの上層対応が行なわれています。組織論や政治の世界に近い活動です。底辺では、作業グループ（ＷＧ）やタスクフォース（ＴＦ）で技術論が展開されています。その場には、ときどき国際標準化の政治家がまぎれこんでいますが、ほとんどが技術の世界の活動です。

この全体を経験（出席や見学だけの擬似経験でも構わない）して理解しないと、自分が所属しているフラグメントが見えてきません。また、そこからどのようにして国際標準化を達成するかという筋道も見えません。誰がどこで自分たちの作業に関係しているのかもわかりません。中国は縦割ですが、標準化の政治家と標準化の技術者の意識が国策としての標準化だという意味で、完全に合致しています。それが中国の強みです。ただし、その独特の国家組織構造から、横の連携はうまくとれていません。

イギリス、日本、アメリカのＩＳＯとＩＥＣの標準化は、ある程度の協調体制がとれています。とくに日本では、日本工業標準調査会（ＪＩＳＣ）の下に情報の共有化が図られています。特長としては、その国内本部のビルが共用されている（経済産業省内でＩＳＯとＩＥＣに対応している）ことです。しかし、フランスやドイツでは、ＩＳＯはＡＦＮＯＲとＤＩＮが担当し、ＩＥＣはＵＴＥとＤＫＥが担当しています。その本部ビルの立地が違い、職員どうしの行き来も簡単ではありません。標準化題材が多岐の分野で輻輳するようになった現在、それはフランスとドイツの国際標準化の弱点でもあります。

政府の組織構造は、国際標準化の国内対応組織の構造にまで影響します。しかし、それがうまい構造になっていない場合、それなりの民間企業主導の国内対応組織を現実に合った形で構築しなければなりません。それには、縦割横割フラグメント構造の国内対応組織を理解し、それを縦と横につなぐ国際標準化のリーダーが必要です。

縦横割フラグメント化している組織の代表例は、国内の行政組織です。機能が硬直化した大企業の組織も、同じように縦横割フラグメント化しています。組織のリーダーが組織全体の構造と機能を把握し、個々のフラグメントの構造と機能も把握し、全体がうまく機能しているときは問題ありません。しかし、そうでなければ、敵対する海外の行政組織が一体化している場合、簡単にその餌食になってしまいます。今のままでは、やがて中国の国際標準化パワーに日本が対抗できなくなる時代が来ると思います。

経済産業省主催の国際標準化関連講演会に出席すると、主催者側の国は何をしてくれるのか、経団連は何をしてくれるのかという質問が、民間企業の受講者から出ます。つまり、いろいろな資金的な援助や人的な援助をしてくれるのが国や業界団体だと期待している人が多いのです。国や業界団体に何かを期待するのは間違いだと思います。必要であれば、民間企業が自社のビジネスツールとして国や業界団体を使えばよいのです。

複数の国際標準化機関の存在も含めて、国際標準化組織全体の縦方向と横方向のフラグメント化は、一個人や一企業の標準化部門がまんべんなく組織全体に参加している場合、その個人や企業にとってまったく問題はありません。逆に、フラグメントの一部でしか活動していなくて、組織全体が見通せない競合企業が相手なら、必ず自社ビジネスの優位性が保てます。しかし、この問題を国として考えた場合、やはり国内の標準化組織全体の縦方向と横方向のフラグメント化は解消するべきだと思います。

アメーバのように柔軟に活動している民間企業組織でも、組織改革が何度も続くと、組織がフラグメント化してきます。それは、ある部門の長に達したものが、自己と他人の差別化を明確にするために行なう儀式です。部門の長になった本人は、その弊害に気づいていません。困ったものです。

国際標準化専門家は、組織のフラグメントの一部で活動しながらも、組織全体を把握し、組織全体に影響力をもてるようにするべきです。そうしないと、国際標準化の技術面では活躍できても、その政治面で活躍することができません。

4・5・2　国際標準化を担当する人材の教育

教育対象が大学生なら義務として国際標準化概論の話を聞くかもしれませんが、効率的なのは民間企業で国際標準化業務を必要としている人に教育を施すことでしょう。さしあたって国際標準化業務を必要としない人に何を説明しても頭には入りません。一つの方法として、技術英語教育から入る方法があります。

ただし、教育は教育ができる人が担当するべき仕事です。物事の本質を理解していない人や十分な実務経験がない人に教育を任せると、形式的な教育で終わったり、受講者に悪い影響を与えたりしてしまいます。

日本のビジネス構造や日本の産業の特殊性など、民間企業のビジネスに関する基礎部分から、国際標準化機関の何たるかまで、国際ビジネスの基礎から積み上げて話をするべきでしょう。民間企業は、国際標準化の必要性を認めない限り、国際標準化の場に参加しようとはしません。もちろん、個人も同じことです。国際標準化の必要性を認めない限り、国際標準化の教育を真剣に受けようとはしません。国際標準化の必要性を認識させることが国際標準化教育の第一段階です。この段階が終わったとき、国際標準化教育のほとんどが終了していると思います。

日本や中国、韓国では、国際標準化機関の国際幹事、国際議長、局長や会長、事務総長などの各国間ポスト獲得競争が激しくなっています。国内でも、国際幹事の数を増やそうという努力がされています。しかし、日本の産業や国策にとって不要なポストを獲得して増やしてもしょうがありません。そんなポストに有能な人を配置することは、国や産業界にとって損失になります。また、せっかく獲得した重要なポストに無能な人を配置してもしょうがありません。それも国や産業界にとって損失になります。このような選択は、量ではなくて質の問題です。そんないちばん大切な考察が、日本国内の対応で抜け落ちているような気がしてなりません。

4・5・3　英語の言語能力

今日の国際会議は、英語を主言語にして進められます。したがって、国際標準化の専門家には英語活用能力が必要です。実務上、会議出席にはＴＯＥＩＣ　８００点以上が望まれます。文書作成にはＴＯＥＩＣ　９００点以上が望まれます。標準化関係者の英語能力を客観的に判断するには、会話をしているようすや本人の主張・経歴からではなくて、ＴＯＥＩＣのような英語操作能力の客観的かつ具体的な指標による判断が必要です。フランスのＩＥＣ関連標準化機関ＵＴＥでは、雇用する規格作成専門家に求められる英語レベル（ＴＯＥＩＣ点数）を厳格に規定しています。いずれにせよ、国際標準化業務を民間企業の片手間の仕事や義務だとしてとらえずに、優秀な人材を投入し根気よく地道な努力を続ける企業が国際ビジネスに成功します。標準化の専門家は、意識的に育成します。どんな活動でも人が基本です。人材に欠ける組織は、機能不全に陥り、存続することができません。

ここ数年、国際標準化に関する人材教育が話題にのぼっています。米国や欧州、韓国では、標準化に関する教育カリキュラムが組まれている大学が散見されます。日本でも、そのような教育カリキュラムを組む大学が増えてきました。しかし、先に説明した規格作成など、どんな仕事でも実務経験が重要です。実務を経験していない人への教育とは、畳の上で泳ぎ方を教えているようなものだといえるでしょう。

何度も説明しましたが、標準化の重要性に対する理解が、欧米と日本では違います。国際標準化の場でベテランと呼ばれる日本人の標準化専門家でも、欧米人が理解できない英語を話し、欧米人が理解できない英語を書いて、自分の意見が通らないと怒っている人を頻繁に見かけます。滑稽を通り越して、情けない話です。これからは中国語も必要になります。言語の駆使能力は、努力するという意識があれば、必ず時間とともに急速に向上するものです。

英語ができないからといって、標準化の技術論議に通訳を入れてはいけません。通訳された内容が微妙に違ってしまいます。その微妙な違いが大きな問題になっても、その責任は誰にもとれません。内容の理解には、技術者が全責任を負うべきでしょう。とくに帰国子女の通訳者の中には、きれいな発音で英語を話しながら、まったく内容を理解しないで単語の音だけを出している人がいます。最近のテレビ局のアナウンサーと同じで、朗読がうまい小学生に哲学書を読ませているような感じです。

4・5・4　国際標準化を担当するべき人材の選別

本書で何度も述べてきたように、社外で活動する国際標準化担当者を評価するには、その担当者に何年も同行して、その仕事の実際を確認しなければなりません。企業経営者や人事担当者にとって、それは不可能なことですし、上司にとっても難しいことです。だから、国際標準化担当者の業績をまっとうに評価することはできません。したがって、評価する必要がない人材を選びます。

自社のビジネスを国際標準化に関連づけてとらえるのなら、国際標準化には自立的かつ自律的な人材を充てることです。企業経営者の立場で企業外部の仕事を理解し、企業経営者の立場になって、自分で判断し自分で行動する――そんな人材が必要です。他人からの評価を基準に働く人材では、まともな仕事はできません。しかし、そのような自立的かつ自律的な人材は稀有だといえるので、特別な選別方法が必要です。

標準化作業では、何かの達成を目的にする会議よりも情報交換を目的にする会議のほうが多く開催されます。そのような情報交換会議で、自社の国際標準化担当者が、どのような態度で参加しているかを確認します。

(1) 情報を垂れ流しにしない

情報共有は手段であり、目的ではありません。以下の三点の確認で十分でしょう。

・会議の目的が情報交換であることを事前に明言し、会議参加者に周知していること。
・得られた情報をどのようにして各部門で活用するべきか、各部門に具体的に指示していること。
・その情報を各部門がビジネスに活用するところまでフォローしていること。

つまり、情報の垂れ流しに終わっていないことを確認します。また、自社組織の各部門の日常的な活動を把握していることも確認します。多くの会議は、情報の垂れ流しと次回会議開催予定の確認で終わります。自己が確立され、経営者の評価や人事の評価、上司の評価など、他人の評価に自分の行動が左右されない人材でなければ、国際標準化を企業ビジネスに関連づけてとらえることはむずかしいと思います。

(2) 仲間を選ぶ

国際標準化に限らず、人を相手にした仕事では、相手になる人を知ることから仕事が始まります。国際標準化専門家には、さまざまな考え方の人がいます。今まで述べてきたことの繰り返しになりますが、国際標準化業務のビジネス上の意義と国際標準化関係者の行動に関して、日本の企業経営者が理解しにくい部分を「ビジネスをする六種類の人々」としてまとめます。

ビジネスをする六種類の人々

(a)　放火のビジネスをする人（能動的能動人）

利益を出す人のことです。たとえが悪いので「仕掛ける人」だと理解してください。他社のビジネスを妨害して、自社が関係する限定市場を拡大する人です。つまり、国際市場に複数の競合企業がある場合、その相手を蹴り出して限られたパイを余計に取る人です。たとえば、某市にA消防署、B消防署、C消防署の三つの消防署を設ける計画がある場合、そのうちのC消防署設立案を闇に葬れば、A消防署とB消防署は自分のテリトリーと権限を拡大することができます。国際標準化なら、日米欧の各企業から提案された標準案の一つを排除して、先制攻撃で自社の市場を積極的に確保する人です。攻撃は最大の防御だという見地から、これは防火のビジネスだともいえます。しかし、上司からは評価されません。企業内からは行動が見えないし、結果（市場獲得）もすぐには見えないからです。

(b)　防火のビジネスをする人（日常的能動人）

損失を防ぐ人のことです。結果的には利益を出す人と同じです。不都合が発生しないように、事前に積極的に動く人です。交通法規や税制を自分の不都合にならないように作成する人か、作成されるように仕向ける人です。結果的に不都合が発生しないので、上司からは評価されません。企業内からは行動が見えないし、結果（防火効果）も見えないからです。防火活動は、その担当者の上司が努力して理解するものです。これこれの防火活動をしましたとわざわざ上司に報告するのは、まっとうなビジネスとしては時間の浪費でしょう。

(c) 消火のビジネスをする人（受動的能動人）

損失を償う人のことです。不都合が発生したら、それに積極的に対応する人です。本当は防火をしなければならないのですが、発火させてから消火に走る人です。発火原因については不可抗力もありますから、単純に担当者を責めることはできません。結果的に、本来は不要だったはずの人と費用を投入することになります。しかし、上司からの評価は非常に高くなります。企業内から行動が見えるし、結果への対応プロセス（自分が看過した失敗の修復作業）も見えるからです。

(d) 邪魔のビジネスをする人（一時的無能人）

自分では意識していなくても、放火や消防活動の邪魔をする人です。初心者や見習いなら仕方がありません。成長するまで待ちます。成長しなければ、それは不要な人です。

(e) 見物のビジネスをする人（日常的受動人）

野次馬のことです。他人が決めたことに粛々と従う人です。上司が無能な場合、報告者として評価されます。不都合が発生するのを傍観し、その後始末さえも傍観して、何も行動しない人です。傍観してはならないことでも、傍観するだけで済ませてしまいます。仕事をしないので、結果的に仕事の邪魔になり、何の役にも立ちません。給料を払っている企業にとって損失です。火事でいえば、野次馬と呼ばれる見物人で、起きようとする事態および起きた事態を傍観する人です。でも、その報告（情景描写）の声が大きいと、人気者になって高く評価されることがあります。

(f) 略奪のビジネスをする人（能動的受動人）

火事場泥棒のことです。組織の業務を利用して、そこから個人リベートを受け取ろうとして活動する人です。種々のカードのポイントを集めるような人が該当します。組織のことよりも自分のことを優先させる人というより、自分のことしか考えていない人です。具体的には、欧米で開く会議を火曜日と水曜日に限定して開催する人です。月曜日に東京を飛行機で発ち、木曜日に帰国便に乗り、金曜日に帰国する人です。また、目的不明の会議を頻繁に開催したり、不要な会議や報告会、展示会、講演会などのイベントに頻繁に出席したりして、個人のマイレージを貯めようとします。要するに、会議などのイベントへの出席や視察だけを目的にする人です。また、海外出張で宿泊するホテルには、便利さや値段、仕事の都合などに関係なく、自分のマイレージが貯まる高級ホテルを選びます。

　このような人は、企業内で頻繁に会議を開催したり、その報告書をまとめたりするので、とても積極的に働いているように見えます。つまり、一見、能動的な人に見えます。しかし、他人が決めたポイント制度などを研究して、他人から与えられる物（自分がもらう物）を増やそうとする受動的な人（リベートを受け取ろうとする人）なので、リベートを与えるという逆の立場（企業経営者の立場）には立てない人です。結論として、仕事の邪魔になり、企業の損失にもなる人ですが、上司の評価は高くなります。企業内から行動（会議開催と会議出席）が見えるし、結果（会議出席報告書）も見えるからです。本当に困るのは、このような人の行為が伝染病のように周囲に蔓延《まんえん》して、無駄な仕事と無駄なコストが増えてしまうことです。

芝居の一座に例えると、(a)は木戸銭を集める人です。(b)は黒衣《くろこ》です。(c)は役者です。(d)は見習いです。(e)は観客です。(f)は稼いだ木戸銭をかすめる人です。企業内国際標準化専門家には、(e)と(f)に該当する人がたくさんいます。そして、そこそこの評価を企業内で受けています。もちろん、本当に評価されるべき人、企業にとって必要な人は(a)と(b)です。しかし、そのような人の存在は稀ですし、いたとしても企業内で評価されず、その存在が無視されてしまいます。(a)と(b)の仕事は企業経営者から見えにくいので、その評価が難しくなりますし、経営者として具体的な業務指示もできません。したがって、自立的かつ自律的な人で、組織の存続と発展を第一に願う人を選んで充てるべきでしょう。野次馬と火事場泥棒は不要な人ですが、類は友を呼ぶという諺どおり、その数が増えていきます。誰もが聖人君子ではありませんが、組織に所属して働くには節度を知ることが大切です。

企業トップの役割は、国際標準化の何たるかを正しく理解し、「明日の標準よりも今日のビジネス」というビジネスの現場の傾向を修正することです。また、自立的かつ自律的な逸材を探して、国際標準化業務へアサインすることです。会議で延々と自分の仕事についてしゃべり、報告時間を独占する人がいます。そのような全体の迷惑を認識できない無頓着な人を優秀な人だと勘違いする企業トップがたくさんいます。自立的かつ自律的な人は、多くを語りません。自分の仕事を他人に宣伝する必要がないからです。

余談ですが、高い役職に就いた大企業内の老人の多くが、本来の仕事をしないで、見物する人か略奪する人になります。デジュール標準化組織の役職者を企業から出すように、各省庁から企業に依頼されることがあります。そうすると、役員を引退しそうな人を選んで、そのような役職に充てる企業が目立ちます。大企業では、何もしないで見物する偉い老人を非難する若い人がいます。しかし、略奪する偉い老人よりも、見物する偉い老人のほうが、活動費がかからないだけ企業の被害は少ないのです。略奪する偉い老人は、若い人から見たら、そのしている仕事の必要性が判断できないので、まじめに働いている人のように見えることがあります。国際標準化機関や外部業界団体などの役職に就いた偉い人にも、無意味な仕事（火事場泥棒）を本気で始める人がいます。さらに企業経営者自身が略奪ビジネスをする人の場合、その企業は末期的な症状を見せることになります。

ここで説明した六種類の人々は、国際標準化だけでなく、あらゆる場面で人を観察し、その本音を知るための基本です。さまざまな角度から人を観察し、建前と本音が一致する人は、意見が違っても友達にします。裏切ってはいけません。建前と本音が違う人は、意見に関係なくうまく使います。

4・5・5　企業内の理想的な国際標準化体制と標準化人材教育

企業にはいろいろな部門があります。標準化のネタになる技術を開発するのは、早い段階では研究所、それから技術開発設計部門になります。それだけでなく、製造現場で必要とされて開発される新規部品なども、標準化の対象になります。

国際標準化業務を事業部門（ビジネスユニット）に任せ切っている企業が多数ありますが、それは間違いでしょう。横割（階層割）と縦割（分野割）の標準化組織にうまく対応するには、企業内の標準化組織の縦横割をまず解消しなければなりません。そのためには、間接部門の本社に国際標準化の求心力を置くべきです。本社からは、社内全体の組織を見渡すことができます。ただし、本社が企業役員の丸投げ業務の引受場所ではないという前提が必要です。

国際標準化戦略を専任の仕事にする本社の人間の数は、せいぜい数人です。実際に2人ぐらいでこなしている大企業もあります。この人数は企業規模にあまり関係しません。最大で5人程度だというのが実感です。分野別、階層別、対外官庁別にこなすと、それぐらいの人数が必要になります。所帯が小さいので、本社機能の中で一つの部として存在することが難しくなります。したがって、適当な部署との同居が考えられます。

同居する部署の候補としては、国内企業に限れば、R&D部門、知的財産部門、渉外部門、社内標準部門、技術推進部門などが考えられます。どこに所属させるか試行錯誤した結果、技術開発部門や知的財産部門に所属させる企業が増えています。標準に特許を埋め込むという意味では正解だと思いますが、ビジネスモデルに標準を組み込むという意味では事業戦略部門や経営戦略部門に置くという選択肢もあります。

社内対応標準化の仕事と社外対応標準化の仕事を完全に分ける必要はないと思いますが、語学や対外折衝の面で、社外対応標準化の仕事には個人的に特別な能力が求められます。また、渉外部門との同居は日本固有の形態だと思います。大企業の渉外部門は団体や他社との渉外窓口になりますが、同時に官公庁の渉外窓口にもなります。日本では、国際標準化は経済産業省（産業技術環境局）の原課や総務省の原課が担当します。したがって、それらの原課の企業窓口になる渉外部門との連携が必要になります。

企業の本社部門としてもっとも注意しなければならないのは、仕事の丸投げです。外注業務は、誰が見ても丸投げに近いと理解できます。しかし、外部の標準化委員会に出席して、そこで得られた情報を社内の関連部門に伝達することも、純粋な丸投げに相当します。なぜなら、そこに人間の頭脳が関与していないからです。情報の収集と伝達なら、誰にでもできます。ロボットやコンピューターシステムに任せることもできます。

国際標準化担当者も含めて、本社スタッフの仕事は、得られた情報を的確に分析し、必要な部署に必要なアクションを起こすように求めて、そのアクションをガイドし、その結果を確認して企業の業績に貢献することです。それは知識と経験に裏打ちされた人間にしかできない仕事です。

標準化委員会の委員には、会議の出席と会議の内容を報告するのが業務だと勘違いしている人がたくさんいます。そんな人が会議に出席していると、標準化の重要性の社内広報活動ができずに、委員会の出席と会議内容の報告で仕事が終わってしまいます。標準化活動の社内広報は、まず企業経営者や実務担当者への標準化の重要性を啓蒙することです。しかし、その啓蒙活動は、やはり標準化の知識と経験に裏打ちされた人間にしかできません。会議開催と会議内容の報告なら誰にでもできますが、そのような広報内容に感心して国際標準化活動を強化しようとする企業経営者などいません。

もっとも重要なことは、「情報共有」という言葉と「報告」という言葉を企業内に蔓延させないことです。何かの目的を複数の人や組織の総合力で達成するためには、たしかに関連情報の共有が必要です。情報共有には、会議報告や事実報告も必要です。しかし、何かの目的を一人で達成できるなら、それは黙って自分が努力して行なうべき行為です。情報共有や報告は必要ありません。情報共有や報告は、必要な人のあいだで行なうべき行為です。ただし、誰が必要な人かを見極めることができないと無理な話です。

情報共有が必要だと叫ぶ人のほとんどは、情報共有という会議の場を設定し、そこで得た知識を囲い込むことが目的になっています。その情報を活かして何かをする人ではありません。情報共有が、仕事の目的になっているのです。報告も同じです。報告をする人は報告をすることが仕事だと思い、報告を受ける人は報告を受けて事実を知っていることが仕事だと思っています。情報共有や報告のために貴重な人材を会議に派遣したり、海外出張させたりしてはなりません。貴重な人材がするべき仕事は、最終的な目標を定めて、得られた情報に基づいて必要なアクションを起こして、その結果を出すことなのです。

企業内では、事業部門（研究開発担当）、知的財産部門（特許と著作権担当）、法務部門（独占禁止法担当）、渉外部門（行政窓口担当）などの部門と、標準化部門の相互連携が必要です。その他に、効率的な組織構築には、現存する基本的な組織構造の違いと特徴への理解も必要です。

技術部門を引退した五十歳以上の人を国際標準化業務に充てる企業がほとんどです。それは企業の損失です。国際標準化の何たるかを理解できません。三十歳から四十歳くらいの技術者を選んで、法務、知財、渉外、商品企画、研究開発、事業戦略などの部門を経験させてから、四十五歳くらいで国際標準化専門家にするべきでしょう。

国際標準化専門家の新人採用では、個人の人格的側面の能力（capability）、行動（behavior）、態度（attitude）を確認し、各関連職場のジョブローテーションを経てから、国際標準化の共同作業を通して、方法（method）、手順（process）、動作（action）を教育し、独力で仕事ができるようにします。

もう一つ重要なことは、本社機構に置く国際標準化対応組織は、ＩＴＵ／ＩＳＯ／ＩＥＣの上層委員会や外部団体の政策的な委員会だけに参加するのではなくて、同時に社内と社外の技術専門委員会の活動にも参加するべきです。本社機構で働く人は、現場で働くことを嫌います。それでは現場が見えなくなって、効率的な組織運営ができません。

4・5・6　企業外の理想的な国際標準化体制と企業のジレンマ

企業内国際標準化体制を戦略的に構築するためには、国際標準化体制の理想像を把握しておかなければなりません。その理想像と現実像とのあいだの矛盾（社内組織と社外組織の違い）を突くことが、企業の国際標準化戦術につながるからです。国際標準化機関の組織は、必要に応じてなりゆき任せで歴史的に構築されてきたので、時代の変化に追従した組織改革は実施されていません。どのような組織も例外ではありませんが、国際標準化機関も自分の組織を小手先でもてあそびながら、時代の変化に対応しようとしています。ここでは、21世紀に求められる理想の国際標準化体制像を考えてみましょう。

人の生活の基盤は衣食住にあります。人が生きていくには、空気、水、食料、衣料、住宅、医療などが必要です。衣食住は、食、衣、住の順番で重要です。しかし、そこに医療も加えると、食、衣、医、住の順番で重要になります。原始から近代へと生活が文化的になってくると、その基盤のほかに、水道、電気、ガス、建築、郵便、銀行、電車、バス、自動車、飛行機、固定電話、携帯電話、通信、宅配、放送、新聞、金融などの社会基盤が必要になってきます。いつの時代でも、標準化対象の基本は、これらの社会基盤に関係する標準でしょう。

生活が豊かになってくると、生活必需品に加えて、生活娯楽品の重要度が増してきます。国際標準化機関も、これと同じような歴史と変化で標準化を進めてきました。その組織構造は、官公庁の構造に似ています。つまり、縦割と横割の分断構造です。

国際社会インフラの再構築が求められる21世紀において、そのような組織構造で円滑な国際標準化は進められません。一つの標準化題材に多くの技術専門委員会が関係し、複数の技術専門委員会のあいだでジョイント作業が始終求められるようになっています。それはＩＴＵ／ＩＳＯ／ＩＥＣなどの国際標準化組織どうしでも同じことです。標準化組織どうしや技術専門委員会どうしのジョイント活動の増加は、それらの標準化組織どうしや技術専門委員会どうしの統合の必要性を示しています。それが現在のＩＴＵ／ＩＳＯ／ＩＥＣに求められる基本的な構造改革（リストラ）だと思います。

まとめてみましょう。国際標準化機関は、以下のような分野でくくって技術専門委員会を再構築するべきでしょう。分類が難しければ、新しく国際社会インフラが構築されている中国を手本にするとよいのではないでしょうか。韓国の標準化組織体制は日本のそれに似ていますが、そこで働く人の柔軟性は別にして、日本よりも組織的には柔軟な体制です。欧米の標準化組織体制は硬直化しています。欧米では長い歴史を経て標準化組織が構築されてきました。それが21世紀の欧米の弱みです。要は、新しく構築される国際社会インフラに対応しながら、縦割構造と横割構造になっている現在の国際標準化組織を改革していくことです。

それは国内の一企業がするべき仕事ではないのかもしれません。しかし、民間企業の誰かが変えなければ、行政が変わらない限り、国内業界体制は永遠に変わりません。激変する21世紀の国際標準化ビジネスを考えると、すでに時代遅れになった国内業界の国際標準化対応体制は、欧米に比して非常に不利な状態です。多数の国内企業がデジュール国際標準化に無駄な費用と人材を割いています。日本という国の将来を考えると、非効率を抱えて走り続ける国内標準化体制の改革だけは何とかしたいものです。

ＩＴＵ／ＩＳＯ／ＩＥＣの国際標準化体制も、すでに時代遅れになっています。でも、その改革は国内企業が欧米のインサイダーになってから着手するべきでしょう。現在の敵に塩を贈る必要はありません。

社外の国際標準化組織に関して、国や業界の理想と民間企業の理想は同じですが、その現実の姿が互いに違うのは仕方がありません。しかし、相手の組織的な弱点は、自社の組織的な利点になり、その弱点を利用して国際標準化バトルの場で優位性を保つことができます。

国際標準化専門家は、自立的かつ自律的な人を選びます。他立的かつ他律的な人は、組織外で活動するときに、どうしても自分の利益しか考えません。自分の存在は自分が所属する組織の存在とともにあるという真理が理解できないのです。組織内ではゴマすり人間になります。

近年の日本エレクトロニクス産業の衰退原因は、単純に「経営力が強い企業や国家が勝ち、経営力が弱い企業や国家が負ける」という国際競争の結果です。日本企業や日本国の「経営力」を高めて、自らが商売上手になる努力を最優先で行なう必要があるのではないでしょうか。

今、必要とされているのは、経営者の質を高める教育と、国を挙げての産業競争力育成の二つです。ただし育成は、それなりの能力を持つ人でなければできません。また、育成の結果はなかなか見えません。一方、金銭やルールによる保護は誰にでもできます。そして保護の結果はすぐに見えます。見える保護は他国から非難されますが、見えない育成なら他国から非難されません。ヒトを代えるか、ヒトを変える、それが最優先されるべき日本の課題ではないでしょうか。

あとがき

人という文字が示すとおり、人間は人工物です。しかし、現実の人間は、自然（野生）と人工（人間）の二面を併せ持つ実体です。人工物の代表が言葉です。自然の産物の野生動物は言葉を持ちません。すべての人工物は言葉から生み出されます。その言葉が貨幣を生み出しました。貨幣は人間から野性を奪い去り、人間を限りなく人工物に変えていきます。人工物の貨幣が、まがい物の食糧になっているからです。貨幣を食べて生きることはできない……それは事実なのですが、その事実は野生動物には認識できても、極端に人工化した人間には認識できなくなってしまいます。人間の極端な人工化の問題――それを認識させてくれるのも人工物の言葉です。

１９７０年代以降、ハングル文字を使う世代が激増した韓国が、技術で日本を超えることはありません。漢字を使う日本語に比べて言葉が冗長だからです。したがって、思考も冗長になり時間がかかります。中国は数学で日本を超えることができます。しかし、それ以外で日本を超えることはできません。数十の多民族で国家が構成され、簡略化された文字を使うからです。一から十までの数字を口に出して数えると、たぶん世界最速になるのが中国語です。英語で数えると、日本語で数える方が速くなります。だから、米国が数学で日本を超えることはできません。２５６ならニゴロと読み、３９８ならザンクッパと読む、日本語での計算は速いのです。

日本国民に豊かで正しい日本語教育が施されているという絶対条件の下では、世界でいちばん優れた言語が日本語だと思います。ただし、政治家や官僚を筆頭にして、テレビやマスコミが使う言葉までが乱れに乱れている現実では、そのような日本語の優位性が失われてしまい、ものごとを深く考えるツールとしての価値も失われてしまいます。その結果、本質の存在に気づかずに現象だけを知ろうとする人が増えていきます。

経験不足が事例（現象）を必要とします。近年、事例研究が盛んです。事例を知れば、一つ賢くなったような気になれます。しかし事例は、実態を知らない人を安心させる鎮静剤なのです。たくさんの事例を知って断片的な知識を積み重ねても、それらを体系化して原則（本質）を追究しなければ、汎用性に欠けて、役立てることができません。事例を知ってわかりやすいと思う人の特徴は、現場の経験と知識に欠けていることです。現場を経験できない人や基本的な知識を持たない人に必要とされるのが事例です。事例を追い求めるほかに、ものごとを知る術《すべ》がないからです。

ものごとはマクロで見て、ミクロで見て、そしてマクロとミクロの中間で見て、初めてその全体像がわかります。「木を見て森を見ず」という言葉があります。しかし、森に立ち入らないと、森のなかの姿はわかりません。また、逆に木を見ないで森だけを見ていても、森のほんとうの姿はわかりません。木が個別事例です。木の種類（林）が該当分野です。そして森が原理原則です。そのすべてを掌握するには、やはり森と林と木のすべてを同時に見るべきでしょう。

デジュール標準（公的標準化された技術）やデジュール知財（公的権利化された知財）のことだけを考えると、それは標準化や知財権の専門家に任せておけばよいという話になります。しかし、標準や知財のほとんどが、デファクト標準（意識に上らない日常的かつ私的な標準）やデファクト知財（意識に上らない日常的かつ私的な知財）です。すなわち、公的なルール（国際標準や知財権利）は、ルールビジネスの氷山の一角（見える量）にすぎないのです。ルールビジネスは、私的ルールを含めて氷山の全体（見えない質——潜在的なルールと、見える量——顕在的なルールの両方）を相手にするべきものです。そういう意識でビジネスに対峙すれば、ルールビジネス（標準と知財）への積極的かつ日常的な関与が必要だとわかります。

社会が豊かになるにつれて、増え続けるルールビジネス。保育、看護、養護、教育など、ヒトにかかわる労働ベースの仕事の収入が減り、銀行、保険、証券など、カネにかかわる資本ベースの仕事の収入が増える……それは社会が正常に機能していないことを示しています。その機能不全は教育でしか是正できません。人種や宗教、経済力に関係なく、万人に機会均等かつ公平に与えられるべき唯一のもの、それが教育です。教育に差別があってはなりません。

ルールビジネスは、学者が目指す学問とは分野が違い、人と人、企業と企業、国と国との国際的なせめぎ合いに嗅覚を持つ、野心的な人にしか理解できません。筆者はさまざまな教育の場面でルールビジネスの意義や交渉術を講義しています。その話を聞く人の多くが欧米やアジアの外国人です。国際ビジネスの見地からいえば、「敵に塩を送る」ことになります。しかし、受けた教育から個人がどこまで育つか——それは教育を受けた個人の自助努力に委ねるべきことでしょう。日本の政産学官で働く若者の今後に期待します。

図表も含めて、本書の内容の一部は、以下の文献から引用しています。

引用文献

原田節雄著　世界市場を制覇する国際標準化戦略、２００８年、東京電機大学出版局

標準化や知財権の本質を理解するにあたり、以下の文献を推奨します。

推奨文献（標準化）

奈良好啓著　国際標準化入門、２００４年、日本規格協会
和泉　章著　標準（スタンダード）のすべて、２００９年、経済産業調査会
土井教之編著　技術標準と競争、２００１年、日本経済評論社

推奨文献（知財権）

小泉直樹著　知的財産法入門、２０１０年、岩波新書
高橋義郎著　現代経営と知的財産権、２００２年、創成社
丸島儀一著　知的財産戦略、２０１１年、ダイヤモンド社

人材育成塾（ヤングプロフェッショナル講座）について

日本の国際標準化業務の将来を担う若手の育成を目指して、経済産業省と日本規格協会の共同で、人材育成塾が定期的に開催されています。

海外からの攻撃で過去、痛い目に遭ったＪＲ東日本、東京電力、デンソーなどは例外ですが、大多数の日本企業において国際標準化の重要性を真に理解している経営者は少ないと思います。島国の日本では、鉄道、通信、電力などは、ドメスティックな世界に生きる社会インフラビジネスです。そのような社会インフラビジネスが、国家間の競争として認識されるべき時代を迎えています。海外との熾烈な国際競争で求められるのは、知識と経験はもちろんのこと、個人と組織の卓越した外交能力です。

筆者は２０１０年から、国際ビジネスを担える若者を育てるために、人材育成塾の主任講師を六回にわたり担当してきました。週に一回、一日に三時間から四時間を使い、それを十五回続けて終わります。最初の二回は、日本規格協会の後援で開催しました。それからの四回は、経済産業省と日本規格協会の共同で開催しました。一回の受講者は十名から二十名程度です。すでに百人ぐらいの修了者を出しています。

参考までに、これまでの受講者の声を掲載します。理論を積み上げる勉強の領域と違って、ヤングプロフェッショナル講座（人材育成塾）では、国際的なせめぎ合いに嗅覚を持つ、野心的な人材の育成を目指しています。開催予定および参加希望については、日本規格協会までお問い合わせください。

書籍では学ぶことのできない、原田先生の経験に基づく講義から得られた知識は、私にとって一生の財産になりました。

原田先生の講座で学んだ組織論、交渉術は目からうろこでした。これを大事にして、国際会議の場に臨んでいきたいと思いました。

標準化の基礎知識はもちろん、社会の仕組みや会議術・交渉術など幅広く学ぶことができ、視野が大きく広がりました。

長年のご経験に基づいた講義内容から幅広く刺激を受けました。原田講師の教えを参考に自らを省みつつ，標準化活動に邁進していきます。

国際標準化に関するイロハや、実体験に基づく交渉術が学べ、非常に勉強になりました。

国際標準化の第一人者である原田講師より、交渉の「奥義」を伺うことができ、大変勉強になりました。

国際標準化の活動を俯瞰する視野や考え方を得られ、現在の立ち位置を理解できました。

「次世代標準化人材養成プログラム」ヤンプロ・ジャパン講座1期生の声（2012年7月～9月 東京開催）

自社の国際エキスパートが苦労している国際標準化の裏側が知れて非常に有意義でした。

標準化活動を行う他社の若手社員と知り合うことができたので、刺激になりました。今後も、このつながりを大切にしていきたいと思っています。

標準化という戦場で共に戦う仲間に出会えたこと、何物にも代え難い宝となりました！

この講座は、標準化活動への参加以前に、人間社会又は組織の一員である自身を見つめ直す最良の機会です。忙しい中での参加でも決して後悔しないことを保証します。

標準化の世界で活躍する同世代の仲間との交流でモチベーションが上がりました！

国際標準化の舞台を目指して、一緒に成長しましょう！！

国際標準化の表とウラ。
その中で戦う力。
ハーラーダ流交渉術。
社会を生き抜くための力
かけがえのない仲間達。
原田先生の講義で得られました。
Priceless！！

「値千金」まさに、この言葉がピッタリ！
標準化に関する幅広い知識を得るだけではありません。
質と量、二面性、両極端などの講義内容はあなたの視野を広げますよ！

国際標準化の意義/重要性、世界と戦う為の交渉術を、実体験に基づき教えて頂きとても理解が深まりました。また、企業の壁を越えた仲間作りができました。

本講座では、標準化の知識にとどまらず、あらゆる仕事で生きてくる"コミュニケーションのお作法"を学ぶことができました。

原田先生の豊富なご経験に根ざした組織論と交渉術、そして国際交渉の舞台で共に戦う仲間は、一生の宝物です！

標準化活動に関する全国No.1講義がここにありました！
原田先生と経済産業省の
最強タッグが、みなさんを
全面バックアップしてくれます！！

「次世代標準化人材養成プログラム」ヤンプロ・ジャパン講座 2期生の声（2013年1月～3月 大阪開催）

知識、経験が足りないからという言い訳から卒業し、原理・原則に沿った考え方に目覚め、結果を出す喜びを知ることができました。

標準化だけでなく、組織論や交渉術など多彩な内容を学ぶ事ができ、大変有意義でした。

原田先生はじめ国際交渉の経験豊かな方々の講義と、様々な背景を持った仲間たちとの交流は、大変貴重な経験でした。

国際標準化での世界に限らず、交渉術等日常の生活でも人とうまく関わる方法が勉強でき、よい時間を過ごすことができました。

国際標準化活動に臨む姿勢や心構えを学ぶとともに、標準化に限らない物事の根本的な考え方を学ぶことができ、大変有意義な講座でした。

普段の仕事や研修ではなかなか聞くことのできない、組織論、交渉術を学ぶことができます。
現在、標準化の仕事に関わっていない人にもお勧めです。

国際標準化の舞台を目指して、一緒に成長しましょう！！

原田先生のまさに実体験に基づく交渉術は、今後の標準化の世界で活動するためのバイブルになります。また、仲間と出会えたことで自己を見つめ直す非常に有意義な経験が出来ました。

絶対的不変というものはない。ルール（国際標準）も気に入らねば変えられる！組織もルールも自らのために自ら作れ！！

物事の本質やコツなど、国際標準化という枠を超えて人生において大切な事が学べます。まず参加し、それから考えよう！

求む若人。至難の旅。僅かな報酬。英語漬けの長い日々。絶えざる海外との交渉。目標達成の保証無。成功の暁には名誉と賞賛！

なかなか聞けない国際標準化活動の裏話を、実際に携わった方々から直接伺うという貴重な経験が得られました。

様々なバックグラウンドを持ち、各分野で活躍している同世代の仲間と出会えたことが何よりの宝となりました。

人生観が変わります！あらゆる場面で役に立つ交渉術や組織論など幅広く学べます

日本を盛り上げるという同じ志を持つ精鋭たちと切磋琢磨し、新しい自分に変われます！

「次世代標準化人材養成プログラム」ヤンプロ・ジャパン講座 3期生の声（2013年6月～8月 東京開催）

まさにこの研修を契機として国際標準の専門家になることを志しました。一緒に真の国際人になろう！

会社に閉じこもっていては決して得られぬ経験と人脈ができます。無理してでも参加を！

この講座の真の効能は、『若さへの啓蒙』です。世界をドライに見て、生々しく動かし、清濁あわせ呑む大人に早くなりたい人は、是非！

標準化の世界で現役で戦っている方の生の声も聞け、標準化の裏表が見えるようになります！

原理原則に基づく講義は標準化スキルだけでなく、人生をより良くするエッセンスに溢れています。

講義で学ぶ交渉術・組織論は国際標準化に限らずあらゆる仕事に通じるもの。国際会議を含む実地研修は貴重な経験です！

国際標準獲得の道は、文・理系は関係なく、思い、やる気、経験が重要との教えは向上心を大いに刺激！

世界での活躍を目指して、一緒に成長しましょう！！

年齢、バックグラウンド、価値観はバラバラでも、日本の発展のために役立とうという志は一つ。得難い経験をすることができました。

標準化活動について同じ様な悩みを持つ人達と意見交換ができ、一生ものの仲間もできました。素晴らしいプログラムだったと思います。

国際標準化の何たるかを知る貴重な経験になりました。講座で学んだ知識・交渉術を今後の仕事に活用していきたいです。

物事の本質を見事に看破した組織論や交渉術を学びつつ標準化の最前線で活躍されている方の生の体験を聞くことができます！

教科書からは絶対に学べない原田流ビジネススキルを得ることができます。国際標準化の枠に捉われず、企業人として戦っていく上での武器・技術を習得することが出来る貴重な機会です。

理論と経験に基づく原田先生の講座は、標準化活動に留まらず、ビジネススキルとして大いに活用できます。

国際標準化活動のみならずどんな業務でも通用する「本質」が学べるとともに、多様な産業の講師・受講生との交流から、視野を一層拡げられます。

同じ目標を志す同年代の方との切磋琢磨が非常に刺激になり、視野が広がります。

「次世代標準化人材養成プログラム」ヤンプロ・ジャパン講座 4期生の声（2014年6月～9月 東京開催）

標準化だけでなく国際ビジネスに必要なエッセンスを学ぶことができました。

原田先生をはじめ、国際標準化活動の第一線でご活躍されている方々の熱い体験談を伺うことで、国際標準化活動を行う上での指針はもちろんのこと、国際的に活躍するためにどのように考え行動すべきかを教えて頂きました。

標準化における実践的な知識、普段接する機会の無いIEC上層部の方々の経験談、そして異なる業種・視点を持つ受講生とのネットワークが、YPJ受講のメリットです。

標準化に必要なマナーや交渉術等、普段学べない内容が原田先生の経験に裏打ちされた具体的な方法論で学べます。また、研修を起点として広がる人脈は一生の財産です！

原田先生の講義で、今まで意識していなかった世の中物事の両面性と本質/現象のことを気づかされました。標準化活動のみならず、あらゆる方面で活用できる大変有益な知恵です。

異業種の優秀な方々と接する貴重な機会となり、自らの知見を広げることができました。標準化以外の様々なビジネスシーンにも応用可能な知識が得られました。

これからの国際標準化を担っていく仲間から、大きな刺激を受けました。たくさんの学びと出会いに感謝！

原田先生の講義や様々な分野で活躍されている同期との交流を通し、国際標準は自らが先頭に立って作るべきだと視点を転換することができました。

世界での活躍を目指して、一緒に成長しましょう！！

著　者

原田　節雄（はらだ　せつお）

桜美林大学大学院（経営学研究科）特任教授。日本規格協会技術顧問、国際標準化協議会理事、ファインバブル産業会顧問などの役職も務めている。また、東京工業大学や関西学院大学などの大学院で技術経営（MOT）系の非常勤講師として人材育成に務める傍ら、経済産業省主催の人材育成講座の主任講師も務めている。ソニーに40年余り勤務し、井深大社長からハワード・ストリンガー社長まで、歴代8人の社長の時代を経験。工業標準化事業への貢献により2004年に経済産業大臣表彰を受け、国際標準化活動への功績により2008年に内閣総理大臣表彰を受けた。情報処理学会（情報規格調査会）から2009年に標準化功績賞を受賞。

標準と知財の両輪経営戦略
ヒト・モノ・カネを支配する！

定価：本体1,900円(税別)

2014年10月15日　　第1版第1刷発行

著　　者　原田　節雄

発 行 者　揖斐　敏夫

発 行 所　一般財団法人　日本規格協会

〒108-0073　東京都港区三田3丁目13-12　三田MTビル
http://www.jas.or.jp/
振替　00160-2-195146

印 刷 所　株式会社平文社

ISBN978-4-542-70185-4

●当会発行図書，海外規格のお求めは，下記をご利用ください．
営業サービスチーム：(03)4231-8550
書店販売：(03)4231-8553　注文FAX：(03)4231-8665
JSA Web Store：http://www.webstore.jsa.or.jp/